Minck & Minck
totgepflegt

Edda (*1958) und Lotte (*1960) Minck leben und arbeiten in Bochum.
Beide sind durch viele verschiedene Berufe und Jobs in der
Film- und Fernsehbranche gegangen, bevor sie sich Ende 2004
dazu entschlossen, auf ihre alten Tage zu Schreibtischtäterinnen zu werden.
Dem Ruhrgebiet, seinen Menschen und Mentalitäten aufs Innigste
verbunden, schauen sie in ihrem ersten Krimi mit viel Witz und Sinn
für Situationskomik dem Ruhrpott nicht nur aufs Maul,
sondern auch in die Abgründe seines Herzens.

Minck & Minck

totgepflegt

Maggie Abendroth und der kurze Weg ins Grab

Droste Verlag

Bibliografische Informationen der Deutschen Nationalbibliothek
Die Deutsche Nationalbibliothek verzeichnet diese Publikation
in der Deutschen Nationalbibliografie; detaillierte bibliografische Daten
sind im Internet über http://dnb.ddb.de abrufbar.

1. Auflage März 2007
2. Auflage Dezember 2007
© 2007 Droste Verlag GmbH, Düsseldorf
Satz: Droste Verlag
Titelgestaltung und Illustration: Helge Jepsen, Essen
Druck und Bindung: Clausen & Bosse, Leck
   ISBN 978-3-7700-1260-2

www.drosteverlag.de

Für Tante Lotte und Oma Berti

Ensemble

Maggie Abendroth	nörgelt viel und will am Leben bleiben
Herr Matti	Thanatopraktiker, schweigt viel und büßt
Wilma	Maggies Freundin, redet viel und meint es trotzdem gut
Der alte Kostnitz	Ex-Kommissar, trinkt viel
Schwester Beate	Mitarbeiterin von Bartholomae, pflegt sehr viel
Herr Sommer	Chef von Maggie, gräbt viel und pfeift
Herr Bartholomae	Chef von B&B, lügt viel und steht auf Gelb
Winnie Blaschke	Kommissar, kümmert sich viel und sieht dabei gut aus
Erika Kostnitz	Organistin, spielt viel und wird von allen Prusseliese genannt
Kajo Kostnitz	Sohn, tut nicht viel, aber Entscheidendes
Der Knipser	Ex-Freund, nervt viel, vor allem Maggie
Dr. Weizmann	Augenarzt, feiert viel und ist auf einem Auge blind
Dr. Thoma	Straßenkater, frisst viel und macht, was er will
Kai-Uwe Hasselbrink	Besitzer des Café Madrid, kellnert viel
Bochum	Ruhrpottmetropole, viel besungen

01

Meine Reise in die Bedeutungslosigkeit begann an einem dieser derart wunderschönen Spätsommertage, dass mir in meiner Situation zwangsläufig schlecht davon werden musste. Die Augustsonne schien laut und grell aus vollem Halse, während in meinem Innern die Königin der Nacht »Der Hölle Rache kocht in meinem Herzen« skandierte, da klingelten schon die Studis vom Jobservice, die ich in einem Anfall von Luxussehnsucht engagiert hatte. Man kann nicht behaupten, dass an diesem Tag viel Hausstand bewegt werden musste. Da ich weder Kunstwerke noch Aktien oder Immobilien besaß, hatte ich bereits mein geliebtes Multi Ligne Roset Schlafsofa und meinen Flachbildfernseher inklusive DVD-Player an einen geizigen Oberstudienrat veräußert, der mir mit jedem seiner Worte und Gesten vermittelte, was er von einer im Penthouse wohnenden Medienfuzzi-Liesel wie mir hielt.

Was ich dafür von ihm bekommen hatte, ging sofort für die zwei Germanisten mit den vier linken Händen drauf, damit sie, dank meines Geldes, in eine sorglose Oberstudienratzukunft mit der Lizenz zum Nörgeln blicken konnten. Wenn ich mein verbliebenes Budget durch eine vier Quadratmeter große rosa Brille betrachtete, reichte es gerade eben noch für einen Minifernseher aus dem Media Markt. Ich hatte mich entschieden, lieber das Sofa zu verkaufen und dafür meinen alten schwarzen Opel Kadett zu behalten. Mobilität ist Freiheit, auch wenn ich bald nicht mal mehr das Geld haben würde, mir Benzin zu kaufen. Das Auto, hatte ich beschlossen, musste bei mir bleiben, und wenn ich es nur jeden Tag anschauen und wissen würde, dass ich damit wegfahren *könnte*, wenn ich Benzin kaufen *könnte*.

Kaum, dass die beiden Grobmotoriker meinen arg zusammengeschrumpften Hausstand aus 150 Quadratmetern über den Dächern von Köln hinaus und 80 Kilometer weiter in Bochum in meine neuen 22 Souterrain-Quadratmeter, inklusive Küchenzeile und Duschbad, hinabgetragen hatten, fing es prompt an zu regnen.

Ich fühlte mich von meiner alten Heimat aufs Herzlichste willkommen geheißen.

Nachdem Dipl.-Paed. Beavis und Butthead endlich gecheckt hatten, dass ich weder zu Gesprächen noch zur Zubereitung von Kirschblütentee bereit und schon gar nicht auf Trinkgeld anzusprechen war, hatten sie sich murrend getrollt.

Dann war ich plötzlich allein, stand an meinem vergitterten Souterrainfenster und sah den Regentropfen zu, wie sie in den Vorgarten, in den mein einzig möglicher Blick ging, klatschten. Genau drei Meter, um den Blick schweifen zu lassen, dann kam das Mäuerchen. Ich würde mich also auf Menschen ohne Füße und ohne Kopf einstellen müssen, die ich beobachten konnte, wenn mir nach sozialem Leben war. Knie, Rocksäume und Mantelfalten, weggeworfenes Bonbonpapier und abgefälschte Bananenflanken zukünftiger Fußballstars sollten ab jetzt mein ganzes Panorama sein. Gab es dafür eigentlich einen filmischen Fachterminus? Wahrscheinlich so: He, Kameramann, mach mir mal 'ne Unterirdische. Ich will, dass so voll fett die Beklemmung rüberkommt. Oscarverdächtig!

Ein Gutes hatte dieses Souterrain: Es lag in Fußweite zur City und nur einen Steinwurf weit entfernt vom Wahrzeichen Bochums, dem berühmten türkisfarbenen Förderturm des Bergbaumuseums. Es war mir ein Trost, dass ich noch immer über eine gute Adresse verfügte. »Ich wohne am Stadtpark« hört sich immer noch besser an als »Ich wohne im Souterrain, Am-Arsch-der-Welt-Weg 17.« Wie schön, dass es bei den guten Adressen auch umgebaute Kohlenkeller gibt, in denen ein Loser wie ich sang- und klanglos verschwinden kann. Und noch ein Pluspunkt durfte dem Kellerloch angerechnet werden: Es war praktischerweise möbliert. Küchenecke mit zwei Kochplatten, also nie mehr was Überbackenes, von Kuchen ganz zu schweigen; ein kleiner Esstisch, zwei Stühle, ein Ikea-Bett aus der Serie »Zölibaten«, einladende sexy 90 Zentimeter breit und ein Ikea-Schrank, 100 Zentimeter breit. Das war's. Nicht zu übersehen: Ein Duschklo, auf weiteren 1,3 Quadratmetern verschwenderisch aufgeteilt, rundete das Bild ab.

So saß ich zum ersten Mal an meinem neuen kleinen Tisch auf meinem neuen kleinen Stuhl, und Hoffnungslosigkeit, altbekannte Begleiterin der letzten Monate, machte sich so breit, wie es die 22 Quadratmeter zuließen. Ich wähnte, dass ich nie, nie wieder eine Wohnung mit einer Badewanne haben würde. Tja, liebe Maggie, das soll es dann wohl mit deinem lustigen Leben als Drehbuchautorin und Produzentendarling gewesen sein. Dass ich schon seit Wochen Selbstgespräche führte, fiel mir schon nicht mehr auf.

Immerhin wusste ich, wer an dem ganzen Desaster Schuld war, allerdings konnte ich mit diesem Wissen nicht mehr anfangen, als es einfach zu haben und mich damit unterirdisch mies zu fühlen.

Vor einem Jahr hatte mich der Mann verlassen, von dem ich glaubte, dass ich ihn schon immer geliebt hatte und immer lieben würde. Er liebte mich auch, ehrlich, bis ihm plötzlich und unerwartet klar wurde, dass er wieder zurück zu seiner Frau wollte, die er eigentlich nie hatte heiraten wollen, dann aber doch noch einen Schlenker zu einer bekannten Autorin, natürlich erfolgreicher als ich, gemacht hatte, um dann, sein ursprüngliches Ziel völlig aus den Augen verlierend, bei einer unbedarften 25-jährigen Kostümbildnerin zu landen. Soweit war ich bei dem irrsinnigen Flug des losgelassenen Luftballons, der pfeifend durch die Luft mäanderte, noch mitgekommen. Schließlich verweigerte ich ihm aus reinem Selbstschutz das Interesse an weiteren Rechtfertigungen seines von Testosteron stark geblähten männlichen Gehirns. Kaum hatte er mitgekriegt, dass ich – statt meiner üblichen Tasse Kaffee – ein langes Fleischmesser in der Hand hielt, hatte er seine Hasselblad, seine Fotomappe und seinen Peter Lindbergh Großbildfotoband mit persönlicher Widmung des Großmeisters in seinen Angeber-Volvo gepackt und war aus meinem Leben verschwunden.

Zunächst hatte ich das Penthouse behalten – hauptsächlich aus Trotz –, die Zähne zusammengebissen und geschuftet wie ein Pferd. Ich übersah fehlendes Mobiliar, Lücken im Bücherbord und eine kahle Stelle beim Frühstück am provisorischen Campingtisch. Nachts schrieb ich lustige Comedy-Shows, und tagsüber verschlief ich meinen Gram auf der mir verbliebenen Gästecouch. Ich ernährte mich von Spaghetti mit Sahnesauce und gab vor, meine Lage völlig im Griff zu haben, bis mein Gehirn versagte – zumindest der Teil davon, der mir meinen Lebensunterhalt sicherte. Meine kreative Basisstation im Kopf verabschiedete sich eines Tages unvermittelt, ohne Vorwarnung. Eben noch hatte ich alle Freunde angerufen, um die mir zustehenden Ovationen wegen eines *Tatort*-Deals abzuholen, der mich in den Olymp der deutschen Fernsehautoren befördern sollte, und im nächsten Moment saß ich hilflos am Schreibtisch. Houston, ich habe ein Problem! Aber Houston meldete sich nicht mehr.

Noch ein paar Wochen und etliche Packungen Spaghetti später, die drohende Deadline für die Abgabe des Drehbuches vor meinen starren Augen, rief ich in Panik einen Freund in München an, der zwar nicht zu den Quatschtanten des Business gehörte, der aber das Grauen, das mich erfasst hatte, gar nicht begreifen wollte. Er hatte sich nämlich soeben in die junge Frau von der Englischen Videothek in Schwabing verknallt, und daher wollte und konnte er weder von München nach Köln kommen, um mir zu helfen, noch war er, ebenfalls testosteronbedingt, in der Lage, mir dabei zu helfen, dieses mysteriöse Verschwinden einer ganzen Gehirndatei aufzuklären. Ich flehte ihn an, das Drehbuch für mich zu schreiben, natürlich gegen Überlassung des gesamten Honorars. Alles nur, weil ich mein Gesicht wahren wollte. Seine Antwort war Nein. Neben seinem äußerst anstrengenden Gebalze musste er schließlich noch monatlich drei Drehbücher für *Marienhof* abliefern. Das reichte ihm an Aktivität vollkommen aus. Um dem Ganzen die Krone aufzusetzen, wechselte er abrupt das Thema und versuchte ernsthaft, mit mir darüber zu diskutieren, ob es sich für ihn überhaupt lohnen konnte, mit einer zehn Jahre jüngeren Frau was anzufangen. Mein ganzes Leben löst sich gerade in Luft auf, und der Kerl, genannt bester Freund, macht sich Sorgen um das Alter seiner neuen Tussi?

Ja klar, verstehe ich doch. Selbst-ver-ständlich! Natürlich freue ich mich für dich – krieg vierzehn Kinder mit der Schlampe, und rauft euch täglich die Haare über ausgequetschte Zahnpastatuben!

Zur Goldenen Hochzeit bringe ich dir einen Gutschein für die Prostatavorsorge beim Proktologen mit.

Nach dieser Abfuhr steckte ich bis Oberkante/Unterlippe tief in der Gülle. Wenn jetzt noch ein Eimer voll von oben kommt ... ducke ich mich dann oder nicht? Der Pegel stieg unaufhörlich, und ich konnte mir noch nicht einmal mehr erlauben, mit den Zähnen zu klappern.

Weitere drei Wochen und unaussprechlich viele Spaghettipackungen später gab es keine Ausreden und keine Fluchtwege mehr. Ich nahm alles nur noch durch einen schlierigen Nebel wahr. Der Abgabetermin stand direkt vor meiner Nase. Ich konnte nicht mehr wegsehen, also wurde ich blind. Ich hatte als Ausweichmanöver schon diverse Anrufe der Redaktion nicht beantwortet und den Anrufbeantworter abgestellt. Als ich am frühen Morgen des 11. Juni 2001, nach einer durchwachten Nacht am Schreibtisch, komplett groggy in die Küche wankte, gab es einfach kein Zurück mehr. Der Gülleeimer kam geflogen, und ich musste mich ducken. Ich rief den verantwortlichen Redakteur an, legte meinen Kopf auf den Holzblock und beichtete, was das Zeug hielt. Ich sah es direkt vor mir, wie sich mit jedem meiner Sätze am anderen Ende der Leitung sein Gehirn immer mehr aufblähte. Was er mir sagte, konnte ich hinterher nicht mehr wiederholen. Ich erinnere mich, dass jedes seiner Worte klang wie dieses leichte Zischschsch, wenn der Großmeister das Samurai-Schwert durch die Luft wirbeln lässt. Nicht nur würde ich zukünftig guten Gewissens kein Projekt mehr annehmen können – nein, ich würde noch nicht mal mehr jemandem absagen müssen, weil mir niemand mehr ein Projekt anbieten würde. Und zwar von dieser Sekunde an.

Meine schlimmsten Befürchtungen bestätigten sich zu hundert Prozent. Die Geschichte, dass ich einen *Tatort* versägt hatte, war schneller als der Schall in der Branche verbreitet worden. Ich hatte es wirklich komplett und final vermasselt. Würde mir jetzt *bitte* ein mitfühlender Freund mit einem Samurai-Schwert aus zwölffach gefälteltem Damaszenerstahl den Kopf abschlagen, damit ich nicht so lange leiden muss?

Ein paar Wochen lang hoffte ich, dass sich das Martyrium wieder legen würde. Ein paar Tage Urlaub, dachte ich – ich hatte wirklich zu viel gearbeitet, und das seit Jahren – und ich wäre wieder wie neu. Ich war schon insofern neu, als ich nichts mehr schreiben konnte. Noch mal neu oder besser gesagt auf den alten Zustand zurück, ging aber irgendwie nicht mehr. Um zu dieser tiefschürfenden Erkenntnis zu gelangen, gab ich für drei Wochen Flucht nach Paradise Island, Karibik, 7000 Mark aus. Zugegeben, das war ein spaßiger Urlaub unter Palmen. Alles, aber auch wirklich alles entsprach sowohl sämtlichen Karibik-Klischees als auch den Angaben im Reisekatalog. Aber kaum hatte der Flieger in Düsseldorf wieder aufgesetzt, wusste ich, dass dieser Luxus, den ich mir da gegönnt hatte, alles andere als hilfreich gewesen war. Kaum hatte das Flugzeug die Landebahn auch nur mit einem Gummireifen berührt, explodierte mein Kopf regelrecht vor schlechter Laune, Melancholie und Depression. Vergessen war das Schwimmen mit Delphinen und Rochen und die Fressorgien ohne Reue am Pool mit Sonnenuntergang und die Bootsausflüge mit dem Speedboot zu Gilligans Island.

Wie meine Oma selig immer schon gesagt hat: Man nimmt sich beim Reisen leider immer selber mit. Meine Freundin Wilma, Friseurmeisterin von Gottes Gnaden, empfahl mir, die Hilfe eines Therapeuten in Anspruch zu nehmen. Hatte ich denn wirklich so schrecklich ausgesehen, als sie mich am Flughafen abgeholt hatte? Muss wohl. Wilmas Kommentar war: »Der braungebrannteste Zombie aller Zeiten.«

Meines Erachtens aber brauchte ich entschieden keinen Therapeuten – ich brauchte Geld. Ich wurde sowieso schon täglich ärmer, warum sollte ich dann noch jemanden mit meinem Elend reich machen? Was hätte mir ein Seelenklempner schon sagen können, das ich nicht sowieso schon wusste? Meine Diagnose lautete: Burnout-Syndrom. Wilma aber versuchte mich davon zu überzeugen, dass es nicht reicht zu wissen, was man hat. Man müsse schließlich auch wissen, wie man das wieder loswird. Und um das zu wissen, hätten die Therapeuten doch jahrelang studiert. Sie war überzeugt davon, dass vor allem eine »post-Beziehungsende-bedingte« Depression nicht mehr und nicht weniger war als eine Geschlechtskrankheit und somit innerhalb von drei bis acht Tagen mit den richtigen Mitteln bekämpft werden konnte. Na und? Das Einzige, was ich mir demnächst noch würde leisten können, wären gnädigerweise täglich auftretende narkoleptische Anfälle. Dann könnte ich den mir ins Haus stehenden Hunger einfach überschlafen. Meinetwegen prä- oder post-was-auch-immer-bedingt, Hauptsache bewusstlos.

Narkoleptische Anfälle bekam ich leider nicht, dafür erhöhte ich die Dosis der Spaghettirationen. Nudeln machen glücklich, egal ob prä- oder post-.

Jetzt allerdings, im Kellergeschoss meiner alten Heimatstadt Bochum angekommen, musste ich einsehen, dass unkontrollierte Nahrungsaufnahme bei gleichzeitiger Bewegungslosigkeit einfach zu indiskutablen Ergebnissen führte. Ich war immer noch unglücklich und zusätzlich noch bei Konfektionsgröße 44/46 angelangt. Deshalb war ich sehr froh, dass mein neuer Vermieter beim Mobiliar keinen Wert auf einen großen Spiegel gelegt hatte. Als allmorgendlicher Gruselfilm würde der Anblick meiner Hamsterbacken im Alibert-Standardmodell völlig ausreichen.

Zur Einweihung meiner kümmerlichen neuen Bleibe ging ich aufs Klo, pinkelte ausgiebig und hoffte, dass die Porzellanschüssel unter meinem Gewicht nicht zusammenbrechen würde. Das hätte nämlich auf einen Schlag eine große Population unschuldiger Silberfischchen ausgelöscht.

Da stand ich dann ratlos auf 22 Quadratmetern herum, verbrauchte mit meiner Leibesfülle schon fast die Hälfte davon und versuchte, mich zu erinnern, in welchem der fünf Umzugskartons der kleine Bialetti Espressokocher wohl stecken könnte. Ich ging für meine Verhältnisse zielstrebig vor und kippte alle fünf Kartons auf dem Boden aus. Dabei zerbrach meine Lieblingstasse, die mit dem Gesicht von Prince Charles, aber sie war noch zu gebrauchen, nur der Henkel, sprich eines seiner Ohren, war abgebrochen. Ich kniete auf dem Boden, sammelte den abgesprungenen Henkel ein und begann zu flennen, als wäre Prince Charles beim Polo mit tödlichem Ausgang von Camilla gefallen.

Auf dem Fußboden hockend, mit der demolierten Tasse in der einen und den Überresten des royalen Ohres in der anderen Hand, hatte ich plötzlich das vage Gefühl, beobachtet zu werden. Jetzt bloß keinen Spanner zum Einstieg in mein neues Leben, von dem ich hoffte, dass es nur so lange dauern würde, bis ich aus diesem Albtraum endlich aufwachte. Und aufwachen würde ich, auch wenn bis jetzt alles dagegen sprach, und zwar würde ich bei der Fernsehpreisverleihung aufwachen, genau in dem Moment, in dem ich den Preis für das beste Drehbuch des Jahres entgegennehme. Leider ließ das mit Johlen, Pfiffen und Hurrarufen angereicherte Crescendo der mir geltenden Standing Ovation auf sich warten. Also drehte ich mich langsam um, die Tasse als Wurfgeschoss in der rechten Hand. Ich blickte in zwei riesige Pupillen, auf fünf krumme Schnurrbarthaare, zwei pelzige Ohren, eins davon aussehend wie ein schlapper Kamm. Ich wuchtete meine 72 Kilo hoch, öffnete das Fenster, und der nasse schwarze Kater kam rein, setzte sich aufs Fensterbrett und fing an, sich zu putzen.

»Nett, Sie kennen zu lernen. Ich heiße Maggie«, schniefte ich ihn an.

Der Kater blickte von seinem Putzgeschäft kurz hoch, gähnte mich gelangweilt an und putzte sich weiter.

»Na toll, sieht aus wie der Beginn einer wunderbaren Freundschaft. Mistvieh.«

Für diese arrogante Missgeburt im Pelz fiel mir nur ein würdiger Name ein: Dr. Thoma.

Mit dem Inhalt der Umzugskartons war auch der Restinhalt meines ehemaligen Kühlschranks auf den Boden gerollt. Ich hob eine Packung Fleischsalat auf und kontrollierte das Verfallsdatum: Nur drei Tage drüber, genau das Richtige für meine Housewarming-Party mit meinem neuen Freund. Zum Kaffee wollte Dr. Thoma dann doch nicht bleiben. Nachdem er eine Runde mit den Silberfischchen Fangen gespielt hatte, saß er zwischen Gitter und Fensterbrett, blickte besitzergreifend im Vorgärtchen umher und schob von dannen.

Ich hätte ihn gerne gefragt, ob er sich noch mal melden würde, aber da ich mir geschworen hatte, Männer nie wieder zu fragen, ob sie mich anrufen oder ob ich sie noch mal wiedersehe, ersparte ich mir die Schmach einer möglichen Absage. Als die kleine Bialetti vor sich hin gurgelte, fiel mir der Brief vom Arbeitsamt ein, den ich in der Hektik des Umzuges, die ja eigentlich nur darin bestanden hatte, so schnell wie möglich soviel Abstand wie möglich zwischen die alte und die neue Wohnung zu legen, in meine Manteltasche geknüllt hatte. Arbeitsamtmän geruhte, mir zu schreiben. Nicht, dass er das nötig gehabt hätte, denn als Freelancer im Autorengeschäft schreibt man Rechnungen und darf niemals in die Arbeitslosenversicherung einzahlen. Das ist die Strafe dafür, dass man hemmungslos Zeitschriften und Bücher in der Einkommenssteuererklärung absetzen kann; und wenn's dann mal schief geht, wird man auf dem Arbeitsamt ordentlich ausgelacht. Die haben ja auch sonst nichts zu lachen. Trotzdem hatte der Herr Arbeitsvermittler meinen Antrag auf Arbeitssuche gnädig entgegengenommen, ohne mir viele Hoffnungen zu machen. Ich war für ihn schließlich so was wie eine »Kreative«. Dafür gab es in seinem Computer noch nicht einmal eine Kategorie, und die Schreibblockade fiel auch nicht unter anerkannte Berufskrankheiten.

Als ich den Brief öffnete, betete ich um ein Wunder. Wollten sie mir aus verschwiegenen Europafonds für kranke Kreative etwa ein bisschen Geld bezahlen? Nein, so schön war es dann doch nicht. Ein kleines Wunder war es aber schon: Arbeitsamtmän hatte einen Jobvorschlag für mich. Ich sollte mich bei einer Firma namens Pietät Sommer vorstellen, als Bürokraft. Pietät bedeutete doch Bestattungsinstitut, oder täuschte ich mich? Ich, Margret – genannt Maggie – Abendroth, 37 Jahre alt, soll acht Stunden am Tag in einem Bestattungsinstitut verbringen? Mir war sofort klar, dass ich spätestens nach den ersten 30 Minuten die nächste Leiche sein würde. Nein, nein, nein!

H o r r o r s c h a u ! Ich hatte viel zu viel Fantasie für so einen Job. Ich zählte das Geld in meinem Portemonnaie. Noch 430 Mark, heute war erst der 15. des Monats, und für den Fernseher brauchte ich mindestens 250 Mark. Das war Realität in Zahlen. Jetzt hatte ich zu viel Fantasie, um mir die nächsten Monate ohne Job vorzustellen. Na gut, man kann ja mal da anrufen, maulte ich vor mich hin. Automatisch griff ich in meine Handtasche, nur um festzustellen, dass ich gar kein Handy mehr hatte. Mein Festnetzanschluss würde frühestens morgen oder übermorgen aktiviert. Es sei denn, die Telekom hatte sich wieder kollektiv in die Meditation »Kunst der Langsamkeit in Vollendung« vertieft.

Ich beschloss, den Tatsachen ins Auge zu sehen – meine elegante Umschreibung von »sich ducken« –, holte mein schwarzes Businessjackett aus dem Kleidersack, zwängte mich hinein, bestieg mein Auto und fuhr in Richtung Pietät Sommer. Da wird schon jemand da sein, Hauptsache lebendig. Der Tod kommt immer unangemeldet, warum sollte für mich was anderes gelten? Herr Sommer würde schon damit umzugehen wissen.

Um es kurz zu machen: Herr Sommer war geradezu entzückt, dass das Arbeitsamt ihm nach fünf Monaten Wartezeit auch schon jemanden geschickt hatte. Besagter Herr Sommer war in mittelgrauen Zwirn gekleidet, klein und pummelig, und ich fand, seine angegrauten Haare konnten mal wieder einen ordentlichen Schnitt vertragen. Ich war etwas irritiert von seiner Art, sehr betont zu sprechen. Wahrscheinlich hatte er das auf dem Seminar »Trauergespräche leicht gemacht« gelernt. Sommer wählte seine Worte mit Bedacht, so wie jemand, der sich aus einer dargereichten Schale Obst ungeniert langsam das beste Stück heraussucht, während dem edlen Spender langsam der Arm abfällt. Zu meiner Verwunderung wollte er weder Referenzen noch Zeugnisse sehen, noch sonst viel von mir erfahren. Ob ich mit Zehnfingersystem schreiben könne? Und wie! Zur Not auch mit 20. Und Rechnungen? Sollte ich wohl noch nicht vergessen haben! Mit dem Computer umgehen? Wer, wenn nicht ich! Er versprach mir hoch und heilig, dass ich nie mit Hand anlegen müsse und die werte, aber tote Kundschaft auch nie zu Gesicht kriegen würde. Dabei zitterten seine kleinen Fettbäckchen aufgeregt. Das bisschen Einfühlungsvermögen am Telefon mit …

Ich hörte schon nicht mehr richtig hin, denn ich stellte mir gerade vor, wie er wohl aussehen würde, wenn man die Bäckchen etwas zusammenschöbe. Kugelfisch, genau, das war's, aufgeregter Kugelfisch. Ich stieg beim Thema »trauernde Hinterbliebene« wieder in seinen dahinplätschernden Sermon ein und bekam gerade noch mit, dass Trauergespräche dann schon nicht mehr mein Ressort sein würden. Vielleicht später mal. Falls es ein Später überhaupt geben würde. Ich war mir da nicht so sicher. Meine Garderobe fand er gelungen klassisch, aber etwas zu schwarz. Erzähl das mal Herrn Armani! Herr Wilbert Friedensreich Sommer bevorzugte gedeckte Farben, aber nicht zwingend schwarz, wie er mir erklärte: »Wir gehören ja nicht zu den Trauernden!«

Ach, is' wahr?

Sollte mir das letzte Weihnachtsgeschenk von meinem Ex heute auch noch meinen Albtraumjob vermasseln? Beziehungsende hin oder her, aber einen Armani gibt man doch nicht in die Altkleidersammlung, auch wenn er unter den Armen ein bisschen spannt. Zugegeben – wäre es eine weiße Jacke gewesen, ich hätte ausgesehen wie das Michelinmännchen.

»Zuhören, wissen Sie, zuhören ist das Allerwichtigste, und nicht vergessen, einen Termin machen. Sie notieren immer alles mit. Kommen Sie immer wieder auf einen Termin zurück, und fragen Sie sofort, wo ich die Leiche abholen soll. Den organisatorischen Kram mit Totenscheinen, Sterbeurkunden, Leichenpässen …« Hatte der Kugelfisch gerade Leichenpass gesagt?

»… Friedhofsterminen, Träger bestellen und Organisten usw. etc. pp. bringe ich Ihnen schnell bei. Kommt der Tod auch in Ihr Haus, Herr Sommer trägt ihn wieder raus … hahaha!«

Was für ein Killerjoke. Kalauerpolizei! Zu Hilfe, nehmen Sie sofort diese Pointe fest!

Ich war erleichtert, als ich mich eingehender im Büro umschaute, denn es sah völlig normal aus. Es gab neben dem Empfangsraum, in dem mein zukünftiger Schreibtisch stand, noch einen angrenzenden Besprechungsraum mit einem großen Tisch und sechs Stühlen – für die Trauergespräche. Dort hingen an den Wänden die unvermeidlichen Bilder von Werden und Vergehen: Meereswelle, Wald im Herbst, Grabstein-Engel und Sinnsprüche aus dem Bibelkalender. Warum nicht Bilder von der Sahelzone oder den Slums von Sao Paulo oder von Verbrennungen am Ganges? Da war auch Werden und Vergehen – ohne Ende. Die Möblierung und der Wandanstrich machten auf mich den Eindruck, jemand sei auf dem schmalen Grat zwischen Funktionalität, Pietät und Modernität ein wenig ins Schleudern geraten. Ein bisschen zu viel Blau und Gold für meinen Geschmack. Der Tisch und die Stühle waren das, was man in Mittelstandsmöbelhäusern vollmundig mit »Designer-Dies-oder-Das« anpries. Den Namen des oder der Designer erfuhr man aber nie.

Das einzige Möbelstück, das ich sofort ins Herz schloss, war ein alter Safe. Die Figur aus graugrün gesprenkeltem Speckstein, die auf dem Safe stand und aussah wie ein Verlegenheitskauf vom Weihnachtsbasar des anthroposophischen Volkshochschulkurses für sechsfingrige Designer-Mutanten, könnte ich in absehbarer Zeit locker irgendwann mit einem Ellbogencheck wie zufällig vom Safe kicken. Was auch immer es darstellen sollte, es hatte eine unheimliche, fast bösartige Aura.

Während ich in Gedanken zynische Kommentare über das Interieur machte, fiel mir auf, dass hier gar keine Toten herumlagen. Wie es aussah, würde ich also zu hundert Prozent mit den Lebenden kommunizieren. Ich war gerade dabei, mich zu entspannen, als Sommer mit schwungvoller Geste eine Schiebetür öffnete und mein Blick auf einen riesigen Ausstellungsraum für Särge fiel.

»Hier, Frau Abendroth, falls jemand nachfragt, die Preise stehen dran, inklusive Mehrwertsteuer. Probeliegen ist nicht erlaubt. Wenn Sie Fragen haben, können Sie sich auch an Herrn Matti wenden, wann immer ich nicht da bin. Wann, sagten Sie, können Sie anfangen?«

Gerade wollte ich schnippisch antworten, dass er in diesem Jahrhundert bitte nicht mehr mit mir rechnen solle, aber dann dachte ich an Benzin und Essen und vor allem an Kaffee und Zigaretten.

»Nun, Herr Sommer, wir haben noch gar nicht über mein Gehalt gesprochen. Was zahlen Sie denn so?«

Jetzt wurde er besonders salbungsvoll. Schneidig wippte er auf seinen kurzen Beinchen hin und her. Die stoppeligen Bäckchen wippten mit. Er legte seine Fingerspitzen bedächtig aneinander. »Für den Anfang 3000 Mark. Brutto, versteht sich. Wenn Sie sich gut einarbeiten, wird es schon die eine oder andere Mark mehr werden.«

Diese Kröte wollte erst mal geschluckt sein. Von verdauen wollte ich gar nicht reden. 3000 Mark sind bald nur noch knapp 1500 Euro, also nur noch die Hälfte. Komm jetzt, Margret, mach keine Witze, du hast dann nur noch ca. 1700 Mark zum Leben. Für einen ganzen Monat 1700 Mark, 850 Euro. Davon leben in Deutschland die meisten Familien. Und sie haben ein Auto, Kinder und einen Bausparvertrag. Ich versuchte die Stimme der Vernunft mit einem lauten »Hätätä« niederzumachen, woraufhin diese auch sofort verstummte. Während sich mein innerer Dialog abspulte, tanzte Sommer um seine Särge herum und erklärte enthusiastisch deren Vorzüge, Holzarten und, und, und.

Mein Gehirn fraß sich derweil an 1700 Mark fest. Shocking! Soviel hatte ich vor meinem Schreibdebakel in zwei Tagen verdient. Na ja, da war ich den Öffentlich-Rechtlichen noch als Teamberater für Development-Projekte genehm.

Unweigerlich schob sich mein desolater Kontostand wieder in mein Bewusstsein, und ich zuckte innerlich zusammen, als sich vor meinem geistigen Auge die Szene abspulte, in der ich meine goldene Mastercard an die Bank hatte zurückgeben müssen. Als der Bankangestellte die Kreditkarte vor meinen Augen zerschnippelte, hatte ich das Gefühl, dabei zuzusehen, wie ein grausamer Mensch aus meiner Menschenwürde Konfetti machte. Seit ich die Bank verlassen hatte, prangte auf meiner Stirn ein Kainsmal. Nicht kreditwürdig! Die EC-Karte hatte mir der grausame Mann von der Bank nach langem Bitten und Betteln dann doch gelassen. Meine 18.000 Mark Dispokredit waren in ein Darlehen umgewandelt worden, was mich jeden Monat 200 Mark kosten würde. Inklusive Zinsen und Bankbearbeitungsgebühr würde ich die kleine Ewigkeit von neun Jahren daran abzahlen, vorausgesetzt, ich hatte einen Job und konnte bezahlen.

Herr Sommer war mittlerweile bei den Designer-Särgen mit den Fantasienamen angekommen. Hatte ich es mir doch gedacht. Hauptsache Design. Die Preise für diese Designerstücke fand ich auch sehr fantasievoll. Nachdem ich aufmerksam die zahlreichen Nullen an einem Preisschild studiert hatte, hörte ich schon wieder nicht mehr richtig zu. Vielmehr sah ich mir dabei zu, wie ich aus reinem Selbstschutz an Schuhgeschäften vorbeispurtete, um nicht in Versuchung zu geraten, und an allen Buchläden vorbei rannte, die Nase zwei Millimeter über dem Bürgersteig. Wegen Schreibwarengeschäften mit exklusiven Auslagen von in Leder gebundenen Notizbüchern brachte ich es sogar fertig, die Straßenseite zu wechseln.

Sehr verehrtes Publikum, schalten Sie auch morgen wieder ein zu einer neuen Folge von: »Maggie Abendroth – Auf der Flucht vor den schönen Dingen des Lebens«.

Ich bäumte mich ein letztes Mal auf und unterbrach Sommers Vortrag über Mahagoni vs. Eiche: »Herr Sommer, da wäre noch eine Kleinigkeit. Ich rauche.«

»Nicht so schlimm, Frau Abendroth. Ich verbiete keinem Kunden, hier zu rauchen. Wenn Sie es nicht übertreiben, bitte schön.«

Dabei strahlte er mich an, als rechnete er sich schon aus, um wie viel früher Raucher, rein statistisch gesehen, sterben und somit ihre letzte Reise bei Pietät Sommer buchen könnten. Vielleicht sollte ich jetzt schon einen Mitarbeiterrabatt aushandeln.

Mit letzter Überwindung trieb ich meinen Lohn in die schwindelnde Höhe von 3200 Mark brutto und versprach, am nächsten Montag, samt meiner Steuerkarte, um 8.00 Uhr anzutanzen.

Herr Sommer, so schien es, freute sich einen Buckel über seine neue Mitarbeiterin und drückte mir zum Abschied stolz seine Firmenbroschüren und einen kleinen Stapel Fachpresse in die Hand:

»Hier, eine kleine Auswahl der Fachorgane des Bestattungswesens und der Thanatologen. Da bekommen Sie mal einen Eindruck.«

Völlig überrumpelt fand ich mich mit drei Kilo Bestatter-Vogue und Thanatologen-Amica unterm Arm vor der Tür wieder. Mir fiel jetzt erst auf, dass er im Schaufenster gar keinen Sarg ausgestellt hatte. Noch nicht mal eine Urne. Ein goldener Schriftzug auf der Schaufensterscheibe, als Hintergrund der unvermeidliche dunkelblaue Designervorhang mit goldenen Spratzern zur Auflockerung.

Während ich noch sinnend vor der sparsamen Schaufensterdekoration stand, kam ein sehr blasser und sehr traurig aussehender Mann im dunkelgrauen Anzug heran, der mir kurz zunickte und dann seufzend durch die Tür schritt. Trauerfall, konstatierte ich professionell, von jetzt an mein täglicher Umgang.

Von einer Telefonzelle aus rief ich das Arbeitsamt an, um meinem heiß geliebten Lach- und Sachverwalter von meinem exorbitanten Erfolg zu berichten.

Er hatte keine Zeit, meinem Enthusiasmus zu folgen und wollte lieber ein korrektes Schreiben. »... oder ist Ihre Schreibblockade schon so weit fortgeschritten? Hahaha!«

Selten so gelacht. Zur Strafe kriegst du von mir einen handgekritzelten Wisch auf grauem Recyclingpapier!

Um nicht ständig an mein Martyrium erinnert zu werden, hatte ich meinen Laptop mitsamt der Transporttasche sofort unter dem Kleiderschrank geparkt. Ihn offen herumstehen zu lassen, hätte bedeutet, mir jeden Tag vorzuwerfen, dass ich ihn nicht verkauft hatte. Aber ihn zu verkaufen, hätte bedeutet, dass ich endgültig aufgegeben hatte, jemals wieder ans Schreiben auch nur zu denken. Den Hüter meiner kostbaren Gedanken mit einem profanen Brief ans Arbeitsamt zu besudeln, empfand ich als Majestätsbeleidigung.

Um mein neues Leben zu feiern, eilte ich sofort zum Media Markt und erstand einen tragbaren Fernseher im Sonderangebot. Er war klein, handlich und bunt, und als ich am Abend frisch geduscht auf meinem Bett saß, um auf dem 28er Bildschirm *Lawrence von Arabien* in der vierhundertsten Wiederholung anzuschauen, hatte ich den nächsten Heulkrampf. Mir wurde schlagartig klar, dass alles, mein ganzes Leben ab jetzt so aussehen würde wie der Sonnenaufgang über der Wüste in diesem Billigmodell von Fernsehgerät, das seinen Namen kaum verdiente: unscharf, klaustrophobisch, klein und vor allem – nichtssagend!

Dr. Thoma schaute mir von draußen kurz beim Heulen zu und stolzierte dann mit leicht angewidertem Blick von dannen. Vielleicht hatte er ja an der nächsten Ecke eine wesentlich bessere Gesellschaft zu erwarten. Es regnete nicht mehr, und der Fleischsalat war auch alle. Ich ließ das Rollo herunter. Für heute war mein Bedarf am Weltgeschehen gedeckt.

Das Wochenende verbrachte ich, neben kleinen Aufräumarbeiten und der Reparatur von Charles' Ohr, mit der Durchsicht der bunten Magazinwelt der Bestatter und Thanatologen sowie mit der Broschüre von Pietät Sommer.

Man macht sich ja keinen Begriff, was eine Bestattung so kostet! Allein ein Wahlgrab nur für mich allein würde mit 5000 Mille zu Buche schlagen. Für die Kohle würde ich mich lieber an Châteauneuf du Pape zu Tode saufen. Dann könnten sie mich auch getrost ein Jahr in meiner Wohnung liegen lassen und dann mit dem Kehrbesen in die Mülltonne befördern. Ich sollte mir deswegen schon mal einen grünen Punkt auf den Allerwertesten tätowieren lassen. Das würde es den Müllmännern erleichtern, mich in den gelben Sack zu sortieren.

Sehr hübsch fand ich die Beschreibung eines Urnengrabes: *Urnengrab inkl. Friedhofsunterhaltungsgebühr und Glockenläuten.* All-inclusive-Beerdigungen, der letzte Schrei auf dem Bestattermarkt. Neben Glockenläuten könnte man doch auch noch die Klageweiber wieder an die Front bringen. Selber heulen verdirbt doch nur das Make-up. Sogar die Baumwollhandschuhe der Sargträger wurden einzeln berechnet. Die Konsultation eines Thanatopraktikers, also schlicht des Einbalsamierers, kostete einen Tausender extra. Dafür sah man dann aber nach der Behandlung durch den Thanatopraktiker besser aus als im richtigen Leben. Das Programm hieß »Offene Aufbahrung«. Nachdem sie einem das Blut gegen diverse, vermutlich streng riechende Flüssigkeiten ausgetauscht hatten, konnten die Angehörigen sich ordentlich Zeit lassen, mal im Kühlhaus vorbeizuschauen und Tschüss zu sagen. Dann wurde man mit einem sinnlos langen Haltbarkeitsdatum in die Gruft gesenkt, was vor allem den traditionellen Nutznießern der Erdbestattung, sprich Maden und Würmern, geschmacklich nicht sehr entgegenkommen dürfte. Okay, für Überführungen mit dem Flieger konnte das nützlich sein. Sonst gäbe es bei der Ankunft von Onkel Freddy selig in Australien vielleicht eine böse Überraschung für den Zoll. Ob bei meinen Businessflügen oder Urlaubsreisen wohl auch schon mal eine Leiche im Gepäckraum mitgeflogen war? So, wie es hier beschrieben wurde, war das ein ganz alltäglicher Vorgang. Ich war froh, dass in dem Artikel über Überführungen betont wurde, dass es in den Fliegern extra abgetrennte Abteile für Leichentransporte gebe und dass die Särge speziell verschweißte Exemplare seien. Da bekam der Songtitel *Knockin' on Heaven's Door* doch gleich eine ganz andere Bedeutung. Am Sonntagnachmittag war ich komplett ins Bestatteruniversum eingetaucht. Ich musste einsehen, dass es eine Menge kostet, um heile in diese Welt zu fallen, aber auch einen schönen Batzen, um wieder aus ihr zu verschwinden, vor allem hygienisch einwandfrei.

02

»Frau Abendroth!«

Menschenskind! Was will der Mann denn ausgerechnet jetzt? Ich hatte mir gerade erst meine Nachmittagszigarette angesteckt und hatte für die morgige Bestattung noch immer keinen Organisten herbeigezaubert. Ich hoffte, aus den Rauchkringeln, die ich blies, alsbald eine zündende Idee herauslesen zu können. Vielleicht könnte sich – meine achtwöchige Probezeit, absolviert ohne nennenswerte Zwischenfälle, war seit gestern abgelaufen – zur Feier des Tages gnädigerweise aus dem Rauch eine gute Fee materialisieren, bei der ich drei Wünsche frei hätte. Also, Nummer eins wäre ein neuer Job, Nummer zwei wäre ein Einkaufsgutschein für London, Paris und Tokio, genau in der Reihenfolge, im Wert von unermesslich vielen Dollar, Phantasmillionen von Dollar am besten. Numero drei ... eine funktionierende Beziehung? Nein, vielleicht doch zu früh. Noch nicht. Obwohl, die Fee könnte mit der Recherche so langsam anfangen. Meine stillen Betrachtungen zum Thema »Wenn-ich-wieder-reich-wär« wurden jäh vom Klang dieser Stimme unterbrochen.

»Frau Abendroth, jetzt kommen Sie doch bitte mal.«

Die Stimme gehörte dem Kugelfisch. Seiner Stimmlage nach zu urteilen, war Herr Sommer gerade mittelnervös. Ab dem Nervenstatus »mittelnervös bis hysterisch« benutzte er unsere Gegensprechanlage nicht mehr, sondern schrie aus vollem Halse. Okay, wenn der Sommer zweimal ruft ...

»Wo sind Sie denn, Herr Sommer?«, flötete ich zuckersüß.

»Ja, wo soll ich schon sein?! Hier unten. Jetzt kommen Sie doch bitte, es beißt Sie ja niemand«, schrie es zurück.

Das konnte man nicht wirklich wissen. Ich mochte »da unten« nämlich überhaupt nicht. Mein Terrain war »hier oben«. Herr Sommer hatte mir beim Einstellungsgespräch von »da unten« überhaupt nichts gesagt! Und gleich an meinem ersten Arbeitstag wäre ich am liebsten sofort auf dem Absatz umgekehrt, als er mir das Kellergeschoss und seine Nutzung vorführte. Nach dem ich diesen Schock überwunden hatte, tat ich alles dafür, um auch nicht eine Sekunde »da unten« verbringen zu müssen. Ich war als Bürokraft eingestellt und Ende der Durchsage!

Ich log einen Teil von Sommers Rechnungen zusammen und heuchelte am Telefon Mitgefühl und menschliche Wärme, ohne rot zu werden. Das war, knapp ausgedrückt, meine Arbeitsplatzbeschreibung.

Widerwillig drückte ich meine Zigarette aus und begab mich, so gemächlich wie möglich, endlich die enge Wendeltreppe hinunter.

Bevor seine Stimme das hohe C erreichen würde, sollte ich mich lieber blicken lassen. Als Sommer mich im Türrahmen stehen sah, blinzelte er mich mit seinen Karnickelaugen an. Seine gummihandschuhbewehrten Finger steckten im Mund einer Leiche. Da kann er ja auch die Gegensprechanlage nicht mehr benutzen!

»Halten Sie das bitte mal fest?«

»Was soll ich festhalten?« Ich stellte mich dumm, obwohl ich genau begriffen hatte, was ich festhalten sollte.

»Frau Abendroth, ich bitte Sie, nur ein einziges Mal. Herr Matti ist gerade beim Krematorium. Halten Sie mir doch einfach bitte mal den Faden hier fest, damit ich einen Knoten machen kann.«

Er zog ungeduldig die Schlaufe zu, die Kinnlade schnappte hoch, und die Zähne des Toten schepperten laut aufeinander.

Ich hätte nicht entsetzter sein können, wenn die Leiche selbst mich darum gebeten hätte.

»Ich glaube, das Telefon klingelt, Herr Sommer.«

So schnell es meine überflüssigen Pfunde zuließen, rannte ich die steile Wendeltreppe hoch, nach oben an meinen ungefährlichen Schreibtisch, bereit, noch die ein oder andere Kerze mehr zu berechnen, als eigentlich notwendig war, wenn ich »da unten« nur bitte nie wieder betreten müsste. Faden festhalten – nicht mit mir! Es soll ja Menschen geben, die sich nichts daraus machen, an Leichen herumzufleddern. Einer davon war Herr Matti, und der wurde von Sommer dafür bezahlt. Warum soll ausgerechnet ich mich für Sachen interessieren, die mir Übelkeit bereiten? Da hätte ich auch Kindergärtnerin werden können, um den kleinen Frettchen täglich Rotze und Bananenreste aus dem Gesicht zu popeln.

Leise vor mich hin schimpfend, trommelte ich auf der Computertastatur herum. Was bildet der Kerl sich eigentlich ein? Was glaubt der, was er mit mir machen kann, nur weil ich momentan etwas angeschlagen bin? Bürokram – und keinen Schritt weiter, bitte!

Ich nahm mir vor, den Kugelfisch bei Gelegenheit an unsere Abmachung zu erinnern. Wenn es sein musste, auch laut. Erst heißt es, »Halten Sie mal kurz«, und dann, kaum dass man sich versieht, kämmt man einer Leiche schon die Haare. Oder Schlimmeres! Ich blies heftig meine Bäckchen auf und hielt die Luft an. Das war eine schlechte Angewohnheit von mir. Bald würde ich aussehen wie Louis Armstrong.

Jetzt hab dich mal nicht so, meldete sich meine vernünftige innere Stimme. In Amerika sind vor zwei Monaten die Symbole der freien westlichen Welt dem Erdboden gleichgemacht worden, die ganze Welt trägt Schwarz, dozierte sie weiter.

Wie wahr. Ich hatte nächtelang in fasziniertem Grauen vor dem Fernseher verbracht und die Ereignisse in New York verfolgt. Ich hatte ja jetzt Zeit für solche Eskapaden. Mein rapider sozialer Absturz hatte mich ohne Ende Nerven gekostet, und ich war auf der nach unten offenen Sozialabstiegsskala fast unter die Marke eines Schiffschaukelbremsergehilfen gerutscht. Mit 37 Lebensjahren war ich kürzlich auf meinem persönlichen Ground Zero aufgeschlagen. Ich fand allerdings, dass ich für meine Verhältnisse dem Leben mittlerweile geradezu gelassen gegenüberstand. Aber Sommer dabei zu assistieren, einem Toten den Mund zu verschließen, wie er es pietätvoll nannte, das überstieg meine Demutsgrenze um hundert Prozent. Überleg doch mal, wie die New Yorker Bestatter gerade an die Grenzen dessen kommen, was man gesunden Menschenverstand nennt! An manchen Tagen hasste ich meine vernünftige innere Stimme. Ehrlich. Wenn sie mir jetzt noch mit »Das ist immer eine Frage der Relation« kommt, bringe ich sie um. Und zwar mit dem Kauf von Knopfstiefeletten für 598 Mark. Da kann sie mal sehen, wo sie mit ihrem Gequatsche bleibt.

Ach ja, schön wär's, Maggie, aber noch sitzt du hier in Bochum, und was dich gerade beschäftigt, ist die Vorstellung, was der Kugelfisch »da unten« mit den Toten so anstellt.

Er tackerte oder er nähte, so wie jetzt. Davon hatte ich mittlerweile schon viel zu viel mitgekriegt. Teils durch Sommers durch nichts zu bremsenden Dozierzwang, teils durch die bewusstseinserweiternde Lektüre der Bestatter-Vogue, die da postulierte: »Aus ästhetischen Gründen darf der Mund eines Toten nicht offen stehen!«

Also haben Bestatter so ihre Tricks, dem allgemeinen ästhetischen Empfinden der Lebenden nachzukommen. Der Tacker hörte sich an wie ein Bolzenschussgerät. Der Nachteil war, man konnte sozusagen die Einschusslöcher sehen, sollten sich die Lippen nachträglich wieder öffnen. Die Aktion mit Nadel und Faden hinterließ keine sichtbaren Spuren. Nähen war auch fast geräuschlos, bis auf das Knirschen der riesigen, gebogenen Polsternadel, wenn sie durch den weichen Gaumen eines Toten gestoßen wird. Außer, Sommer fluchte dabei oder ließ Kinnladen klappern wie bei einer singenden Marionette, so wie er es jetzt gerade getan hatte. Das Allerübelste an Sommer war allerdings, dass er, wann immer er sich unbeobachtet fühlte, bei allem, was er tat, leise und unmelodisch vor sich hin pfiff. An manchen Tagen pfiff er wie ein kleiner Wasserkessel.

Auch nach Wochen fühlte ich mich in diesem Job definitiv als die größte Fehlbesetzung seit Marika Rökk in eigentlich jedem Film. Leichen waren mir schon immer unheimlich. Selbst bei meiner toten Oma hatte ich sekündlich damit gerechnet, dass sie sich im Sarg plötzlich aufrichten könnte und mich fragt, ob ihr Haar richtig sitzt. Ich hatte Oma dereinst auf Geheiß meiner Tante in ihrem Sarg zu fotografieren gehabt. Meine Tante hätte mir nie verziehen, wenn ich ihr diesen Wunsch abgeschlagen hätte. Man musste in dem winzig kleinen Aufbahrungsraum am Bochumer Zentralfriedhof nämlich auf einen Stuhl steigen, um überhaupt an einen vernünftigen Blickwinkel zu kommen, und da ich meiner Tante keine halsbrecherischen Klettereien hatte zumuten wollen, hatte ich es eben selbst gemacht. Vielleicht trieb mich aber auch nur die Angst an, dass Oma mir im Traum erscheinen könnte, um die fehlenden Fotos für ihr Himmelsalbum einzufordern. »Schauen Sie mal, Herr Petrus, das bin ich im Sarg. Sieht doch gut aus, oder? Ich hab' mein blaues Lieblingskleid an.«

Und Petrus würde weise nicken und Oma schleunigst ins Omaparadies befördert haben. Wenn er schlau war. Sonst hätte sie ihm noch die peinlichen Fotos von Weihnachten 1969 gezeigt. Ich, dralle fünf Jahre alt, im rosa Petticoat, mit schokoladeverschmiertem

Mund und verschwitzten Locken, grinse in die Kamera, weil ich mich so freue, dass meine Cousine sich nach dem vierten Königsberger Klops soeben unter den Gabentisch übergeben hatte. Meine Oma hatte im Omaparadies bestimmt viele Dönekes zu erzählen. Und wenn sie mir jetzt von oben zuschaute, kam sie wahrscheinlich aus dem Lachen nicht mehr heraus.

Zugegeben: Mein Job bei Pietät Sommer rettete mich fürs Erste vor dem Hunger, aber dafür konnte ich nun überhaupt nicht mehr schlafen, weil ich von Leichen träumte, die, während der Sarg in die Gruft herabgelassen wurde, Klopfzeichen von sich gaben. Schade, *Tales of the Crypt* hatte jemand anderer schon sehr erfolgreich geschrieben und produziert. Dummerweise hatte ich alle Folgen gesehen.

Ich hörte Sommer immer noch leise vor sich hin fluchen, und ab und zu ertönte ein unmelodisches Pfeifen. Ich beschloss, an meinem Schreibtisch sitzen zu bleiben, bis ich Feierabend hatte oder bis wirklich das Telefon klingeln würde. Bis dahin steckte ich mir eine neue Zigarette an, wartete auf das Erscheinen meiner persönlichen Fee und machte mir trübe Gedanken über das Weltgeschehen. Was sollte ich auch sonst tun?

Alles in allem ereignete sich einfach nichts, was meinem zerrütteten Nervenkostüm auf irgendeine Art und Weise gut getan hätte. Zwar war ich, seit ich bei Sommer angefangen hatte, in der Lage, meine Kreditraten zu bezahlen, duschte aber verdächtig oft und kaufte Waschmittel in 12 kg-Familienpackungen.

Ich lebte in der ständigen Angst, nach Tod zu riechen. Ein bisschen süß und ein bisschen klebrig – »Gruft No 5, für die finalen Momente im Leben«.

03

Auch außerhalb meines persönlichen Wirkungskreises ging alles in Schutt und Asche. Die Twin Towers in New York waren umgefallen, die Welt war nicht mehr das, was sie mal war. Wildfremde Menschen quatschten einem bei Aldi an der Kasse die Ohren voll mit Prognosen und Vermutungen über den Verbleib international gesuchter Terroristen. Das sinnlose Gefasel der Halbinformierten bewegte sich auf Fußballweltmeisterschaftsexperten-Niveau. Nur waren alle jetzt keine selbsternannten Bundestrainer, sondern heimliche Berater der CIA. Al Quaida überholte Naddel, Verona und Dieter in Sachen Bekanntheitsgrad um Längen. Osama bin Laden hatte sämtlichen Teppichludern der Welt den Rang abgelaufen. Sein Bild prangte in allen Medien, überall auf der Welt war er gesehen worden, an vielen Orten gleichzeitig, obwohl er sich beharrlich weigerte, bei George W. Bush vorstellig zu werden. Endlich konnten alle mal wieder mitreden, denn, wie mir schien, alle wussten nix, und zwar aktuell im Minutentakt, und das war gut so. Ich hatte irgendwann aufgehört, CNN zu schauen. Zu viel Patriotismus, zu viele Sternenbanner, zu viel Trauer, vor allem auf 28 Zentimetern.

Der sehr blasse Herr unbestimmten Alters, den ich schon nach meinem Einstellungsgespräch gesehen hatte, war, so stellte sich bald heraus, gar kein Kunde, sondern mein Kollege Matti.

Herr Matti machte alles, was Sommer ihm auftrug, sprach so gut wie nie und sah so aus, als sei er in permanenter Trauer. Und vor allem, er pfiff nicht vor sich hin. Wenn er denn mal was sagte, hörte man einen harten Akzent. Finnisch, wie ich schon nach sechs Wochen herausbekommen hatte. Matti war so freundlich und so distanziert, wie ich selten jemanden erlebt hatte. Wenn ich es recht überlegte, eigentlich noch nie. Matti bedankte sich artig für jede Tasse Kaffee, die ich ihm hinstellte, hielt mir bei jeder sich bietenden Gelegenheit die Tür auf, nahm mir sogar den kleinen Poststapel ab, wenn ich vom Briefkasten kam, und bevor ich mit ihm ein Gespräch anfangen konnte, verschwand er nach »da unten«, wohin ich ihm, wie er sofort festgestellt hatte, niemals freiwillig folgen würde.

»Da unten«, in Herrn Mattis Reich, da lagen die Toten. Es gab ein Kühlhaus von immensen Ausmaßen, in dem man locker fünf Tote auf ihren Bahren ein paar Tage frisch halten konnte, bevor sie in dem direkt angrenzenden Raum, der aussah wie ein schlecht eingerichteter Operationssaal, von Matti und Herrn Sommer für ihren letzten Auftritt im Aufbahrungsraum aufgerüscht wurden. Sommer war stolz wie Oskar auf seine zwei airconditioned Aufbahrungsräume. »So ist auch im Hochsommer eine längere, durch nichts beeinträchtigte Abschiednahme gewährleistet«, stand in seinem Werbeprospekt. Abgesehen vom üblichen Blau und Gold gab es, wegen der Klimaanlage, nur elektrisches Kerzenlicht und als Dreingabe eine Musikanlage, auf der Sommer tagein, tagaus dieselben drei CDs mit sphärischen Klängen abdudelte. Schon allein daran, dass sich keine Leiche im Sarg jemals über die grässliche Musik beschwerte, konnte man erkennen, dass sie wirklich tot waren.

Die Anlieferung der Leichen erfolgte ganz dezent über den Hof. Dort gab es eine Rampe und eine schwere Stahlschiebetür, die direkt von der Rampe in den Arbeitsraum von Matti führte. Von da aus gelangte man dann entweder ins Kühlhaus, in das Sarglager, in die Aufbahrungsräume oder zur Wendeltreppe nach oben.

Der von Sommer pietätvoll »Wirtschaftsräume« genannte Arbeitsbereich war durch eine sehr dezent mit Eichenholz verkleidete Schiebetür von den Aufbahrungsräumen getrennt. Wenn sie geschlossen war, konnte man kaum erkennen, dass es eine Tür gab. Ich ging nur nach unten, wenn ich Angehörige zu ihren lieben Verblichenen geleiten musste.

Meistens tat Matti mir den Gefallen, sie auf der Mitte der Wendeltreppe höflich in Empfang zu nehmen, sodass ich erleichtert wieder nach oben gehen konnte. Schon allein die Geräusche, die manchmal von unten nach oben drangen, wenn Sommer vergessen hatte, die Eichentür zu schließen, bereiteten mir schweres Unwohlsein. Zu Anfang wurde mir sogar schon schlecht, wenn ich Sommer und Matti mit dem Wagen nur in die Hofeinfahrt einbiegen sah. Die beiden brachten garantiert nichts Spannendes, nichts Süßes und nichts zum Spielen mit.

Nach zwei Monaten bei Pietät Sommer kniff die Armani-Jacke auch gar nicht mehr so sehr. Aufgrund diverser Ekelattacken hatte sich meine unkontrollierte Nahrungsaufnahme von allein geregelt.

Da der Kugelfisch seinen Laden dank Herrn Matti und mir in sicheren Händen wusste, blieb er des Öfteren ganze Nachmittage lang weg. Ich mutmaßte, dass er seine Zeit nutzte, um lustig bei Kaffee und Kuchen im Altenheim zu sitzen, den Senioren von seinen beiden wohltemperierten Aufbahrungsräumen vorzuschwärmen und ihnen Eichensärge aufzuschwatzen.

Ich beschloss, Matti irgendwann mal danach zu fragen. Im Augenblick war aber keine Zeit dazu, denn Sommer riss mich mit seinem Gepfeife und Gefluche, das zu mir nach oben drang, unsanft aus meinen Tagträumen. Sollte er doch fluchen. Ich bin es gewohnt, mich an Abmachungen zu halten.

Dann klingelte endlich wirklich das Telefon, und ich hob erleichtert ab.

»Pietät Sommer, Sie sprechen mit Margret Abendroth, was kann ich für Sie tun?«, ließ ich meinen Standardspruch los. Ich hörte Schluchzer und dazwischen den Namen Becker und Feldsieperstraße 3. Ich versuchte, die Person zu beruhigen, aber es gelang mir nur insofern, als ich aus ihr herauskriegte, dass der Arzt schon da gewesen war, der Totenschein ausgestellt und man die Leiche jetzt bitte schleunigst abholen könnte. Zwischen den Schluchzern verstand ich noch: »Frau Dorffmann wartet schon auf mich.«

So, Frau Dorffmann wartete schon. Die Anruferin konnte nur eine Pflegekraft im Außendienst sein, die stundenweise bei einer alten Dame vorbeischaute und jetzt in Termindruck geriet, weil Frau Becker sich beim Sterben nicht an ihren Terminplan gehalten hatte, sondern soeben eigenmächtig und unangemeldet verschieden war.

Ich versprach, so schnell wie möglich jemanden zu schicken. Zuerst versuchte ich es mit der Gegensprechanlage, aber der Kugelfrisch rächte sich an mir und antwortete nicht. Vorsichtig tappte ich die Treppe hinunter, bloß nicht zu weit, damit ich nicht in den Arbeitsraum hineinsehen musste.

»Herr Sommer«, rief ich, »es ist dringend. Feldsieperstraße 3, bei Becker. Die Pflegerin ist noch da, muss aber schnell weiter zu ihrem nächsten Job.«

»Ich kann jetzt nicht weg, Herrgott noch ... wo bleibt denn bloß Matti? Ohne den ...«, es ertönte ein lautes TACK, »... kann ich doch gar nichts machen ...«, TACK, »... oder möchten Sie etwa mitfahren?« TACK.

Nein, wollte ich ganz bestimmt nicht.

»Wir können sofort fahren«, hörte ich Mattis Stimme hinter mir. Ich fiel vor Schreck beinahe die Treppe hinunter.

»Herr Matti, meine Güte. Wenn ich einen Herzinfarkt brauche, schaue ich mir lieber wieder CNN an.«

»Entschuldigung, Frau Abendroth.«

Matti sagte es ganz langsam und sehr höflich. Ich starrte ihn an, konnte in seinem hageren Gesicht aber keine Anzeichen von Ironie bemerken. Jetzt kam auch Sommer heraufgehastet, und so gab es einen kleinen Stau auf der Treppe. Ich drängelte mich an Matti vorbei und verschanzte mich hinter meinem Schreibtisch. Sommer griff sich sein Jackett, während Matti draußen bereits den Wagen startete. Dann fuhren sie mit dem Leichenwagen davon. Ich hoffte, dass sie die Stahltür fest zugemacht hatten. Natürlich traute ich mich nicht, wieder runterzugehen, um nachzusehen, ob eventuell die Leiche mit halb zugetackertem Mund im Aufbereitungsraum rumwanderte und zappelnd gegen die Wände stieß.

Ich lenkte mich von meinen Zombiefantasien ab und nutzte die Gunst der Stunde, um ungestört zu telefonieren. Es war wichtig, einen Zeugen am Telefon zu haben, wenn der taumelnde Zombie den Weg nach oben finden würde, und noch wichtiger war es, endlich wieder einen Termin bei Wilma zu machen. Einmal Friseur in zwei Monaten sollte wohl drin sein. Einmal Freundin in zwei Monaten auf alle Fälle. Ich war Wilma ganz bewusst aus dem Weg gegangen, nachdem sie mir, liebenswürdig wie sie war, beim Zusammenpacken aller Habseligkeiten in der alten Wohnung andauernd irgendwelche Devotionalien aus meiner Vergangenheit unter die Nase gehalten hatte, die ich schon dem Müll überantwortet hatte. Das waren so schöne Sachen wie: der Bleistift von John Lithgow, den er mir bei einem Seminar in Los Angeles geschenkt hatte; Einladungen für die Fernsehpreisverleihungen aus den Jahren '97 bis '00, der Vertrag für das *Tatort*-Drehbuch, Backstage-Karten »access all areas« usw. Kurz gesagt, sie hatte mich beim Packen wahnsinnig gemacht, und ich hatte mich von ihr mit den berühmten Worten »Ich ruf' dich dann die Tage an« verabschiedet, bevor sie mir beim Auspacken den allerletzten Nerv auch noch hätte ziehen können.

Jetzt waren aber schon zwei Monate in absoluter Funkstille vergangen, und das fiel selbst mir unangenehm auf. Ich bemühte mich also um einen heiteren Ton und tat so, als seien erst sieben Wochen vergangen.

»Hallo Rennschnecke, kann ich zur Runderneuerung vorbeikommen? ... Samstag? Klar ... Ja, ich hab einen Job, erzähl' ich dir dann. Tschüss ... Nee, Dunkelbraun oder Kastanie. Nix Brüllfarbenes. Die neue Dezenz. Auf der Fifth Avenue tragen sie noch nicht mal mehr bunte Taschentücher«, plapperte ich vor mich hin, bevor Wilma inquisitorische Fragen nach meinem Tun und Lassen in den letzten Wochen stellen konnte.

»Okay. Dann bis Samstag.«

Das war ja noch mal gut gegangen. Ich wagte gar nicht, mir auszumalen, wie Wilma auf meinen neuen Job reagieren würde. Das Einzige, was ich zum Thema »Wilma & der Tod« wusste, war, dass ich damals – wir waren acht oder zehn Jahre alt – ihren toten Hamster in den Schuhkarton legen musste, weil sie sich so dermaßen vor der kleinen pelzigen Leiche geekelt hatte, dass ich befürchten musste, sie würde draufkotzen. Dabei war sie schuld am Tod des Hamsters. Sie hatte ihn aus Versehen mit der Kinderzimmertür garottiert. Ich durfte für die Hamsterbestattung auch noch das Grab im Schrebergarten meiner Oma ausheben, während meine Cousine auf ihrem Fünfton-Kinderklavier irgendeine jämmerliche Melodie immer und immer wieder ableierte. Ich hatte die Drecksarbeit erledigt, Wilma dagegen war als Trauernde der Star der Veranstaltung. Sie hatte sich einen Fetzen schwarzen Tüll über den Kopf gehängt und brach am offenen Grab des Pelztieres gekonnt zusammen. Das hatte sie Elisabeth Flickenschild abgeguckt. *Das indische Tuch* war in jenen Tagen unser Lieblingsgruselfilm gewesen.

Tja, wie sag' ich meiner besten Freundin, dass ich zurzeit einen ziemlich unpopulären Job mache? Vielleicht könnte ich sagen: »Ich mache in Holz« oder »Ich mache für eine Doku eine Recherche über Blumengestecke« oder so was in der Art. Ich hatte ja noch drei Tage Zeit, mir was Verschnörkeltes auszudenken und dem Flickenschildtschen Zusammenbruch entgegenzuwirken.

Gerade hatte ich den Hörer aufgelegt, da klingelte das Telefon wieder. Es war die Stimme, die vorhin so dringend um Abholung von Frau Becker gebeten hatte.

»Entschuldigung«, sagte die Stimme, »ich wollte nicht unhöflich sein, aber ich ... Na ja, also Entschuldigung, wegen vorhin.«

Noch immer war ein leises Schniefen zu vernehmen.

Übertrieben freundlich sagte ich: »Aber Sie müssen sich doch nicht entschuldigen. Sie waren bestimmt aufgeregt.«

»Ja, ja, das war ich wirklich. Ich habe mich so erschreckt. Ich war nur kurz für Frau Becker einkaufen, und als ich wiederkam, da saß sie tot im Sessel. Können Sie sich das vorstellen?«

Nein, und das wollte ich mir auch gar nicht vorstellen, wenn ich ehrlich war.

»Sie war noch warm.«

Toll, na, immerhin etwas. Ich musste jetzt was Sinnvolles sagen, etwas, das nicht nach einer Punchline in einer Comedy klang.

»Ja, schrecklich, nicht wahr? So plötzlich. Ist denn Herr Sommer schon bei Ihnen?«

Simpel, aber das half.

»Ja, ja, er ist schon wieder weg. Ich geh' jetzt mal zu Frau Dorffmann. Die wartet schon auf ihr Abendessen.«

Ich atmete erleichtert auf: »Ja, machen Sie das. Frau Dorffmann braucht Sie jetzt wirklich. Frau, äh ...«

»Schwester Beate. Noch mal danke, Frau Abendroth. Wissen Sie, Frau Dorffmann leidet unter altersbedingter Demenz. Wahrscheinlich erkennt sie mich wieder nicht. Ihre Tochter mag schon gar nicht mehr nach ihr sehen. Frau Becker hat mich immer erkannt. Na ja, ich will mal nicht länger stören. Auf Wiederhören.«

»Einen guten Abend noch, Schwester Beate.«

Auch eine Art und Weise, sein Geld zu verdienen: jeden Abend zu jemandem hinzugehen, der einen nicht erkennt. Jedenfalls geht einem nie der Gesprächsstoff aus. Könnte das das Geheimnis guter Beziehungen sein? Jedenfalls hätte ich mit ein bisschen Alzheimer Light das Elend meines letzten Jahres nicht mehr auf dem Schirm.

Meine Gedanken wurden durch die Ankunft von Sommer und Matti unterbrochen. Ich hörte den schweren Leichenwagen von Mercedes Benz in den Hof hineinfahren. Die äußere Stahltür zum Lieferanteneingang wurde geöffnet und die Bahre mit der alten Frau Becker hineingerollt.

Ich wurde stinksauer, weil ich die Anweisungen von Sommer an Matti, was mit Frau Becker zu geschehen hätte, mithören konnte. Ich ärgerte mich nicht über den Inhalt, sondern darüber, dass ich es überhaupt hören konnte. Das hieß nämlich, dass der Kugelfisch vergessen hatte, die Stahltür zu schließen, als er vorhin weggefahren war. Ich hatte Angst vor Leichen, und wenn es draußen dunkel wurde und die Tür unten nicht geschlossen war, lief meine Fantasie eben Amok.

Sommer kam zu mir nach oben und legte mir diverse Papiere auf den Tisch.

»Frau Becker übernehme ich«, sagte er fröhlich.

Er öffnete den Safe und legte dann einen Aktenordner mit dem Namen Becker, der vermutlich die Verfügung enthielt, die Frau Becker zu ihren Lebzeiten unterschrieben hatte, auf seinen Schreibtisch.

Das mit den Verfügungen machen viele Leute, wenn sie keine Angehörigen mehr haben. Eine sehr vernünftige Angelegenheit, hatte Sommer mich einst belehrt. Wer sollte denn sonst entscheiden oder wissen, was man so wollte, wenn man es nicht mehr sagen konnte? Dabei hatte er mich erwartungsvoll angeschaut und gesagt: »Sie, Frau Abendroth, leben doch auch allein?«

»Ja, Herr Sommer«, hatte ich erwidert, »nur steht mir der Sinn momentan nicht nach Sterben.«

»Man weiß nie, wann der Tod kommt. Aber dass er kommt, ist eine Tatsache. Sie können es sich ja überlegen.«

»Ja, ja, der Tod und die Steuern.«

Jetzt war Sommer dran, mich verdattert anzuschauen.

»Sagt Brad Pitt in *Rendezvous mit Joe Black*.«

Er hatte es immer noch nicht verstanden

»Vergessen Sie's. Wenn es bei mir soweit ist, Herr Sommer, kommen wir eh alle auf die Sondermülldeponie. Weil wir bis Oberkante/Unterlippe voll mit Schadstoffen sind. Da will uns geweihte Erde bestimmt nicht mehr.«

»Frau Abendroth, also bitte!« Dann hatte Sommer noch einen langen Pfeifton obendrauf gelegt, und sein Plan, mir einen Vorsorgeplan aufzuschwatzen, war gescheitert.

Mittlerweile übernahm Sommer organisatorisch nur noch die Fälle selbst, die wenig Arbeit machten. Die Feuerbestattungen, am besten anonyme, und Erdbestattungen in einem anonymen Gräberfeld. Keine Aufbahrung, keine ausgeklügelten Trauerfeiern. Bei den großen Angelegenheiten wickelte er salbungsvoll, devot und ertragreich die Trauergespräche mit den Hinterbliebenen ab. Je größer die Schuldgefühle der Hinterbliebenen, desto größer die Beerdigung.

Ich bekam dann eine Liste von ihm und organisierte alles selbst. Rücksprachen durfte ich bereits nach vier Wochen Einarbeitungszeit auch allesamt allein erledigen. Mir war schon ein bisschen bange, denn lange konnte es nicht mehr dauern, bis Sommer auf die Idee kommen könnte, die Trauergespräche ebenfalls mir zu überlassen.

Ich schaute auf die Uhr. Endlich 17.30 Uhr. Eigentlich wollte ich jetzt gehen, aber ich hatte die Organistin noch nicht erreicht. Und ohne Organistin morgen keine ordentliche Trauerfeier. Nur Musik vom Band. Das mochten die Leute nicht so gerne. Sommer ordnete pfeifend seine Unterlagen auf dem Tisch.

»Ich muss noch mal weg, Frau Abendroth. Haben Sie nicht jetzt auch Feierabend?«, unterbrach er sein Pfeifen.

»Ich muss mich noch um die Organistin für morgen kümmern. Ich kann sie erst um Viertel vor sechs wieder erreichen.«

»Na, dann. Bis morgen. Ich komme nachher noch mal zurück. Lassen Sie das Türgitter bitte oben.«

»Mach' ich, Herr Sommer.«

Pfeifend nahm er seinen Mantel vom Haken und verließ das Büro. Kaum war er draußen, hörte ich Matti unten vor sich hin summen. Auch so eine Macke. Er summte nur, wenn Sommer nicht da war – und zwar getragene finnische Tangos. Die Finnen neigen offensichtlich zu Melancholie. Dieses Volk sollte sich vor allem eine schmissigere Lieblingsmusik aussuchen und in seinem Land öfter mal das Licht anmachen.

Die Uhr im Blick, stöberte ich in der einschlägigen Fachpresse. *Der Bestatter* – das offizielle Organ des Bundesverbandes Deutscher Bestatter – hatte immer irgendeine Skurrilität im Angebot, zum Beispiel die Rubrik »Der Sarg des Monats«, diesmal den Designersarg »Le Grand Bleu«. Wer brauchte da noch Modenschauen in Paris? Oder die Anzeige für »Das letzte Gesicht«: Ein Hersteller von Totenmasken bot seine Dienste an. Sehr fröhlich auch eine ganzseitige Anzeige für die Bestattungsmesse mit fachbezogenem Kongress in Ulm. Ich könnte Sommer mal fragen, ob wir da nicht unbedingt hinmüssten. Nicht zu vergleichen natürlich mit Schreibseminaren in Hollywood, aber ... vielleicht gab es dort eine Modenschau für Hemden ohne Taschen? Gruftig geschminkte Models paradieren in Rüschenhemden, illuminiert von einer Kerzenhalterparade über den »Deadwalk«? Und ganz bestimmt gab es noch mehr Designersargmodelle. Vielleicht lagen in denen auch Models, damit man sich die Särge in Aktion vorstellen konnte. So wie sich bei den Autoschauen auch immer blonde Frauen auf Motorhauben rumräkeln, um die Wirkung des Wagens auf die bevorzugt männliche Klientel zu verstärken.

Ich hatte sogar schon das Vergnügen gehabt, eine Sargmalerin kennen zu lernen. Die malte vor allem Sonne, Mond & Sterne oder Janosch-Motive auf Kindersärge. Käpt'n Blaubär und Hein Blöd waren auch schon dabei gewesen. Auch beim besten Willen und bei allem Sinn für Pietät – manche Erscheinungen der Branche grenzten an Realsatire.

Im Fachorgan *Eternity* gab es einen Artikel über die Renaissance der Engel auf deutschen Friedhöfen und eine sehr mittelgrau gehaltene Anzeige für Trauerbettwäsche. Warum nur muss man das alles haben? Aber Bräute kaufen sich ja angeblich auch total teure Sachen, die sie nur für einen Tag brauchen. Wie meine Oma immer gesagt hat: »Wenn's schee macht ...« Gerne hätte ich mich noch eingehender mit den neuesten Designer-Urnen und der Frage der Friedwaldbestattung beschäftigt, aber es war endlich an der Zeit, meinen Anruf zu tätigen.

Um Punkt Viertel vor sechs erreichte ich tatsächlich die »Prusseliese«, so nannte ich unsere Organistin. Sie versprach, am nächsten Tag pünktlich da zu sein. Prusseliese hieß sie bei mir, weil sie eben wie eine aussah. Egal, was das Thermometer anzeigte, sie tauchte immer in einem quietschorangefarbenen, fusseligen Mantel auf. Knallrote, abstehende Haare und eine Brille so dick wie Glasbausteine komplettierten ihre ungewöhnliche Erscheinung. Allerdings spielte sie wunderbar, im Gegensatz zu Orgelmän, der in der Lage war, entweder einfach nicht zu erscheinen oder im Suff auch schon mal die Polonaise Blankenese in Moll anzustimmen. Also wartete ich lieber auf meine alte Prusseliese und machte gerne eine kleine Überstunde, bevor ich eine nichtsahnende Trauergemeinde den Misstönen von Orgelmän aussetzte.

Gerade hatte ich den Hörer aufgelegt, als ich von unten ein lautes Gepolter hörte, dann scheppert Metall gegen Metall. Oh Gott, jetzt waren die Toten auferstanden! Schon meinte ich, auf der Wendeltreppe schlurfende Geräusche zu hören.

»Matti«, rief ich ängstlich in die Gegensprechanlage, »Herr Matti, ist was passiert?«

Ich bekam keine Antwort. Vorsichtig tastete ich mich die ersten zwei Stufen der Wendeltreppe hinunter. Das Einzige, was hier laut schleifte, war der Keilriemen an meinem Herzen, das gerade in Formel-1-Geschwindigkeit dem Infarkt entgegenbubberte.

»Herr Matti!«, versuchte ich es noch einmal.

Ich nahm die nächsten zwei Stufen. Immer noch keine Antwort. Dann hörte ich Matti stöhnen. Es klang wie Aua auf Finnisch, also mit wesentlich mehr Konsonanten. Ich gab mir einen Ruck und ging zügig die letzten Stufen hinunter. Schließlich war Gefahr im Verzug. Wenn Herr Matti beim Sturz das Bewusstsein verloren hatte und die tote Frau Becker sich auf ihn werfen wollte, um seine Seele auszusaugen, sollte ich so schnell wie möglich die Tür verriegeln, bevor ich ihr nächstes Opfer werden konnte. Ich raffte zusammen, was ich an Mut finden konnte und schaute vorsichtig durch den Spalt zwischen Stahltür und Rahmen. Matti, kreidebleich im Gesicht, saß zitternd auf dem kalten Kachelfußboden. Frau Becker lag friedlich auf der Bahre und war immer noch tot.

»Was ist passiert? Soll ich einen Arzt holen?«

»Nein. Kreislauf«, kam es schwach von Matti.

Ganze zwei Worte, beinahe ein Wortschwall für Mattis Verhältnisse. Ich wiederholte meinen Vorschlag, einen Arzt zu rufen, aber Matti zeigte nur stumm auf seine Jacke, die am Haken neben der Tür hing. Ich musste jetzt leider da reingehen. Also öffnete ich die Tür ganz, nahm seine Jacke vom Haken und brachte sie ihm. Er nestelte ein Fläschchen hervor.

»Kreislauftropfen!«

Ich half ihm aufzustehen. Er klappte fast sofort wieder zusammen. Das Erstbeste, was ich ihm unter den Hintern schieben konnte, war der Sarg, den er für Frau Becker auf einem niedrigen Rollwägelchen parat gestellt hatte.

»Soll ich Ihnen noch einen Kaffee bringen?«

Er nickte. Ich schoss nach oben, war nach einer Minute wieder unten und hielt Matti den dampfenden Becher hin. Seine Hände zitterten immer noch, aber wenigstens war wieder etwas Farbe in sein

Gesicht zurückgekehrt. Sofern man das bei diesem Mann sagen konnte, der, wenn es ihm gut ging, gerade mal die Farbe persilgewaschener weißer Bettlaken hatte. Ich setzte mich neben ihn auf den Sarg und wartete ab. Aus was auch immer für Gründen konnte ich mich nicht entschließen, ihn alleine zu lassen, solange ich nicht sicher sein konnte, dass er wieder hundertprozentig auf dem Damm war. Dabei war ich sehr damit beschäftigt, meinen Blick nicht zu intensiv im Arbeitsraum herumschweifen zu lassen. Matti trank seinen Kaffee und seufzte.

»Besser?«

»Ja, besser«, flüsterte er und schaute mich mit seinen stahlblauen, traurigen Augen an.

Bevor ich überhaupt nachdenken konnte, hörte ich mich selber sagen: »Kann ich Ihnen irgendwie helfen?«

Hallo? Wer hat das jetzt aus meinem Mund fallen lassen? War ich denn komplett meschugge geworden? Bis vor zehn Minuten hatten mich noch keine zehn Pferde hier runter gekriegt, und jetzt saß ich neben dem Zwilling von Riff Raff auf einem Sarg und bot ihm meine Hilfe beim Einsargen an?

Matti tat mir nicht den Gefallen, bei meinem Angebot freundlich abzuwinken, sondern nickte bedächtig. Leider. Vielleicht kannten die Finnen den Gebrauch von rhetorischen Fragen und deren korrekte Beantwortung nicht? Wurde ich jetzt das Opfer eines kapitalen kulturellen Missverständnisses? Und ob! Ehe ich mich versah, hatte ich einen grünen Einwegkittel und Gummihandschuhe an, hielt die dünnen, kalten Beine der toten Frau Becker in der Hand und war um eine Erfahrung reicher: Tote fühlen sich an wie kalter Speck aus dem Kühlschrank. Jedenfalls diese toten Beine. Nicht drüber nachdenken, ermahnte ich mich. Bloß nicht an kalten Speck denken, sonst gibt es ein Unglück, Margret.

Ich konzentrierte mich mit aller Macht darauf, was Herr Matti gerade machte. Er hatte das billigste Sargmodell, das für gewöhnlich für die schlichten Erdbestattungen genommen wurde, bereits mit Decke und Kissen ausgelegt. Das Sargwägelchen war mit einer Hydraulik ausgestattet. Matti hatte den Sarg auf Höhe des Arbeitstisches gepumpt und den Deckel an die Wand gelehnt. Auf Mattis Kommando hoben wir die federleichte Frau Becker vorsichtig in den Sarg.

Einmal, an meinem dritten Arbeitstag, war ich so unvorsichtig gewesen und hatte Sommer salopp gefragt, warum man denn so einen teuren Sarg bezahlen musste, wenn man sowieso eingeäschert oder in die Erde gesteckt wird. Ein Pappkarton täte es doch auch. Danach hatte ich mir eine lange, lange Rede über Holz und Wandstärken, Stabilität und den gesamten Vorgang im Verbrennungsofen anhören müssen. Es ist ganz einfach so, dass, wenn der Sarg zu früh zusammenfällt, man eben keine rückstandsfreie Einäscherung erreicht. Und deswegen muss der Sarg aus Holz sein und nicht aus Pappe. Verschiedene Testreihen in Krematorien hatten das bewiesen. Hoffentlich nicht mit Freiwilligen, war mein erster Gedanke dazu gewesen.

Man sei ja schließlich nicht in Indien, hatte Sommer noch überheblich hinzugefügt, wo die Reste in den nächstbesten heiligen Fluss gekehrt würden und Mikroben, Fische und andere Recyclingspezialisten sich der Sache natürlicherweise annahmen. Ich konnte mir auch gar nicht vorstellen, dass unsere gute alte Ruhr demnächst zu einem heiligen Fluss erklärt werden könnte. Matti hatte sich den ganzen Sermon schweigend angehört und dabei seinen Kaffee getrunken. Ich war bei der Belehrung ein bisschen blass geworden und heuchelte, unaufschiebbare Telefonate vornehmen zu müssen, um nicht auch noch in den Genuss des mit an Sicherheit grenzender Wahrscheinlichkeit folgenden Vortrages über die Verwesungsvorgänge en détail bei einer Erdbestattung zu kommen. Sommers Vortrag über den Unterschied zwischen Nähen und Tackern hatte mich schon eiskalt erwischt; diesen hier beendete ich zu meinem eigenen Seelenheil vorzeitig, aber nicht rechtzeitig. Ich hatte schon wieder viel zu viel Information abgekriegt. Herrn Sommer war die Enttäuschung über meine plötzliche Flucht deutlich anzusehen gewesen. Und zu hören auch.

Nachdem wir Frau Becker in den Sarg gelegt hatten, faltete Matti ihr liebevoll die Hände und strich ihre Kleidung glatt. Dann nahm er eine Haarbürste und kämmte ihr sorgfältig die dünnen grauen Haare. Ich schaute ihm dabei zu, und seltsamerweise war mir grad' überhaupt nicht übel geworden, obwohl das Kinn von Frau Becker weit nach unten hing. Aber jetzt meinte ich eindeutig den Hauch des Todes wahrzunehmen. Mir standen die Nackenhaare zu Berge, und ich versuchte mich in geruchsnervenschonender Mund-Flachatmung. Mir zitterten die Hände. Tapfer stemmte ich die Füße in den Boden, um nicht als lebendes Abbild von Edward Munchs *Der Schrei* die Treppe hinaufzuschießen.

Matti schob das Kinn sanft nach oben und band es mit einer Mullbinde fest. Das sollte für eine einfache, anonyme Bestattung reichen. Warum machte er sich überhaupt so viel Mühe? Es würde niemand kommen und um Frau Becker trauern, geschweige denn, dass jemand wirklich von ihr würde Abschied nehmen wollen. Sie war wohl die letzte ihrer Art, die letzte in ihrer Familie, die letzte ihres Freundeskreises. Und jetzt war auch sie tot. Alles, was Frau Becker jemals ausgemacht hatte, gewusst hatte, gedacht hatte und erlebt hatte, war jetzt für immer futsch. Ich fuhr heftig zusammen, als an der großen Tür der Anlieferungsrampe geklopft wurde.

Matti nickte mir zu. Ich öffnete.

Eine stämmige Frau von ca. 60 Jahren stand vor mir. Mir fielen sofort ihre zarte Haut und ihre leicht rötlichen, stramm zurückgekämmten Haare auf. Insgesamt machte sie einen ... wie soll ich sagen ... mit Kernseife geschrubbten Eindruck. Als nächstes fielen mir ihre Waden auf, die wie zwei Keulenschlegel, eingepackt in braune Stützstrümpfe, unter ihrem dunkelblauen Mantel hervorkamen. Ihre großen Füße steckten in derben, praktischen Schuhen Marke »Louis Trenker goes to town«. Auf dem Boden hatte sie eine große karierte Einkaufstasche abgestellt. Diese Erscheinung, alles in allem irgendwas zwischen Walküre und BDM-Mädel, sah mich mit tränenverschleierten Augen an.

»Kann ich sie noch mal sehen? Sie hat doch sonst niemanden.«

Die Frau nestelte ein Taschentuch hervor und schnäuzte sich vernehmlich die Nase. »Entschuldigung. Ich bin Schwester Beate.«

Sie nahm meine gummihandschuhbewehrte Hand und drückte sie kräftig. »Sie sind bestimmt Frau Abendroth.«

Bäh! Damit hatte ich doch die tote Frau Becker angefasst! Wenn sie doch nur aufhören wollte, sich zu entschuldigen!

»Ja. Bin ich. Kommen Sie herein. Herr Matti ist gerade fertig geworden.«

Endlich ließ sie meine Hand los, und ich flitschte hastig die Handschuhe in den Müll.

Sie trat an den Sarg heran und legte einen kleinen Blumenstrauß, den sie aus ihrer karierten Einkaufstasche geholt hatte, in die Hände von Frau Becker. Dazu legte sie noch einen Rosenkranz und einen blauen Kapothut in den Sarg. Mit leisem Schniefen sagte sie: »Den hat sie immer getragen, als wir noch zusammen zum Einkaufen gehen konnten. Frau Becker war immer so lustig. Und so wach.« Sie betupfte ihre Augen wieder und wieder mit einem Taschentuch.

»Danke, Herr Matti. Sie sieht sehr ordentlich aus.«

»Man muss ordentlich von der Welt gehen«, erwiderte er.

Ein ganzer Satz von Matti – mit sieben Worten!

Schwester Beate strich der Toten noch mal liebevoll übers Haar, schüttelte erst Matti und dann mir die Hand und ging, immer noch schniefend, eilig hinaus. Ein Schauer lief mir den Rücken herunter: Sie hatte die Tote und Mattis Handschuhe berührt und danach meine nackte Hand! Ein unwiderstehliches Bedürfnis nach Waschen und Duschen befiel mich. Ich wusste nicht, wohin mit meinen besudelten Händen. Für einen Augenblick glaubte ich, dass Frau Becker gelächelt hatte, aber das war sicher nur Einbildung. Eine gelbe Fluse hing noch an ihrer linken Augenbraue. Spontan schoss meine rechte, nackte Hand vor und schnippte den Flusen vorsichtig weg. Gott, war ich cool. Als ich wieder aufschaute, sah ich Matti, der sich gerade wegdrehte. Lächelte der etwa auch? War wohl auch nur Einbildung. Matti lächelte nie. Wir setzten den Deckel auf den Sarg und schoben Frau Becker in den gekühlten Aufbahrungsraum, wo sie ungestört sein würde, bis Sommer sie am nächsten Morgen zur Bestattung in einem anonymen Gräberfeld zum Hauptfriedhof fahren würde.

»Ist Ihnen wieder wohler, Herr Matti?«
Er nickte und sagte: »Sie gehen jetzt besser.«
Dabei öffnete er die Tür vom großen Kühlraum.
»Herzschrittmacher«, sagte er. Ich verstand immer noch nicht, bis ich sah, dass Matti ein Skalpell vom Instrumententisch nahm. Man sollte sich immer verabschieden, wenn es am schönsten ist.

Hastig zog ich den grünen Kittel aus, stopfte ihn in den Müllsack und floh nach oben, zurück in die Welt der Lebenden.

04

Zu Hause angekommen, stellte ich mich lange unter die heiße Dusche. Ungefähr 2000 Liter lang.

War ich das vorhin gewesen? Hatte ich tatsächlich eine Tote angefasst? Sogar einmal ohne Handschuhe? Und was tun mit meinen Klamotten? Hatte ich mit einem Ärmel meiner Bluse zufällig die Leiche gestreift?

Eigentlich konnte ich mir unvorhergesehene Ausgaben gar nicht leisten, aber meine Klamotten mussten in die Reinigung. Das kostete zwar satte 30 Mark für das Kostüm und die Bluse, aber es musste sein.

Außerdem überkam mich das dringende Bedürfnis, meine Schuhe in den nächstbesten Kleidercontainer zu werfen. Was, wenn jetzt irgendwas Leichiges an meinen Schuhen klebte? Ich machte einen vorsichtigen Geruchstest, konnte aber nichts Verdächtiges erschnuppern. Sie rochen eindeutig nach Leder. Gegerbtes totes Tier und frische Leiche sind nicht dasselbe. Ich packte die Schuhe trotzdem in eine Plastiktüte und stellte sie erstmal weg. 495 Mark endeten nutzlos auf dem Kellerregal. Schuhe von Antinori aus Italien, wie hatte mir das nur passieren können?

Ich konnte es immer noch nicht fassen, dass Herr Matti mich dazu gebracht hatte, ihm zu assistieren. War ich hypnotisiert worden?

Ich konnte mir diese Frage nicht beantworten. Dr. Thoma hatte im Souterrain vorbeigeschaut und interessiert zugesehen, was ich da machte. Nach meiner heißen Dusche war der Kater, entgegen seinen sonstigen Gepflogenheiten, immer noch da.

Geschrubbt und duftend nach allem, was die Körperpflegeindustrie hergab, saß ich schließlich im Bademantel vor meinem Minifernseher und versuchte, mich auf meine Lieblings-Krankenhausserie *Emergency Room* zu konzentrieren, aber irgendwie gelang es mir nicht so richtig. Zu viel Blut. Genau, es kam mir darin heute zu viel Blut und Drama vor. Ich nippte an meinem kochendheißen Diätkakao, fütterte statt meiner Dr. Thoma mit kleinen Fleischwurststückchen und wollte an was Angenehmes denken.

Aber mir fiel nichts ein. Ich hatte immer noch das Bild vor Augen, wie Schwester Beate mit ihrer karierten Einkaufstasche in der Tür gestanden hatte. Und wie froh sie gewesen war, dass Matti sich so rührend um Frau Becker gekümmert hatte.

Ich hatte bei der toten Frau Becker an ein Stück kalten Speck gedacht. Für Matti war sie immer noch ein Mensch. Ich konnte mich glücklich schätzen, dass Schwester Beate nicht Gedanken lesen konnte.

Der seltsame Herr Matti. Kippte der Kerl doch einfach aus den Latschen. Er war ja immer total blass und dünn, aber das bedeutete doch überhaupt nichts. Finnen sehen eben nicht viel Sonne, und dauernd diese traurigen Tangos summen trägt auch nicht zu einem gesunden Teint bei. Er hatte wahrscheinlich nur wieder vergessen, etwas zu essen. Aß Herr Matti überhaupt jemals, oder war er ein Vampir? Wo wohnte Herr Matti?

Gedankenverloren kraulte ich Dr. Thoma hinterm Ohr. Seit über zwei Monaten arbeitete ich mit dem Mann zusammen, und ich wusste nur, dass er aus Finnland war. Und das hatte ich noch nicht einmal von ihm persönlich, sondern von Sommer erfahren. Es kam mir manchmal so vor, als würde Matti in einem der Särge schlafen. Er war immer schon da, wenn ich kam, und wenn ich wieder nach Hause ging, war er immer noch da. Matti war sein Vorname. Ein Nachname war mir noch nicht zu Ohren gekommen. Vermutlich war es was

Finnisch-Hochkompliziertes mit vielen Ä's und I's und K's und noch ein 'Inen hinten dran. Offensichtlich aß er all die Dinge nicht, die ich zu viel aß. Ich würde ihm morgen ein belegtes Brötchen mitbringen und vielleicht mal nachschauen, was seine Personaldatei über ihn preisgab.

Dr. Thoma konnte es wohl schlecht ertragen, dass ich gerade über einen anderen Mann nachdachte. Er sprang von meinem Bett mit einem Satz aufs Fensterbrett und maunzte.

»Okay, dann geh doch.«

Der Kater wandte mir sein dickes Hinterteil zu und blickte starr in den Garten.

»Und vergiss nicht, morgen gibt es Fisch.«

Er knurrte einmal kurz und verschwand gemächlichen Schrittes in die Nacht. Jetzt machte ich dem Vieh schon Versprechungen. Nach einem letzten Blick auf die Matsche in meinem Vorgarten und das mit Moos bewachsene Mäuerchen, hinter dem die hakenförmige Schwanzspitze von Dr. Thoma langsam nach rechts aus dem Blickfeld wanderte, ließ ich das Rollo herunter.

Am nächsten Morgen rief mich Sommer zu Hause an, um mich höflichst zu bitten, ob ich ausnahmsweise, nur dieses eine Mal, Herrn Matti von der Trauerhalle am Friedhof abholen könne. Er selber schaffe es momentan wegen dringender Angelegenheiten nicht. Also änderte ich meinen Kurs und kam gerade rechtzeitig am Hauptfriedhof an, als die ganze Beerdigung »Rosen, Herbert – 8.30 Uhr« gelaufen war. Wir räumten unsere sechs großen Mietkerzenhalter inklusive Kerzen schweigend in mein Auto. Ich bat die Prusseliese, also Frau Kostnitz, gleich mit uns ins Büro zu fahren, damit ich mit ihr den Monat abrechnen konnte. Sie stimmte bereitwillig zu. Ich vermutete, dass sie auf Matti stand, so wie sie ihn ansah, während er ihr Komplimente für ihr Orgelspiel machte.

Während Matti noch die Trauerhalle ausfegte und die letzten Reste von Blüten und Blättern der Kränze und Gestecke in den Müll warf, spielte sie auf der Orgel einen traurigen Tango von Carlos Cardel.

Matti fegte dabei schwungvoll und beinahe heiter vor sich hin. Als wir endlich im Auto saßen, übergab ich Matti das belegte Brötchen und versuchte es mit seiner ihm eigenen Einwort-Konversationsform.

»Frühstück.«

Matti nickte, biss herzhaft in das Brötchen und fing an, mein Auto voll zu krümeln.

»Ich hoffe, Sie mögen Nutella?«

»Hm.«

Was für ein Enthusiasmus! Die Prusseliese machte ein enttäuschtes Gesicht, weil sie in mir wahrscheinlich Konkurrenz befürchtete. Wenn ich mit knapp 70 noch eifersüchtig sein konnte, dann danke.

Ich drehte den Zündschlüssel um. Matti öffnete die Autotür.

»Wo wollen Sie denn jetzt hin? Wir müssen ins Büro.«

»Hab' was vergessen. Fahren Sie schon.«

Na, wenn er unbedingt will. Die Prusseliese legte sanft eine Hand auf Mattis Schulter und hielt ihn fest. So sah es jedenfalls aus.

»Das können Sie doch morgen auch noch holen«, sagte sie, und Matti blieb sitzen, steif wie ein Stock.

Die Prusseliese nickte mir aufmunternd zu, und so fuhr ich los. Die Autotür fiel beim Anfahren von alleine zu.

Kaum war ich in die Hofeinfahrt bei Pietät Sommer eingebogen, war Matti, kalkweiß im Gesicht, aus dem Auto gesprungen und ohne ein Wort zu sagen in den Arbeitsräumen verschwunden. Die Prusseliese schaute ihm kopfschüttelnd hinterher und folgte mir in Richtung Vordereingang.

Der Anrufbeantworter im Büro hatte nichts zu bieten, und nachdem die Prusseliese ihr Geld bar auf die Hand bekommen hatte, ging sie versöhnt von dannen. Herr Matti kam extra nach oben, hielt ihr artig die Tür auf und begleitete sie auch noch hinaus. Also, da lief doch was zwischen den beiden! Das sah ein Blinder mit Krückstock.

Ich nutzte die Zeit, um Kopien unserer Broschüren nachzufertigen. Eines musste man Sommer lassen: Das technische Equipment war einwandfrei. Kopierer, Drucker, Computer, alles auf dem neuesten Stand. Allerdings blieb meine Suche nach Herrn Mattis Personalakte erfolglos. Keine Papiere im Schrank, keine Anmerkungen im Computer. Jedenfalls nicht in den Dateien, an denen ich mich ohne Passwort vergreifen durfte. Ich machte die Gegenprobe, und siehe da – meine Adresse mit Sozialversicherungsnummer, Bankverbindung und vereinbarter Lohnzahlung plus Urlaubskalender fand ich ohne Probleme in der Filemaker-Datenbank. Das zu meinem Ranking in dieser kleinen Firma.

Am frühen Nachmittag fuhren Matti und Sommer mit den »Einäscherungen« zum Amtsarzt. Das ist so Vorschrift, denn, ist man erst einmal verbrannt, sind eventuell im Rücken steckende Messer oder Äxte leider nicht mehr nachzuweisen.

Das mit der Brötchenversorgung war bei Matti so gut angekommen, dass er mich aus lauter Dankbarkeit für selbigen Abend einlud, ihm dabei zuzusehen, wie man jemandem eine hygienische Grundversorgung angedeihen ließ, der offen aufgebahrt werden sollte. Jeder gibt halt, was er kann. Ich weiß nicht, welcher Teufel mich ritt, aber ich Dämlack von einer neugierigen Nase sagte zu.

Kaum zwei Stunden später bereute ich meine Neugierde schon zutiefst. Wie meine Oma schon immer so weise bemerkt hatte: »Die Neugier ist des Raben Tod.«

Herr Matti wies mich an, die Leiche eines 50-jährigen Mannes zu entkleiden, der am Vortag mit einem tödlichen Herzinfarkt von einer Leiter gefallen war. Seine Frau hatte frische Sachen für ihn mitgegeben. Einen ordentlichen Anzug, ein weißes Hemd, Strümpfe und passende Schuhe. Meine Hände zitterten so sehr, als sollte ich zum ersten Mal in meinem Leben eine Bombe entschärfen. Herr Matti kam mir freundlicherweise zu Hilfe, denn ich hatte prompt vergessen, wie man einem Mann an die Wäsche geht. Als die Leiche komplett entkleidet war, setzte ich mich mit genügend Sicherheitsabstand zum Arbeitstisch auf eine unserer Materialkisten. Herr Matti lud mich ein, ihm einfach zuzuschauen, wie er die Leiche wusch und an den speziellen Stellen desinfizierte und »auslaufsicher« machte. Ich war schon wieder kurz vor *Der Schrei*. Als ich diese Demonstration unter Aufbietung größter Willenskraft überstanden hatte, kündigte Herr Matti an,

dass er der Leiche jetzt den Mund verschließen müsse – ob ich helfen wolle? Ich schüttelte vehement den Kopf.
»Ich glaube, mir wird schlecht, Herr Matti.«
»Gehen Sie ruhig, wenn es Ihnen zu viel wird.«
Das war das Zauberwort, und vor allem, wie er es sagte – furchtbar verständnisvoll. Ich hasse diesen, wie ich ihn nenne, Sozialarbeiterton. Nein, ich würde nicht gehen. Ich würde jetzt definitiv nicht gehen, sondern Herrn Matti Nadel und Faden anreichen!
»Nein, nein, es geht schon wieder«, behauptete ich und trat an den Arbeitstisch. »Es ist nur der Geruch, verstehen Sie?«
Er nahm eine große Sprayflasche von einem der Regale und sprühte eine Wolke völlig geruchlosen Gases über die Leiche. Der Geruch war weg. Na, das hätte er doch bitte eher tun können.
»Enzymspray.«
»Danke. Besser als Duftbäumchen.«
Ohne auf meinen halbherzigen Scherz einzugehen, widmete er sich wieder dem Toten, jetzt mit Nadel und Faden. Ich versuchte mir vorzustellen, dass ich eine Superrolle bei *Emergency Room* hätte und wir gerade die Szene drehten, in der Dr. Green einem Koma-Patienten das Leben rettete.
Herr Matti reinigte Mundhöhle und Nase des Toten sorgfältig mit einem in Desinfektionsmittel getränkten Tupfer, den er mit einer langen Pinzette festhielt. Er stopfte Watte in Nasen- und Rachenraum. Ich wusste gar nicht, wie viel Watte in eine Nase passen kann. Er arbeitete dabei ruhig und entspannt vor sich hin. Mich schüttelte es, und ich hatte große Mühe, meinen Magen davon abzuhalten, meinen Körper spontan zu verlassen. Ach, wäre ich doch bloß rechtzeitig gegangen! Dann kam das Allerschlimmste: Er nahm eine gekrümmte Nadel und vernähte fachgerecht und später von außen völlig unsichtbar Ober- und Unterkiefer miteinander. Das Geräusch, oh weh, dieses Geräusch. Ich hielt mir die Ohren zu und verfolgte trotzdem fasziniert aus den Augenwinkeln jede Handbewegung, die Matti machte. Warum gab es nicht auch ein Spray gegen diese Geräusche? Warum rief denn keiner: »Cut und danke, das war's für heute. Die Szene ist gestorben«?

Nach drei Minuten, die mir wie eine Ewigkeit vorkamen, legte Matti die Nadel beiseite und verknotete den Faden ordentlich, schnitt ihn ab und stopfte die Enden des Fadens hinter die Zähne. Dann schloss er sorgfältig die Lippen des Toten und schob sie zu einem freundlichen Gesichtsausdruck zurecht. Zur Sicherheit gab er etwas Kleber auf Ober- und Unterlippe, damit sie sich nicht mehr öffnen konnten.

»Lipofix«, informierte er mich. Das sollte man so manchem Zeitgenossen regelmäßig ins Gesicht drücken, dachte ich, vor allem bei Aldi an der Kasse. »Oh, entschuldigen Sie, aber ich hätte da was gegen Ihre verbale Inkontinenz.« Und zack, Lipofix statt Labello, und endlich ist Ruhe im Karton.

Als wir nach einer Stunde die Leiche in den vorbereiteten Sarg gebettet hatten, stand mir der Schweiß nicht nur auf der Stirn, sondern ganze Sturzbäche fluteten meine Unterwäsche. Ich war aber auch ein bisschen stolz auf mich. Ich hatte nicht schlapp gemacht. Ganz im Gegenteil, als wir fertig waren, sagte Herr Matti sogar: »Sie können das lernen, Frau Margret.«

»Herr Matti, ich weiß gar nicht, ob ich das lernen will. Ich fürchte mich vor Leichen.«

»Ich fürchte mich vor Lebenden.«

Tja, jedem das Seine. Morgen würden die Angehörigen hier erscheinen und eine hygienisch einwandfreie Verabschiedung erleben. Emotional einwandfrei fand ich, selbst nach zwei Monaten bei Pietät Sommer, diese Art von Veranstaltungen immer noch nicht.

Während wir mit dem Herzinfarkt beschäftigt waren, fuhr Sommer mit zwei Feuerbestattungen im großen Lieferwagen nach Venlo. Im Krematorium unserer Stadt waren keine Termine zu kriegen, wie er mir erklärte. Bestattungstourismus in die Niederlande könnte man das nennen. Sommer würde erst heute Nacht mit zwei Urnen zurückkommen, die er morgen früh anonym auf dem Zentralfriedhof beisetzen ließ. Drei Sätze zum Abschied von jemandem, der nie was mit den Verstorbenen zu tun gehabt hatte, und das war's. Gute Reise.

Meine abendliche Duschorgie spottete jeder Beschreibung. Nach einer halben Stunde heißer Berieselung befand ich mich wieder für klinisch rein. Aber allmählich wurden meine Klamotten knapp. Ich raffte alle Häufchen in einen blauen Müllsack. Morgen dürfte ich ein Vermögen in der Reinigung ausgeben, um nicht spätestens am Dienstag nackt im Büro erscheinen zu müssen. Ein zweites Paar teurer Schuhe endete auf dem Kellerregal. Dr. Thoma blieb meinem Souterrain fern. Mir war der Appetit auf Fleischsalat vergangen. Ich konnte mich noch nicht mal zu einem klitzekleinen Pfefferminzplätzchen überreden. Am nächsten Morgen erwachte ich mit einem dicken Ekelpickel auf der Unterlippe.

05

Endlich, Samstag! Alles in allem verschwanden 60 Deutsche Mark im gierigen Schlund der Schnellreinigung. Mein Ekelpickel auf der Lippe war nach einer Behandlung mit Zahnpasta (altes Hausrezept von meiner Oma) auf Minimalmaß zurückgeschrumpft.

Jetzt hing mein Kopf entspannt über einem der ergonomisch geformten Waschbecken in Wilmas Salon. Ich war bereit zu vergessen. Der Salon brummte und summte, heiteres Geplapper plätscherte von links und rechts auf mich ein. »Schnipp, Schnipp, Schnapp« und »Möchten Sie noch einen Kaffee?«. Aber klar doch. Gerne.

Wilma höchstpersönlich verpasste mir eine Kopfmassage. Wie ich da so hing und mich wohlig ihren geschickten Fingern hingab, hätte ich augenblicklich jeden Blankoscheck unterschrieben. Ich war so entspannt, dass ich Wilmas Themenwechsel nicht ganz mitbekommen hatte. Sie plapperte sich erst mal ausgiebig am schlechten Zustand meiner Lockenpracht fest und erklärte mir, dass man heutzutage so nicht mehr aussehen müsse. Gegen Spliss und trockene Haare gäbe es doch wohl genug. Ja, dachte ich noch, und gegen dein Plappermaul kenn' jetzt ich auch was.

Ich ließ in gut verteilten zeitlichen Abständen pflichtschuldig ein paar »Hms« einfließen. Das ging eine Zeit lang ganz gut, aber dann legte Wilma mich rein.

»Woran arbeitest du eigentlich jetzt?«

»Hm«, brummte ich automatisch.

»Hallo, jemand zu Hause, Frau Abendroth? Ich habe dich gefragt, an was du gerade arbeitest.«

»Nichts Besonderes. Routinezeug.«

»Was soll das denn heißen? Bisher war es immer Comedy, Krimi oder eine lebensgefährliche Undercover-Recherche. Ich kenne keine Serie, die *Routinezeug* heißt.«

Ach, Wilma. Ich konnte ihr nichts vormachen. Ausweichende Antworten galten hier mal rein gar nichts.

»Außerdem könntest du ruhig mal wieder mit mir ins Kino gehen. Im UCI läuft seit einer Woche *Schokolade zum Frühstück*, und du hast noch nicht mal angerufen.«

Ihr Vorwurf ging in einem Schwall viel zu kalten Wassers unter, das mir prompt in die Ohren lief.

»Arrghh. Zu kalt! Was wird das, chinesische Wasserfolter à la Wilma?«

»Ich kriege es schon aus dir raus. Ich weiß, dass du eine treulose Tomate bist, wenn du an was arbeitest, aber noch sicherer weiß ich, dass du dich immer verdrückst, wenn ein neuer Mann in deinem Leben aufgetaucht ist. Kann ich davon ausgehen, dass ich demnächst was zu lesen kriege – oder darf ich einen Kerl begutachten?«

Schlagartig verstummte das Gesumme und Gebrumme im Salon. Jetzt wollten es aber wirklich alle wissen. Ich gab zu, dass ich jetzt mit Dr. Thoma zusammen war: »Er hat total viele Haare auf der Brust und er schnurrt, wenn ich ihn unterm Kinn kraule. Er hat zwei Eier, einen langen buschigen Schwanz, den er wie einen Bischofsstab hinter sich herträgt – und er ist ein Kater. Reicht das jetzt? Weiter frisieren!«

Das Salongeschnatter setzte wieder ein. Unsanft zurrte Wilma ein Handtuch um meinen Kopf und schubste mich aus dem Stuhl am Waschbecken in Richtung Frisierstuhl.

»Sei doch nicht gleich so kratzig. Ich mach' mir schließlich so meine Gedanken. Seit dem Umzug habe ich von dir nichts mehr gehört und gesehen.«

Ich schwieg. Als ob das jemals was genützt hätte.

»Ich habe öfter mit dir geredet, als du drei Wochen auf Recherche mit dem Postschiff nach Spitzbergen unterwegs warst.«

Autsch, das hatte gesessen. Als ich von dieser Reise zurückgekommen war, hatte mir zum ersten Mal gedämmert, dass der Knipser angefangen hatte, sich abzuseilen.

»Fang nicht an wie meine Mutter.« Ich ließ mich in den Frisierstuhl fallen und betrachtete mich im großen Spiegel. Tatsächlich, man konnte sehen, dass ich abgenommen hatte. Ich hatte beinahe schon eingefallene Wangen. Probeweise saugte ich die Überreste meiner Hamsterbacken zwischen die Zähne.

»Was wird das denn jetzt, Maggie? Elisabeth Flickenschildt? Wenn du wirklich was machen willst, würd' ich mir die beginnenden Hängebäckchen ein bisschen straffen lassen. So ungefähr.«

Dabei zog Wilma an meinem Unterkiefer.

»Toll, am heiligen Samstag komme ich hier rein, um mich von dir beleidigen zu lassen. Deine Zunge bräuchte mal Botox!«

Ich nippte an meinem Kaffee, und Wilma rupfte in meinen Locken herum. Sie knallte mir die Farbpalette auf den Schoß.

»Was darf es denn sein? Rote Kastanie, Black Magic Raspberry oder Cyclam Night?«

»Wie wäre es mit Slim Fast Erdbeere?«

»Okay. Entschuldigung wegen der Hängebäckchen. Du hast eben viel von deiner Oma«, lenkte sie ein, »aber wenn man nicht rechtzeitig was macht, sieht man mit Fünfzig aus wie ein Pelikan.«

»Danke. Danke. Ich habe die O-Beine von meiner Oma, die dicken Knie und die krummen, kleinen Finger.«

Wilma fing an zu kichern. »Nicht zu vergessen, den scharfen Verstand, mein Herz.«

»Ja, genau. Meine Oma hat meinen Opa dauernd beim Schach geschlagen, obwohl sie nebenbei noch das Mittagessen gekocht hat.«

»Du erwähntest es bereits.«
»Man kann es gar nicht oft genug sagen.«
»Weißt du was, Maggie, ich mache Kastanie mit schwarzen Strähnen. Zur Auflockerung.«
»Wie du willst«, maulte ich.
Der Pelikan hatte gesessen.
»Für meine Verhältnisse kann es grad' nicht brav genug sein.«
»Jetzt erzähl doch mal endlich. Klingt ja so, als hättest du einen Job beim katholischen Kirchenfernsehen.«
»Könnte fast stimmen. Aber ...«, ich machte ihr mit der Hand ein Zeichen, sie möge näher herankommen. Mit dem Farbapplikator in der Hand beugte sie sich zu mir herunter: »... es ist viel schlimmer.«
»Ach, was kann denn noch schlimmer sein? Drehbücher für *Gute Zeiten, schlechte Zeiten*?«
»Bleib doch mal ernst. Es ist wirklich ein bisschen peinlich für mich.«
Jetzt war sie ganz Ohr. Für Wilma gibt es nichts Besseres als peinliche Dinge, brühwarm serviert. Ihre blauen Augen strahlten mit ihren Goldringen geradezu um die Wette.
»Komm, wir setzen uns in die Teeküche. Ich kann dir da auch die Haare färben. Muss ja keiner mitkriegen.«
Ich packte meine Zigaretten und meine Handtasche, Wilma nahm das Wägelchen mit ihren Utensilien, und so schoben wir beide, ich mit halb eingeklatschten Haaren und Wilma mit einem Lächeln im Gesicht, ab in Richtung Teeküche. Mehrere Augenpaare folgten uns. Um dem Ganzen noch die Krone aufzusetzen, gab Wilma die Parole aus: »In den nächsten 15 Minuten gibt es keinen Kaffee.« Sie konnte hier ja machen, was sie wollte. Ihr gehörte der Laden schließlich.
Kaum hatte ich mich auf einen Hocker gesetzt, pinselte sie, in erwartungsvolles Schweigen gehüllt, sofort weiter auf meinem Kopf herum.
»Also gut, ich arbeite bei einem Bestatter.«

Das Schweigen hielt an. Wilma pinselte langsamer.
«He, hallo. Realitäts-Check, Wilma. Ich sagte *Bestatter*. Ich arbeite natürlich nur ...«
»Bestatter! Maggie, ich krieg' Herpes.«
»Schrei doch nicht so ... Hey, ich kann's mir nicht mehr aussuchen. Erinnere dich bitte, Wilma – ich bin bankrott. Pleite. Ich habe Schulden. Soll ich zum Sozialamt gehen? Wäre das besser?«
Wilma schnappte nach Luft. »Es gibt doch tausend andere Jobs. Vielleicht ...«
»Na? Na? Was denn vielleicht? Spielhallenaufsicht, Putzkolonne im Krankenhaus? He?«
»Brötchen verkaufen am Bahnhof oder so. In einer Woche fängt der Weihnachtsmarkt an, irgendwas. Mensch, Margret, Bestatter! Wenn du doch nur was gesagt hättest. Du hättest auch hier bei mir ...«
»Ich bei dir im Salon? Was denn? Haare fegen? Ich bitte dich!«
»Sag mal, heißt das etwa, du hast die ganzen letzten Monate nichts mehr geschrieben?«
»So ist es!«
»Und da sagst du mir kein Wort?«
»Warum sollte ich? Um mir deine dämlichen Jobvorschläge anzuhören? Oder hast du einen neuen Super-Therapeuten für mich aufgetan?«
Ich drehte mich gerade rechtzeitig zu ihr herum, um zu sehen, wie sich ihre Augen zu gefährlichen Schlitzen verengten. Der Farbapplikator schwebte drohend über meinem Kopf.
Entgegen allen bewährten Deeskalationstheorien stichelte ich weiter: »Was ist? Gibst du grad' den Löffel ab? Muss ich meinen Chef anrufen? Sag mir noch schnell, ob du lieber Eiche oder Buche willst.«
»Margret Abendroth! Ich bin deine beste Freundin. Ich habe wohl was anderes verdient als deinen Zynismus. Ich will dir doch bloß helfen.«
»Mir ist aber nicht zu helfen. Verstehst du nicht! Je mehr du mir helfen würdest, desto beschissener würde ich mich fühlen.«
»Na klar.«

Wilma pinselte heftig weiter in meinen Haaren herum. Mit ihrem Stielkamm piekste sie mir wiederholt in die Kopfhaut. Aber sie hatte ja Recht. Sie wollte mir nur helfen, und ich wollte mir nicht helfen lassen. Hoffentlich würde sie sich gleich wieder beruhigen, sonst könnte ich nach der Behandlung durch meine Schädeldecke Spaghetti abgießen.

»Du hast doch nicht etwa schon eine echte Leiche angefasst?«

Okay, ich brauchte noch nicht mal zu lügen.

»Erstens, unechte Leichen gibt es nicht. Und zweitens, natürlich habe ich!«, trumpfte ich auf. »Was glaubst du denn? Wenn man ...«

Weiter kam ich nicht.

Der Pinsel mit dem Färbemittel klatschte ungezielt auf meine Haare. Die Hälfte der Farbe landete auf meiner Nase. Wilma, leichenblass im Gesicht, sauste hinaus. Als meine Schrecksekunde vorbei war, wischte ich mir die Farbe aus dem Gesicht, nahm die Schale mit dem Färbemittel und ging in den Salon zurück. Auweia! Da war ich wohl zu weit gegangen. Wilma hatte es doch nur gut gemeint. Ich schrieb nicht mehr. Ich kümmerte mich auch um keinen anderen Job. Ich hatte mich auch nicht um Wilma gekümmert. Und jetzt musste ich ihr auch noch blöde kommen. Sie machte sich wenigstens Sorgen um mich.

Ich wusste, dass die große Tragödin vorerst nicht mehr zurückkommen würde. Der Lehrling schaffte es ohne weitere Zwischenfälle, wenigstens Kastanie komplett auf meine Haare aufzutragen. Während ich fünfundzwanzig Minuten später mit dem Kopf bereits wieder über dem Waschbecken hing, sauste Wilma wie von der Tarantel gestochen durch den Salon.

Sie baute sich vor mir auf: »Also, du sagst mir jetzt, dass das einer von deinen blöden Gags war, oder ...«

»Oder was, Wilma?«

»Es ist also wahr!«, schnaubte sie, »Ich kann das nicht glauben. Das ist wi-der-lich! Das ganze Leichengift und so ...«

Sie wurde schon wieder gefährlich weiß um die Nase. Und von

dem Moment an wurde ich wirklich sauer. Das mit dem toten Hamster war ja eine Sache, aber seitdem waren dreißig Jahre vergangen. Schön, schön, sie hatte ihren Auftritt gehabt.

»Was ist denn schon dabei? Das mit dem Leichengift ist ein Ammenmärchen. Es ist ein Job wie jeder andere auch. Auch wir werden eines Tages einen Bestatter brauchen, falls dir das noch nicht in den Sinn gekommen ist.« Zu meinem eigenen Erstaunen verteidigte ich gerade meinen Job!

Wilma hielt sich mit beiden Händen die Ohren zu und sang laut: »La, La, La, La ...«

Ich brüllte ihr entgegen: »Und was war mit deinem Scheißhamster? Erinnere dich mal, wer dich da vor dem tödlichen Leichengift gerettet hat!«

Sie musste es trotz Lalalala gehört haben, denn sie verschwand durch die Verbindungstür zum Treppenhaus und drehte den Schlüssel um. Keine Sorge, Wilma, heute ist mir nicht nach Hinterherrennen.

Alle Kundinnen und Friseure im Salon starrten mich an. Also gut. Ich kann auch zicken.

»Ja, meine Damen und Herren, ich musste die Tierleiche entsorgen. Und? Während Madame Korff sich in Trauer wälzte, musste ich in die Tierhandlung gehen, um einen neuen Hamster zu kaufen, damit Wilmas Mama nicht merkt, was ihre reizende Tochter mit dem armen Tier angestellt hatte.«

Ich schwang mich mit klatschnassen Haaren aus dem Stuhl, riss dem verdutzten Lehrling das Frotteetuch aus der Hand und wickelte es mir wie einen Turban um den Kopf.

»Kassieren kann die Chefin ja später. Wenn sie das noch will. Aber wahrscheinlich nimmt sie ja kein Geld mehr von mir. Könnte ja Leichengift dran sein.«

Ich schnappte mir meinen Mantel und meine Tasche und verließ wutschnaubend den Salon. Ich muss ein tolles Bild abgegeben haben. Eine Frau mittleren Alters, mit rosa Frotteetuch auf dem hochroten

Kopf, die im Stechschritt und laut meckernd über die Kortumstraße hastete. Im Winter mit nassen Haaren draußen, eine herzliche Einladung für Erkrankungen aller Art, doch mal einen Besuch bei mir abzustatten. Ich hatte mein Auto wegen des akuten vorweihnachtlichen Parkplatzmangels in der City extra zu Hause stehen lassen. Im Sturmschritt eilte ich die Fußgängerzone hinunter, schlängelte mich durch den beginnenden Weihnachtseinkaufs-Menschenauflauf am Citypoint. Alle starrten mich an, ich starrte zurück. Ein Mietweihnachtsmann kam bimmelnd auf mich zu, aber bei meinem Anblick blieb ihm das »Hohoho« im Halse stecken. Kleine Kinder, die mit dem Finger auf mich zeigten, wurden gnadenlos angeknurrt. In der Reinigung wurden mir meine Sachen sehr schnell ausgehändigt. Ich sah wohl nicht so aus, als sei es ratsam, mit mir ein Schwätzchen anzufangen. Als ich endlich beim Café Madrid, meiner Stammkneipe aus früheren Tagen, angekommen war, war ich aus der Puste wie ein 10.000-Meter-Läufer. Aus dem Madrid winkte mir ausgerechnet ein Bekannter aus alten Tagen enthusiastisch zu: Kai-Uwe Hasselbrink aus der 10b. Das hatte mir gerade noch gefehlt. Ich guckte starr geradeaus. Das hatte auf dem Schulhof auch immer geholfen.

Ich flitzte beim Bergbaumuseum bei Rot über die Ampel. Den Aldi ließ ich links liegen. Wochenendeinkauf fiel flach. Da ich nicht vorhatte, Wilma für die Szene im Salon auch noch zu bezahlen, selbst wenn sie in drei von vier Punkten Recht hatte, könnte ich von dem Geld Samstag *und* Sonntag im Café Madrid frühstücken gehen. Und nicht nur das, ich könnte Kai-Uwe einen Fünfer extra in die Hand drücken, damit er die Klappe hielt und nicht auf die Idee kam, mit mir über alte Zeiten zu quatschen.

Dr. Thoma sah mir sehr interessiert zu, als ich unter der Dusche die Restfarbe aus den Haaren wusch. Er ließ ein lang gezogenes, anklagendes »Maaaaooooooo« hören. Ich schob die Tür von der Duschkabine auf und informierte meinen Hausfreund über die neuesten Entwicklungen: »Ja, mein Schatz, danke der Nachfrage. Ich habe wirklich abgenommen. Ich habe soeben 50 Kilo Freundin verloren.«

06

Über Deutschland fegte eine Grippewelle hinweg, die auch Bochum nicht aussparte und das Arbeitspensum bei Pietät Sommer von jetzt auf gleich fast verdoppelte.

Es gibt ja Leute, die aus Prinzip nie krank werden, dazu gehören Hausärzte, Apotheker und Bestatter. Also hielt auch ich mich an das ungeschriebene Gesetz und wurde nicht krank. Mein Dauerlauf mit klatschnassen Haaren durch den Bochumer Winter hatte mir nichts anhaben können. Schwarze Kastanie blieb, trotz der eiskalten Unterbrechung während des hochsensiblen Färbeprozesses, in meinen Haaren haften. Übers Wochenende hatte ich mehrmals versucht, Wilma anzurufen, aber sie nahm den Hörer nicht ab. Am Dienstag rief ich im Salon an, aber man sagte mir, dass die Chefin mit Grippe im Bett läge. Geschah ihr doch recht. Mehrfach sprach ich ihr meine Bitte um Rückruf aufs Band, bekräftigte meinen Willen zur Versöhnung und hängte noch ein »Gute Besserung« hinten dran. Mehr konnte ich nun wirklich nicht tun. Jetzt hieß es abwarten, bis Wilma mit ihren Spinnereien fertig war. Die Show, die sie gerade abzog, hatte nicht mehr wirklich was mit mir zu tun. Von mir aus sollte Wilma ruhig mal wieder die seltsame Gräfin geben. Nur diesmal hatte ich keine Zeit, ihr zu applaudieren, denn die jahreszeitbedingte Todeswelle hielt mich davon ab.

Matti gab mir einen Schnellkurs in Einbetten. Zitterhändchen war gestern. Matti und Sommer schafften es einfach nicht mehr alleine, das sah ja sogar ich ein. Der Kugelfisch konnte vor lauter salbungsvollem Geschwafel kaum noch sprechen. Allein in der ersten Woche der Grippewelle stapelte sich bei uns alles, was über 70 war. Die Hinterbliebenen gaben sich die Klinke in die Hand. Was aber gar nicht so schlimm war, denn keiner hatte mehr das Exklusivrecht auf das Unheil. Mein Büro wurde vielmehr zu einem Treffpunkt der Selbsthilfegruppe »Grippeopfer«. Ich kochte im 30-Minuten-Takt Kaffee für alle, schenkte aufmerksam wie eine Geisha allen Betroffenen reichlich nach und übte Bestatter-Konversation.

»Auch an der Grippe?«

»Ja, vor einer Woche war sie noch so rüstig« oder »… mein Mann und ich wollten über die Feiertage ins Allgäu, und jetzt das.«

Sehr beliebt auch der Satz: »Tja, kommt aus Asien, das Dreckzeug.«

So ging es den ganzen Tag. Al Quaida war im Angesicht der Aggression kleiner Viren auch von gestern. Unser Sarglager leerte sich rapide. Auf meinem Schreibtisch herrschte ein Chaos aus Trauerkarten mit Goldschnitt und Faxen mit Texten für die Traueranzeigen, die auf ihre Korrektur warteten. Ob Schmidt mit »dt«, einfach »t« oder »tt« – das galt es zügig herauszufinden. Nicht, dass die üblichen Beerdigungsschnorrer noch auf der falschen Veranstaltung Kuchen abstaubten. Zwischendurch kam der neutral lackierte Laster aus Rumänien mit neuen Sargmodellen angerauscht. Matti wurde immer blasser. Obwohl ich ihn, wann immer es meine Zeit zuließ, mit Kohlenhydratbomben in Form von Nutella-Brötchen versorgte.

Schwester Beate, der langsam aber sicher der Kundenstamm wegstarb, rief mich mindestens einmal am Tag an. Am achten Tag der Grippewelle hatten wir abends um 19.00 Uhr nur noch drei Tote zu versorgen.

Matti stand bleich am schlichten Verbrennungssarg Marke Standard und starrte die Leiche an: Herrn Manowski, 85 Jahre alt, Grippeopfer.

»Matti, ist was?«, fragte ich.

Matti schwieg und ließ die Schultern hängen.

»Soll ich Ihnen die Kreislauftropfen geben?«

»Nein. Aber … nein.«

Ich trat an den Sarg heran. Auf einer Fingerkuppe balancierte ich eine Augenkappe aus fleischfarbenem Plastik, die wir bei jemandem einzusetzen vergessen hatten, der bereits nebenan im Aufbahrungsraum lag. Die Angehörigen konnten jeden Moment da sein. Wenn dann die Augen eingefallen aussahen, machte das keinen guten Eindruck.

»Ich bin sofort zurück.«

Ich eilte zum Aufbahrungsraum 2. Eben kam Sommer mit den Angehörigen die Treppe herunter. Zupf, das Augenlid hoch, die fleischfarbene Kappe drunter geschoben. Zupf, das Unterlid ein bisschen nachjustiert, und fertig. Eben hatte ich dem Verstorbenen noch das Lächeln korrigiert, da ging auch schon die Tür auf. Während die kleine Gruppe in den Raum strömte, drückte ich mich unauffällig hinaus. Sommer nickte mir zu, schaute dann mit kritischem Blick auf die Leiche im Sarg. Zufrieden über das, was er sah, ging er rückwärts aus dem Raum und schloss leise die Tür. Er erwischte mich noch am Treppenabsatz.

»Frau Abendroth. Ich fahre jetzt ins Krematorium und bin morgen wieder zurück. Es liegt ein brauner Umschlag auf meinem Schreibtisch, der ist für Herrn Bartholomae. Händigen Sie ihm den aus, wenn er noch kommt.«

»Mach' ich.«

Jetzt kippelte der Kugelfisch wieder auf seinen Hacken hin und her. Was wollte er denn jetzt noch? Schlimmstenfalls eine Lohnerhöhung ankündigen.

»Ähh, das war knapp gerade, Frau Abendroth, aber ... aber Sie machen das schon ganz gut. Ich meine, dafür, dass Sie nicht vom Fach sind.«

»Danke, Herr Sommer. Das legt sich wieder.«

Soviel zur Lohnerhöhung. Ich ließ ihn einfach stehen. Was wusste der denn schon? Nicht vom Fach! Ich war schließlich im Laufe der letzten Monate zur 1A-Bestatterin meiner Lebensträume geworden.

Während ich in den Arbeitsraum zurückging und leise die Stahltür schloss, fuhr Sommer mit quietschenden Reifen vom Hof. Matti stand immer noch am Sarg von Herrn Manowski. Ich schaute ihm über die Schulter und betrachtete die sterblichen Überreste des alten Mannes. Aber ich konnte einfach nichts Interessantes ausmachen.

»Herr Matti, ich sehe nichts. Was ist denn?«

Matti streckte seinen dünnen Zeigefinger aus. Ich konnte immer noch nichts erkennen.

»Da.«

»Flusen, ein gelber Flusen.«

»Warum?«

Herrgott noch mal, Matti! Ein paar Worte mehr würden es mir schon einfacher machen. Ich bin doch nicht die Spanische Inquisition. Ich atmete tief durch.

»Und?« Was Matti konnte, konnte ich schon lange.

»Immer gelbe Flusen. Ganz oft.«

»Na schön. Gelbe Flusen. Woher kommen die? Trägt der Sensenmann doch nicht Schwarz?«

»Frau Abendroth!«

Ich reckte hilflos die Hände in die Luft. Matti wich vor meinem Gefuchtel zurück.

Um die Lage zu entspannen, machte ich ihm einen Vorschlag: »Kaffee?«

»Gerne, danke.«

Na also!

Oben angekommen, musste ich mich erst mal beruhigen. Gelbe Flusen, gelbe Flusen. Was sollte das denn? Hatte Matti einen Toten zu viel gesehen in seinem Leben? War er allergisch gegen Gelb? Entgegen meinem Temperament nahm ich mir diesmal vor, es mit Geduld zu versuchen. Eigentlich konnte ich mit Menschen, die so langsam oder so wenig sprachen oder so taten, als stünden sie auf der Leitung, nichts anfangen. Aber Matti war einfach sehr, sehr nett und sehr, sehr höflich, und er machte mir nicht im Mindesten den Eindruck, auf irgendeiner Leitung zu stehen. Er war einfach so.

Ich hatte die zwei Kaffeetassen zu voll gemacht und balancierte damit vorsichtig nach unten. Es gab einen kleinen Stau vor dem Arbeitsraum, weil die Angehörigen aus dem Aufbahrungsraum 2 gerade wieder herausströmten. Sie schauten auf meine Arbeitskluft und die zwei vollen Kaffeetassen, murmelten dann hastig, sie fänden schon selbst hinaus und polterten die Treppe hinauf.

Matti saß auf der Metallkiste, in der die Chemikalien und Gerätschaften für die Einbalsamierungen aufbewahrt wurden, und streckte mir seine behandschuhte Rechte entgegen. Ich blickte streng auf den Gummihandschuh. Matti zog ihn aus und sagte: »Merkwürdig.« Ich hätte ihm die Tasse über den Schädel ziehen können.

»Matti, bitte. Ich kann mit so wenigen Worten nichts anfangen. Ich verstehe nicht, was Sie meinen. Ich sehe nichts Ungewöhnliches in einem gelben Flusen oder auch zweien.«

Er blies vorsichtig in seinen Kaffee, als hätte er meine Frage nicht gehört. Als er auch noch ein weiteres Stück Zucker in seine Tasse fallen ließ, war klar, dass er ab jetzt nichts mehr sagen würde. Vier Stück Zucker – Matti gesprächsbereit. Alles über sechs Stücke – Matti nicht mehr gesprächsbereit.

»Ich geh' nach oben, Papierkram erledigen. Ich bleibe heute länger.«

Vielleicht könnte er sich doch noch zu einem Gespräch mit mehr Inhalt entschließen, wenn ich ihm etwas Zeit ließ.

»Hm«, brummte er und griff schon wieder in die Zuckerdose.

Ich entließ mich selbst aus dieser einseitigen Konversation und widmete mich entschlossen den liegen gebliebenen Rechnungen, Faxen und Goldschnittkarten. Ein bisschen meditatives Eintüten von Trauerpost, ein paar ruhige Minuten an der Frankiermaschine und meine Nerven wären wieder so gut wie neu.

Egal ob Schmidt, Schmit, Schmitt, Schmitz, Schmiedt oder Schmied.

07

Um 20.30 Uhr war ich endlich soweit. Alles war fertig vorbereitet: Standesamt, Amtsarzt, Zeitungsanzeigen, korrigiert, gefaxt, gemailt, sämtliche Schmidts und Meyers in allen Schreibweisen sortiert und abgeheftet.

Ich nahm meine Tasche, und erst jetzt fiel mir auf, dass ich immer noch die grüne Einweg-Plastikschürze umhatte. Bäh! Ich riss mir die Schürze vom Leib, stopfte sie in den Papierkorb und wollte gerade Matti Bescheid sagen, dass ich jetzt weg sei, da klingelte das Telefon.

»Pietät Sommer, Abendroth am Apparat, was kann ich für Sie tun?«

Jemand slalommte sich lallend durch einen Satz. Tief Luft holen, Margret.

»Pietät Sommer, ich kann Sie nicht gut verstehen. Etwas deutlicher bitte.« Der Worteslalom wurde brüllend laut. Ich musste den Hörer vom Ohr wegreißen. Ich brüllte zurück: »Nicht lauter, nur deutlicher.«

Vorsichtshalber hielt ich den Hörer immer noch auf Abstand.

»Ej, der Schwiegavatter is abgenippelt. Grade jetz.«

Wie? Wieso gerade jetzt? Wann denn sonst? Ich habe gerade Feierabend. Stattdessen sagte ich: »Mein Beileid. Wo wohnen Sie?«

»Ej hier, Mensch, bei meim' Schwiegavatter. Die Weiber sind inne Kneipe. Ich kuck Fußball, und der alte Sack kratzt einfach ab. Irgendwie.«

Aha! Beim Fußball ist eigenmächtiges Ableben untersagt, solange der Schiri nicht abgepfiffen hat. Ich enthielt mich vorsorglich eines Kommentars und versuchte, mehr Wissenswertes und Nützliches aus dem angetrunkenen Mann herauszuholen. Hätte ich doch bloß den Anruf nicht angenommen. Es sollte ein Boxkampf über zwölf Runden werden.

Eine Viertelstunde später stand Matti am oberen Treppenabsatz und lauschte interessiert. Ich hatte das Telefon auf Lautsprecher umgestellt. Das war gesünder für mein Ohr.

Nach 18 Minuten hatte ich endlich herausgefunden, wo der Tote war, wie der Tote hieß, und mir war klar, dass nur noch Matti und ich übrig waren, um ihn abzuholen. Trainer, werfen Sie bitte das Handtuch!

Ich erreichte Herrn Sommer auf dem Handy. Er war schon auf dem Rückweg vom holländischen Krematorium und kurz hinter Venlo. In einer Stunde könnte er da sein. Er bat mich inständig, sofort mit Matti zu der angegebenen Adresse zu fahren und die Kundschaft bei Laune zu halten, bis er käme. Selbst er musste begreifen, dass ich mich außerstande fühlte, eine Leiche, von der ich noch nicht wusste, wie schwer sie war und in welchem Stockwerk sie sich befand, mit Matti die Treppe herunterzubugsieren. Der Schwiegersohn würde offensichtlich zu keinen Handreichungen mehr in der Lage sein. Ich malte mir eher aus, dass wir ihn zwar lebend, aber wohl nicht wesentlich ansprechbarer als seinen verblichenen Schwiegervater antreffen würden.

Es kam alles noch viel schlimmer, als ich mir jemals hätte ausdenken können. Als ich endlich um halb vier Uhr nachts unter meiner Dusche stand, hungrig, fertig – vor allem mit der Menschheit, die, wie mir schien, zu achtzig Prozent aus zahnlosen Teilnehmern allseits bekannter Nachmittagstalkshows bestand –, bekam ich einen Lachkoller.

Diese Geschichte würde ich wohl niemals in einem Drehbuch verwenden können, weil mir das nie, nie, nie jemand abkaufen würde.

»Ach du liebe Güte, Frau Abendroth, da ist Ihnen aber mal die Fantasie total durchgegangen, oder was? Reißen Sie sich mal am Riemen«, – das wäre dazu noch einer der harmloseren Kommentare. Darauf einen Espresso. War jetzt auch egal, wovon ich nicht würde schlafen können.

Wir waren also zu der angegebenen Adresse gefahren, hatten endlich auch den Namen am Klingelbrett gefunden und kräftig geschellt. Lange tat sich nichts. Ich klingelte und klingelte. Hatte sich der bräsige Schwiegersohn etwa getäuscht und Opa war nur mal kurz eingenickt?

Endlich, nach langen Minuten, wurde uns die Tür geöffnet. Im vierten Stock – ohne Aufzug – trat uns ein dicker, stark behaarter Mann um die Fünfzig bedenklich schwankend entgegen und blies uns seine Alkoholfahne ins Gesicht. Entgegen meinem sofort eintretenden Fluchtinstinkt stellten wir uns in geschäftsmäßigem Ton vor. Dabei versuchte ich, an der Fahne vorbeizuatmen und bat ihn darum, uns den Verstorbenen zu zeigen.

Wir betraten das Wohnzimmer, wo zwei Frauen lauthals gackernd und lachend auf dem Sofa saßen. Offensichtlich nicht tot, sondern ebenso offensichtlich volltrunken. Ich konnte nur soviel verstehen: Die eine hatte wohl Pipi ins Spülbecken gemacht, weil, wie sie es formulierten, »dat Pissbecken auffem Scheißhaus« besetzt war. Aha? Mein dahingemurmeltes Beileid ging im allgemeinen Gelächter über die Pipi-Aktion unter. Die Damen tranken Baileys aus der Flasche.

Schwiegavatter trank gar nichts mehr, er saß nämlich auf dem Toilettentopf, und die Totenstarre hatte bereits eingesetzt. Du meine Güte, wie lange hatte der denn schon unbemerkt auf besagtem »Pissbecken« gesessen, bis ihn jemand von dieser sauberen Bande vermisst hatte? Matti bemerkte meinen sehnsuchtsvollen Blick zur Wohnungstür durchaus, aber anstatt mich zu retten, schüttelte er nur sanft den Kopf und flüsterte mir ins Ohr: »Totenschein!«

Ich flüsterte zurück: »Was?«

»Arzt anrufen.«

Oh ja, das hatte ich dem Mann während des Telefonates mehrfach versucht einzubläuen. Er sollte den Arzt anrufen. Auf meine Frage nach dem Arzt hin nahm der Mann noch einen großen Schluck aus seiner Flasche Korn, kratzte sich am Bauch, starrte sekundenlang in die Luft, nur um mir dann lallend zu vermelden, dass er das wohl vergessen habe, weil er auf der Couch eingeschlafen sei. Fußball war ja zu Ende gewesen. Er sei erst wieder wach geworden, als die beiden Damen lärmend aus der Kneipe nach Hause gekommen waren.

Ich hatte unser Telefonat auch ziemlich ermüdend gefunden! Ich hätte jetzt auch gerne geschlafen! Aber – ohne Arzt kein Totenschein, ohne Totenschein kein Abtransport.

Die Reisegruppe »Opa-Gucken« kehrte wieder ins Wohnzimmer zurück. Matti blieb in gebührendem Abstand zum Couchtisch stehen, und ich nahm neben den Damen auf dem Sofa Platz, während der Mann versuchte, einen Doktor an die Strippe zu kriegen. Die Dame von der Notarztzentrale hatte leider nicht so viel Humor, glaubte den wirren Äußerungen des Schwiegersohnes nicht und beendete einfach das Gespräch. Kluge Frau, dachte ich, hätte ich auch so machen sollen. Der Schwiegersohn machte ein ratloses Gesicht. Aber anstatt einzugreifen, nickte Matti ihm nur aufmunternd zu, es noch einmal zu versuchen. So konnten wir natürlich auch Zeit schinden, bis Herr Sommer endlich hier auftauchen würde. Wenn sie doch nur diesen dämlichen Fernseher ausmachen würden! Die jüngere Frau fing unerwartet an zu flennen. Die ältere reichte ihr schwankend die Flasche Baileys rüber. Der Schwiegersohn brüllte simultan ins Telefon und seine heulende Frau an.

Ich wagte zu bezweifeln, dass die Notrufzentrale darauf positiver reagieren würde. Nachdem die Jüngere einen kräftigen Zug aus der Flasche genommen hatte, hielt sie mir die Flasche mit der Rechten auffordernd unter die Nase, während sie sich mit der Linken den Rotz aus dem Gesicht wischte. Ich lehnte dankend ab und warf Matti wieder einen flehenden Blick zu.

Tonlos formte ich die Worte: »Matti, ich will hier weg. Ich kotze gleich.«

Ungerührt gegenüber meinem sekündlich wachsenden Unmut, lächelte Matti mich nur an. Das hatte eine schwach beruhigende Wirkung auf mich. Inzwischen, vom Baileys gestärkt, riss die Schwiegermutter ihrem Schwiegersohn den Telefonhörer aus der Hand und überzeugte die Mitarbeiterin vom Absterben ihres Gatten oder wahlweise davon, die Männer von der Psychiatrie vorbeizuschicken. Ich war mir da nicht sicher.

Dann warteten wir auf das Eintreffen des Arztes. Die Damen und der Schwiegersohn widmeten sich ganz dem im Fernsehen laufenden Krimi. Ohne uns auch nur noch eines Blickes zu würdigen, folgten sie den Abenteuern von Schimmi und Thanner, die wiederholt stritten und um ihr Leben rannten. Ich wusste nicht, wohin mit mir. Matti meditierte im Stehen. Ich legte die Hände in den Schoß, denn das Sofa war klebrig. Am liebsten hätte ich mich in Luft aufgelöst.

Nach einer Stunde war der Arzt immer noch nicht da, allerdings musste ich mittlerweile dringend aufs Klo. Künstlerpech, Schwiegavatter durfte nicht bewegt werden.

Um das Elend in geordnete Bahnen zu lenken, schwang ich mich dazu auf, es noch einmal mit der Notrufzentrale zu versuchen. Die Dame von der Nachtschicht machte mir schnell, konsequent und in ungehobelten Worten klar, dass, sollte ich ihr die Geschichte mit der Leiche auf dem Klo noch einmal zu Gehör bringen, sie umgehend die Polizei wegen Missbrauchs des Notrufes informieren würde. Und dann sollte ich mich bloß warm anziehen. Danke fürs Gespräch.

Wenn jetzt nicht schnell was passierte, könnten sie mich gleich mitbegraben lassen. Ich rief den Kugelfisch auf dem Handy an und schilderte in grellen Farben unsere unangenehme Situation. Es war mir egal, ob die Hinterbliebenen mitkriegten, was ich von ihnen hielt. Sommer versprach mir hoch und heilig, dass er in spätestens einer halben Stunde mit einem Arzt bei uns sein würde.

Weitere eineinhalb Stunden später hatte mein Körper bereits mit dem Recycling von eigentlich zur Ausscheidung bestimmten Flüssigkeiten begonnen. Schimanski und Thanner waren längst fertig mit ihren Leichen – wir nicht. Jetzt lief die viertausendste Wiederholung von *Mord im Orient Express* mit Peter Ustinov. Da das Dreigestirn den Mord im Orient Express spannender fand als die nächsten Gäste der Überraschungsparty, ging ich zur Tür und öffnete. Es hatte nämlich wirklich und wahrhaftig endlich geklingelt. Ich hörte Stimmen und Gepolter aus dem Treppenhaus, und dann standen Sommer und ein Mann im Smoking im Türrahmen. Ich glaubte an eine optische Täuschung, aber Sommer musste den Mann im Smoking tatsächlich stützen. Der Smokingmann war britzebreit, aber er war der Arzt.

»Tach, Dr. Weizmann mein Name«, grüßte er fröhlich in die Runde. »Wo iss denn das Corpus Delicti, hahaha?«

Matti und Sommer schoben den Arzt zur Toilettentür. Während Matti die Tür aufhielt, schaute der Arzt lange mit glasigen Augen auf den Toten, der immer noch steif auf dem Toilettentopf thronte. Dann, wahrscheinlich erinnerte er sich daran, was eigentlich seine Aufgabe war, machte der Doktor einen unsicheren Schritt nach vorne, versuchte ungeschickt, dem Toten den Puls zu fühlen und verkündete dann sehr kompetent: »Exitus, würde ich sagen.«

Wenn das so einfach war, wollte ich auch Arzt werden. Zurück im Wohnzimmer der lieben Familie, nestelte er ein Formular aus seiner Tasche, nahm gerne noch bei Unterschrift einen Baileys zu sich, den die Damen ihm freundlich in einem fleckigen Wasserglas hingeschoben hatten, und taumelte dann, begleitet von Sommer, die Treppe wieder hinunter. Aus dem Flur konnte ich ihn noch sagen hören, dass er jetzt dringend zurück zu einer Mordsparty müsse. Matti starrte entsetzt auf das Formular. Ich starrte mit: Wir hatten einen Totenschein, blanko unterschrieben von Dr. Weizmann; kein Eintrag über Todeszeit, Ursache, Datum oder sonst was.

»Da steht nichts«, flüsterte Matti und zeigte auf die leeren Zeilen.

»Richtig, Herr Matti, da steht nichts«, raunte ich zurück.

Jetzt nahm ich dankbar auch einen Baileys, die 30 Milliliter musste meine Blase einfach auch noch aushalten. Der Rest war einfach. Sommer kam zurück, als wäre nichts geschehen und bat mich, den zweiten Wagen zum Büro zurückzufahren, er würde dann mit Matti und der Leiche später nachkommen. Die Urnen dürfte ich im Laderaum stehen lassen.

»Das mit dem Totenschein regeln wir morgen«, flüsterte er mir kaum hörbar zu. Wie Matti und Sommer den sitzenden Opa in den Transportsarg kriegen wollten, darüber würde ich lieber auch erst morgen nachdenken.

So kam es, dass ich mit zwei vollen Urnen und einer im Platzen begriffenen Blase im klassischen schwarzen Thanatomobil, im Volksmund Leichenwagen genannt, durch die nächtens leergefegten Straßen von Bochum glitt und froh über die fast erschütterungsfreie Federung war. Im Büro angekommen, raste ich auf die Toilette. Nachdem der Schmerz in meinem Unterleib langsam nachzulassen begann, sah ich mir den Totenschein noch mal an. Dr. Weizmann war laut seinem Praxisstempel, der auf dem Formular deutlich lesbar war, ein Augenarzt. Gut, dass meine Blase jetzt leer war, sonst hätte ich mir vor Lachen in die Hose gemacht.

Nach dieser Nacht schlief ich trotz Espresso um halb vier Uhr tief und fest. Was zu viel ist, ist zu viel.

Am nächsten Tag, pünktlich um halb neun Uhr, schob ich das Metallgitter vor dem Eingang des Büros nach oben und roch Alkohol. Ich drehte mich in Erwartung des betrunkenen Schwiegersohnes um, aber es war Dr. Weizmann, diesmal in einem braunen Straßenanzug, übernächtigt, unrasiert und sehr schuldbewusst. Er hüstelte verlegen.

»Kommen Sie erst mal rein, Dr. Weizmann. Ich mach' mal Kaffee.«

Dankbar setzte er sich an den runden Besprechungstisch, legte den Kopf auf die Tischplatte und schlief sofort ein.

Matti hatte den frisch aufgebrühten Kaffee wohl gerochen und kam nach oben. Ich knallte den vollen Kaffeebecher direkt neben Weizmanns Ohr auf den Tisch. Ich wollte ja freundlich sein, aber Weizmann hatte seine Chance soeben verschnarcht.

»Kaffee! Dr. Weizmann!«

Er rappelte sich mühsam hoch, strahlte aber sofort über das ganze Gesicht. Ich gab ihm drei Schlucke Zeit. Dann hielt ich ihm unerbittlich den Totenschein unter die Nase.

»Sie haben da was vergessen, Herr Doktor.«

Er schaute ungläubig auf den Totenschein.

»Ach, das da? Ja. Deswegen bin ich ja hier, nicht wahr? Sie haben nicht zufällig ein Konjäckchen für mich?«

Ich schüttelte den Kopf.

»Wollen Sie sich den Toten nicht noch mal ansehen?«

»Nicht nötig. Herzversagen. Ist doch klar, in dem Alter.«

Schwungvoll zückte er seinen Kugelschreiber und trug die Todesursache ein. Bei der Rubrik »Bekannte Vorerkrankungen« zögerte er zunächst, kritzelte dann aber ein Wort in die Spalte, das man mühsam als »Herzrhythmusstörungen« entziffern konnte. »Delirium Tremens« wäre entschieden einfacher zu buchstabieren gewesen. Als er wieder mit dem Stift in der Luft schwebend verharrte, half Matti mit dem gestrigen Datum aus.

Ich musste Weizmann noch daran hindern, mitsamt der Kaffeetasse ins wartende Taxi zu steigen, dann war er endlich weg.

»Sauhaufen«, schickte Matti ihm hinterher. Der Finne konnte also auch böse werden. Was für ein Temperament!
Wie jeder Boxer weiß, ist die letzte Runde die schwerste.

Schwiegavatters reichlich verkaterte Familie stattete uns einen Besuch ab. Sommer hatte das nervöse Zucken meines Auges gesehen und schnell beschlossen einzugreifen, bevor es noch mehr Tote bei den Verhandlungen über den letzten Verwendungszweck des lieben Verblichenen gab und hatte die Leute ins Besprechungszimmer bugsiert. Während Sommer der labyrinthischen Logik des immer noch unter Alkoholeinfluss stehenden Dreigestirns im Besprechungsraum folgte, hielt ich es vor Neugier nicht länger aus. Ich ging nach unten, um Herrn Matti zu fragen, wie sie mit Schwiegavatter aus der prekären Situation herausgekommen waren. Kaum hatte ich mich an die Tür geschlichen, als Matti auch schon treffend bemerkte: »Sie wollen jetzt wissen, wie wir den sitzenden Mann in den Sarg gekriegt haben?«

»Woher wissen Sie das denn?«
»Sie sind neugierig.«
»Bin ich. Aber so offensichtlich?«
»Ja.«
Er nahm die Kaffeetasse und warf drei Stücke Zucker hinein. »Massieren. Man massiert die Gelenke.«
»Oh.«
»Dachten Sie, man bricht einfach die Beine durch?«
»Das ist es jedenfalls, was man so darüber hört.«
»Ja. Ich mache das aber nicht. Massieren ist angenehmer für die Toten.«
»Aha. Danke für die Auskunft.«

Wieder an meinem Schreibtisch, konnte ich mich nicht richtig auf meine Arbeit konzentrieren. Das lag nicht etwa an den Massagen für Leichen, sondern an den immer noch lautstark ausgetragenen Verhandlungen im Nebenraum.

Man war bei der Streitfrage »Pappkarton oder Deutsche Eiche« wohl ein bisschen stecken geblieben. Im schrillen Diskant keiften die

Damen den Kugelfisch an, dass der Schwiegavatter niemandem was in den Rachen werfen würde, schon gar nicht so einem Bestattungsfritzen. Die habe er immer gehasst, genauso wie die Pfaffen. Nach weiteren 20 Minuten Hasstiraden auf das Bestattergewerbe im Allgemeinen und Sommer im Besonderen ging mir der Hut hoch. Ich stellte drei Cognacschwenker aufs Tablett, nahm den Courvoisier aus dem Schrank – Sommer würde mich dafür hassen – und schritt ins Gefecht.

»Wissen Sie«, begann ich freundlich, dabei zauberte ich mein Haifischlächeln hervor, »wir können Ihnen Ihren geliebten Schwiegervater auch gerne wieder zurück nach Hause bringen. Zu Ihnen. Wir setzen ihn auch wieder aufs Klo. Wenn Sie die Heizung im Bad nicht aufdrehen, haben Sie alle Zeit der Welt zu entscheiden, was das Beste für ihn ist. Das ist im Service inbegriffen. Es entstehen Ihnen keine zusätzlichen Kosten.«

Ich strahlte dabei über das ganze Gesicht. Sommer war von meinem Auftritt so irritiert, dass er mit dem Kopf wackelte und pfeifend Luft ausblies. Das Dreigestirn fasste das wohl als seine Zustimmung für mein Angebot auf. Sie nahmen den teuren Cognac auf ex, dann polterte die Witwe hustend: »Schwiegavatter kommt inne Deutsche Eiche und Schluss!«

Ich nahm den Cognac wieder mit hinaus. Gong und Siegerehrung nach der zwölften Runde! Die Kerzenhalter-Frage durfte der Kugelfisch jetzt gerne alleine weiter erörtern. Meine kleine Rache sah vor, dass die feine Familie bei der Beerdigung in den Genuss von Orgelmän kommen würde.

Den hatten sie sich redlich verdient.

08

Ein, zwei Tage lang schien es so, als sei die Grippewelle langsam auf dem Rückzug. Da hatte ich mich aber getäuscht. Nicht nur, dass sich meine beste Organistin, die Prusseliese Erika Kostnitz, mit Fieber auf unbestimmte Zeit ins Bett verabschiedet hatte – nein, als ich am nächsten Tag ins Büro kam, musste ich Matti den Kaffee nach unten bringen, weil in der Nacht noch zwei Leichen dazugekommen waren, die er noch bis zum Mittag für die Aufbahrung aufrüschen musste.

»Ist Sommer schon da?«, fragte ich ihn.

Matti schüttelte den Kopf. Betreten schaute er auf die beiden Leichen, die noch unbearbeitet auf den Kühlhausbahren lagen. Jetzt sah ich auch, was er meinte.

»Gelbe Flusen, Herr Matti.«

»Frau Abendroth, ich möchte mit Ihnen sprechen, allein.«

Matti hatte einen langen, vollständigen Satz gesagt, und er hatte mich direkt angesprochen.

»Wann immer Sie möchten, Matti«, gab ich zurück. Er machte aber keinen Vorschlag, deshalb half ich etwas nach: »Heute Abend? Mögen Sie spanisches Essen?«

Er mochte.

Um halb acht Uhr abends saß ein stocksteifer Matti neben mir im Auto, hielt sich mit der Rechten krampfhaft am Armaturenbrett fest und starrte auf die Straße. Ich fuhr direkt auf den Bürgersteig vor dem Café Madrid und zog den Zündschlüssel.

»Wir sind da«, musste ich ihm zweimal sagen, bis er endlich bereit war, seine dürren Knochen aus meinem Auto zu pellen. Hatte ich das falsche Lokal ausgesucht? Als er sich endlich in Bewegung gesetzt hatte, schritt er forsch aus und eroberte ohne viel Gewese einen Tisch für uns zwei, direkt am Fenster. Kai-Uwe schaute mich mit hochgezogener Augenbraue an, so nach dem Motto: Wen um Himmels Willen schleppst du denn da an? Ich machte hinter Mattis Rücken ein Zeichen, dass er sich gefälligst zurückhalten soll.

Wir saßen schon eine Weile vor unserem ersten Getränk, als Matti endlich den Mund aufmachte. Und ich hatte schon befürchtet, es würde ein telepathisches Gespräch werden.

»Entschuldigen Sie, Frau Abendroth. Ich mag nicht Auto fahren.«

»Ja? Und?«, antwortete ich und erinnerte mich an seinen Fluchtversuch am Friedhof.

»Wenn ich fahre, ist es okay.«
»Oh, verstehe. Sie mögen nicht Beifahrer sein.«
Er nickte.
»Warum? Hatten Sie mal einen Unfall?«
Er nickte wieder. Das übliche Matti-Quiz. Ich sah, auch ohne Glaskugel, einen anstrengenden Abend vor mir.
»Okay. Gut. Hätten wir das auch besprochen«, murmelte ich und schaute auf den Fernseher, der schräg über Mattis Kopf in einer Ecke hing. Serena Williams jagte gerade die sehr matt aussehende Jennifer Capriati über den Platz. Eine Wiederholung – ohne Ton. Ich wusste, wie es ausgehen würde: Capriati gewinnt. Wie es hier am Tisch ausgehen würde, konnte ich noch nicht sagen – ich wartete ungeduldig auf den ersten Aufschlag von Herrn Matti.
»Es geht um die Flusen. Die gelben Flusen.«
Na endlich.
»Ja, und weiter, Herr Matti? Was möchten Sie überhaupt essen?«
»Was Sie essen.«
»Wollen Sie sich nicht wenigstens mal die Speisekarte anschauen? Es gibt hier viele gute Sachen.«
Er schüttelte vehement den Kopf und blieb beim Thema: »Ich habe das schon so oft gesehen. Etwas stimmt nicht.«
»Gut, wir nehmen die Paella, und was soll womit nicht stimmen? Wie viele Leichen mit Flusen haben Sie denn gesehen?«
»Ganz genau weiß ich das nicht mehr. 20 oder 25?«
»So viele? In welchem Zeitraum denn?«
Das hörte sich allerdings nach einer guten Geschichte an. Vorausgesetzt, Herr Matti schaffte es, mir innerhalb der nächsten zwei Stunden was zu erzählen – bevor ich ermattet mit dem Kopf auf die Tischkante schlagen würde. Wieder vergingen mehrere Minuten, in denen er so aussah, als würde er aus der Maserung des Holztisches irgendeine geheime Botschaft dechiffrieren wollen.
»Anderthalb Jahre.«
»Sehen Sie denn einen Zusammenhang, Herr Matti?«
»Die Flusen.«

»Ja, abgesehen davon.«
»Alle sind sehr alt gewesen. Alleine.«
»Hm.«

Ich zückte mein Notizbuch. Eines von den vielen tollen, ledergebundenen Notizbüchern, die vor meinem Schreibgau dazu beigetragen hatten, meinen Kontostand zu dezimieren. Dieses hier war ein echtes Moleskine, 18 x 24 cm, mit Gummiband, und es war neu, völlig unverbraucht, jungfräulich in Erwartung einer tollen Recherche. Ich öffnete es und steckte kurz meine Nase zwischen die Seiten. Ich mag es, wenn Bücher gut riechen. Und diese rochen besonders gut. Vor mir hatten schon Hemingway und Matisse in eben jene Exemplare hineingekritzelt oder sich Notizen gemacht. Der Duft der Pariser Boheme steckt in diesen Notizbüchern; eine Ahnung von Absinth und rauschenden Festen ...

Über den Rand des Notizbuches hinweg sah ich, dass Matti mich musterte und beendete auf der Stelle meinen Geruchstest, noch bevor ich geistig im Moulin Rouge angekommen war. Etwas mehr Contenance, Maggie!

»Ich wollte nur ... das aufschreiben ... hier. Wir machen eine ... Zusammenfassung. Dann sehen wir weiter«, stotterte ich. Kai-Uwe höchstselbst kam mit der Paella und stellte sie auf unseren Tisch. Dabei flüsterte er mir, mit Blick auf Herrn Matti, ins Ohr: »Was ist das?«

Ich trat ihm unsanft auf den Fuß, während ich Matti anlächelte. Kai-Uwe wünschte uns noch betont einen guten Appetit und zog sich hinter seine Theke zurück.

Matti verteilte das Essen liebevoll auf unsere Teller, dabei achtete er konzentriert darauf, dass jeder die gerechte Anzahl von Fisch, Huhn und Tintenfisch-Ärmchen bekam. Zum Schluss verteilte er die Scampi. Wie rührend. Einer der wenigen Männer, die sich nicht sofort alle Scampi unter den Nagel rissen.

Ich steckte meine Nase wieder in das Buch und notierte, was ich bisher an Informationen hatte:
Punkt 1. Gelbe Flusen.
Punkt 2. Alle waren alt, alleinstehend.

Punkt 3.?
»Also, guten Appetit. Was noch, Matti?«
»Anonyme Erdbestattungen.«
»Bestattung, anonymes Gräberfeld?«
»Soweit ich das weiß, ja.«
Ich schrieb: Punkt 3. Anonymes Gräberfeld.
»Mehr weiß ich nicht. Sie machen doch die Rechnungen.«
»Was soll das denn heißen? Wie kommen Sie darauf, dass mit den Rechnungen was nicht stimmt? Außerdem mache ich nicht die gesamte Abrechnung, die macht immer noch Sommer. Ich schreibe nur ein paar Rechnungen für Bestattungen, und nicht mal alle. Sommer macht auch viele Rechnungen fertig. Vor allem die einfachen, die für die anonymen Bestattungen. Aber die machen auch am wenigsten Arbeit.«

Matti nickte und kaute konzentriert auf seinem Reis herum.

Was versuchte der Finne mir zu sagen?

»Äh, Herr Matti. Damit ich es richtig verstehe, Sie finden also, dass die Flusen und die anonymen Gräberfelder was miteinander zu tun haben? Oder die Flusen und die Rechnungen?«

Er ließ seine Gabel auf den Tisch knallen: »Verkaufen Sie mich nicht für dumm!«

»Tu' ich ja nicht. Ich versteh' es bloß nicht.«

Wie gerne wäre ich seinen Gedankengängen gefolgt, wenn ich gekonnt hätte. Herr Matti würde nie dummes Zeug reden, dafür war ihm das Sprechen allein schon viel zu anstrengend. Aber mit ihm zu reden war, wie ein Rätsel zu lösen, dessen innere Logik man nicht begreifen konnte. Und unter dem Rätsel steht: Die Auflösung des Rätsels finden Sie in der nächsten Ausgabe.

Ich spießte ein Stück Huhn auf und schaute dem abendlichen Treiben auf der Straße zu.

»Also, bitte. Erklären Sie es mir ...«

Weiter kam ich mit meiner Frage leider nicht. Denn in diesem Moment sah ich ihn. Meinen Ex. Da ging er, Arm in Arm mit seiner neuen/alten Frau und seiner sechsjährigen Tochter an der Hand und einem neuen Kind im Kinderwagen am Fenster des Cafés vorbei. Für einen Moment blieb mir der Mund offen stehen. Schnell drehte ich mich vom Fenster weg. Wieso taucht der Knipser ausgerechnet hier und jetzt auf? War ich nicht aus Köln geflohen, um ihm nie wieder begegnen zu müssen? Waren 80 Kilometer nicht genug? Matti schaute jetzt auch aus dem Fenster.

»Äh, warum?«, hörte ich mich fragen.

»Zufall«, antwortete Herr Matti.

Mein Magen krampfte sich zusammen. Oh Erde, tu dich bitte, bitte auf!

»Matti, ich meine nicht den Typ da draußen, ich meine, erklären Sie alles noch mal.«

Ich versuchte mit aller Kraft, mich wieder auf das Gespräch zu konzentrieren. Von der Theke machte mir Kai-Uwe ein Zeichen, ich möge doch mal hinausgucken. Ich fuhr mir mit dem Zeigefinger über meine Kehle. Sofort wandte er sich beleidigt wieder dem Polieren von Gläsern zu. Matti schaute zu mir, dann nach draußen, dann zu Kai-Uwe und dann wieder zu mir und sagte: »Es sind so viele.«

»Was? So viel was? Dumme Zufälle? Meine Güte, worüber reden wir denn?«

Matti blickte auf seinen Teller.

»Tut mir Leid für Sie«, nuschelte er leise.

»Nein, mir tut es Leid.«

Ich war einfach so erschrocken gewesen und in schiere Panik geraten aus Angst, mein Ex könnte mit Kind und Kegel ins Café kommen, dass ich alles durcheinander gebracht hatte. Und als Sahnehäubchen die dämlichen Kommentare von Kai-Uwe obendrauf. Ich wäre jetzt am liebsten nach Hause gegangen.

»Entschuldigen Sie bitte, Matti. Ich war nur etwas aus der Fassung. Das war ... der da war mein ...«

Er nickte, wurde aber noch einen Ton bleicher, als er von Natur aus sowieso schon war. Und dann sah es so aus, als wollte er seine spitze Nase ganz in der Paella vergraben. Was war denn jetzt wieder los?

»Herr Matti?«

Er murmelte in den Reis auf seinem Teller: »Wir wollten auch ein Kind.«

Oh Matti, falsches Thema; da konnte ich aus mangelndem Kinderwunsch nicht mitreden.

»Sie haben eine Frau?«, fragte ich.

Matti schüttelte den Kopf.

»Was dann?«

»Doch, doch, aber ... sie ... sie ist krank. Im Wachkoma. In Finnland.«

»Der Unfall, von dem Sie sprachen?«

»Ja.«

»Das tut mir sehr Leid. Vielleicht sollten wir ein anderes Mal weiterreden? Scheint heute nicht unser Tag zu sein.«

Noch während ich das sagte, fielen mir Gags über Wachkoma in Finnland, weiße Nächte und Tango ein, und ich schämte mich schon wieder.

»Nein«, sagte er und richtete sich auf dem Stuhl zu ganzer Größe auf, »lassen Sie uns weiter sprechen.«

Wenn er das konnte, dann musste ich jetzt auch tapfer sein. Aber wie? Meine Laune sauste gerade rasant auf der Wildwasserbahn meiner Adrenalinströme talwärts.

Am liebsten hätte ich mich mit einer Familienpackung Kleenex ins Bett verzogen. Einen solchen Launekiller hatte ich nicht mehr erlebt, seit ich aus meinem Karibikurlaub zurückgekommen war. Bis vor fünf Minuten hätte ich jedem glaubhaft versichern können, dass ich über den Kerl hinweg war. Aber jetzt? Die Paella hatte sich spontan mit dem Adrenalin verklumpt, und ich hatte einen betonharten Stein im Magen. Ich sah den unglücklichen Matti an, der stoisch lächelnd seinen Reis in sich hineinschaufelte, und entschied, dass ich auch später noch genug heulen konnte. Der Schmerz würde nicht weniger werden, auch wenn ich ihn jetzt mal für eine Weile ignorieren musste.

Heute Nacht würde mir sowieso der Himmel auf den Kopf fallen, exakt in dem Moment, wenn ich allein in meinem Bettchen lag und die Decke anstarrte, dann wäre das ganze Elend sofort wieder da. Zwei Familienpackungen Kleenex und genug Wut, eine Großstadt in Schutt und Asche zu legen. Ob Nero wohl auch bloß Liebeskummer gehabt hatte, als er Rom abfackelte? Brenne, Bochum, brenne …!

Stattdessen aber sagte ich: »Matti, wir müssen mehr Fakten haben. Ein komisches Gefühl und ein paar Flusen reichen nicht. Können Sie sich noch an die Namen erinnern?«

»Nicht an alle. An die ersten nicht. Da hatte ich noch keinen Verdacht.«

»Verstehe. Sie machen am besten bis morgen eine Liste mit den Namen, an die Sie sich erinnern können, und ich schaue dann nach, ob ich noch was finde.«

»Schreiben Sie bitte jetzt auf«, schlug Herr Matti vor, »ich sage sie auswendig.«

»Na gut. Ich höre.«

Er winkte Kai-Uwe und bestellte tapfer noch zwei Karamellflans zum Nachtisch. Dann diktierte er mir 14 Namen flüssig in die Feder. An einige konnte ich mich erinnern, aber nicht daran, dass mir was aufgefallen wäre. Aber wie auch? Ich war ja die ersten zwei Monate nicht einmal im Keller gewesen.

»Matti, warum sprechen Sie nicht mit Sommer über die Flusen?«

»Keine gute Idee. Vielleicht habe ich mich getäuscht.«

»Ja, dann hätten Sie sich ordentlich lächerlich gemacht.«

Macht er sich also lieber vor mir lächerlich als vor Sommer? Welche Ehre!

»Eine Frage noch. Ich habe immer noch nicht verstanden, um was es hier geht. Was, glauben Sie, ist den alten Leuten denn zugestoßen? Genau, meine ich.«

»Ermordet worden, vielleicht?«

»Also, hören Sie mal, Herr Matti …«

Er beugte sich blitzschnell über den Tisch, hielt meine Hand und sagte ganz leise: »Es sind nicht nur die Flusen. Ich stelle mir Fragen. Ich frage, warum im Gesicht? Am Mund? Warum manchmal zwischen den Zähnen? Und in den Augen? Frau Margret, man schläft nicht mit offenen Augen in einem Kissen oder einer Decke.«

Vor Schreck war ich zurückgewichen.

»Das wäre ja schrecklich, wenn Sie, wenn …«

»Wenn ich Recht hätte? Ja, das wäre schrecklich.«

»Aber … aber die Totenscheine. Wir haben doch die Totenscheine!«

»Ich sagte doch, das wäre schrecklich!«

»Vielleicht gibt es aber für alles eine … eine Erklärung, eine harmlose Erklärung.«

»Vielleicht gibt es die, Frau Margret. Vielleicht aber auch nicht.«

Bis die Rechnung kam, saß ich starr und stumm vor Schreck vor meinem leeren Teller und hatte gar nicht mitbekommen, ob der Karamellflan gut oder schlecht gewesen war.

Herr Matti beglich die ganze Rechnung. Ich bedankte mich artig bei ihm und schlug vor, ihn nach Hause zu bringen. Er ließ sich aber durch nichts davon abhalten, nach Hause zu laufen. Ich bot ihm sogar an, dass er mein Auto fahren dürfe. Aber selbst davon wollte er nichts wissen. Er beharrte hartnäckig darauf zu laufen. Bevor ich ihm noch widersprechen konnte, hatte er meine Hand geschüttelt und war schon auf dem Weg. Ich schaute dem seltsamen, schattenhaft dünnen Mann hinterher, der mit großen Schritten in Richtung Innenstadt davonstakste. Mittlerweile rieselte leise der Schnee.

Noch zwei Wochen bis Weihnachten.

09

Am nächsten Morgen gab der Verkehrsfunk minütlich reißerische Berichte über das Schneechaos zum Besten, das über die Revierstädte plötzlich hereingebrochen war. Dabei genügte ein kurzer Blick aus dem Fenster, um zu wissen, dass man an Autofahren noch nicht einmal denken sollte. Mein Vorgarten erstrahlte in blendendem Weiß.

Ich musste auf einen Stuhl steigen, um überhaupt nach draußen sehen zu können. Am oberen Rand des Fensters hatte ich noch 20 Zentimeter für den freien Blick aufs Mittelmeer.

Als ich am Hauptbahnhof in die U-Bahn Richtung Universität umsteigen musste, nutzte ich die Wartezeit, um einen Schlenker über den Wochenmarkt zu machen. Es gab Weihnachtsgestecke für zehn Mark, mit Kerze. Ich beschloss spontan, mein Büro etwas weihnachtlich zu gestalten und kaufte eines mit roter Kerze und Ilexzweigen mit roten Beeren dran. Neben der Kerze steckte noch so was wie eine rosa Distelblüte. Na ja. Immerhin. Es entsprach in etwa meiner derzeitigen Verfassung.

Herr Matti schaute mir dabei zu, wie ich das Gesteck auf dem Schreibtisch arrangierte. Es ärgerte mich, dass er kein Wort sagte, und ich verfluchte meine roten, geschwollenen Augen und vor allem, dass Herr Matti die auch registrieren würde. Gestern Nacht hatte ich noch eineinhalb Packungen Kleenex und eine Tafel Schokolade vernichtet.

»Das macht die Schneeluft, da tränen meine Augen immer«, sagte ich. Er nickte.

»Ist wirklich nicht so schlimm«, schob ich noch hinterher. Dabei schnürte sich mir schon wieder die Kehle zusammen.

»Es geht vorbei«, murmelte er, »aber man weiß nicht, wie lange es dauert.«

»Ja, Herr Matti.« Ich drehte mich schnell weg und wischte mir mit meinem Ärmel durchs Gesicht.

»Wie ein Schnupfen. Entweder 14 Tage oder zwei Wochen.«

Ein echter Philosoph, unser Herr Matti. Ich musste über seinen Spruch lächeln, aber als ich mich wieder umdrehte, war er schon weg.

Da vom Kugelfisch weit und breit noch nichts zu sehen war, nahm ich mir mein Notizbüchlein hervor und schaute die Namen, die Matti mir genannt hatte, im Computer nach. Alles, was ich herausfinden konnte, war, dass es sich samt und sonders um anonyme Erdbestattungen in anonymen Gräberfeldern gehandelt hatte. Mehr war ohne Passwort aus den Dateien nicht herauszuholen. Als ich Sommers Auto in der Einfahrt hörte, steckte ich das Notizbuch wieder weg, schloss schnell die Dateien und kümmerte mich um die Dinge, die mich auf dem Schreibtisch anlachten.

Während Sommer unten mit Matti arbeitete und einige Leute kamen und gingen, beseitigte ich oben die Hinterlassenschaften der Grippewelle. Ich machte diverse Überweisungen für die Bank fertig, sortierte die Post und verabschiedete mich dann für 30 Minuten, um die Überweisungen zur Bank zu bringen. Grummelnd hatte der Kugelfisch die Formulare unterschrieben. Unter anderem meine Gehaltsüberweisung.

»Muss das jetzt schon überwiesen werden, Frau Abendroth? Es ist doch erst Mitte Dezember.«

»Bis es da ist, ist es fast Ende Dezember, Herr Sommer. Ich kann leider nicht bis nach Neujahr warten. Ich bin etwas klamm.«

»Trotzdem«, bäumte er sich auf.

»Hätte ich mit meinem selbstlosen Einsatz während der Grippewelle auch bis nach den Feiertagen warten sollen? Entschuldigen Sie, aber ich brauche das Geld wirklich. Aber wenn Sie in finanziellen Schwierigkeiten stecken, dann ist das natürlich was anderes.« Geizhals!, hätte ich gerne noch hinzugefügt, aber Sommer unterschrieb den Überweisungsträger und schob mir, ohne mich dabei anzusehen, die Überweisungen hin.

Sommer, Sommer, ob du wohl in irgendwelche Schweinereien verwickelt bist?, fragte ich mich und kam zu dem Ergebnis, dass man sich über nichts und niemanden sicher sein durfte. Wie oft hatte ich in den letzten Jahren ein überzeugtes »Der-doch-nicht« oder »Die-doch-nicht« ausgesprochen. Und was war das Ende vom Lied gewesen? Doch »Die« oder »Der«, vor allem der Knipser. Ich nahm mir vor, fürs Erste den Ball flach zu halten. Bei Tageslicht betrachtet, mutete das gestrige Gespräch zwischen Matti und mir sowieso wie ein Dialog aus *Tales of the Crypt* an. Wer sagte mir denn, dass Herr Matti nicht komplett einen an der Waffel hatte? Wollte ich etwa gerade eben schon wieder behaupten: »Der doch nicht«?

Als ich von der Bank zurückkam, waren Sommer und Matti verschwunden, und ein Zettel auf meinem Schreibtisch sagte mir, dass sie zu einem Todesfall gerufen worden waren.

Da konnte ich mich noch mal in aller Ruhe der Namensliste widmen. Natürlich war ich neugierig. Ich ging alle Dateien, die ich öffnen konnte, noch einmal durch. Aber es blieb dabei. Es handelte sich samt und sonders um Personen ohne Anhang, die alle eine anonyme Bestattung vereinbart hatten. Billigster Sarg, anonymes Gräberfeld und Ende. Keine Kirche, kein Kuchen, keine Kerzen. Klang alles ganz normal. Nur, als Ansprechpartner und Rechnungsadresse war in 13 Fällen ein gewisser Bartholomae angegeben.

Jetzt fiel es mir wieder ein. Der Typ, der den Umschlag vor ein paar Tagen abgeholt hatte, hieß doch Bartholomae. Er hatte keinen bleibenden Eindruck bei mir hinterlassen, da er nur kurz hereingeschaut hatte, um den Umschlag in Empfang zu nehmen. Nach einem kurzen »Hallo« und »Auf Wiedersehen« war er auch schon wieder verschwunden. Ich erinnerte mich nur an einen sehr teuer aussehenden Hut und einen edlen dunkelblauen Mantel. Kaschmir, vermutlich. Und er war sehr in Eile gewesen.

Bei nur einem Namen von 14 hatte eine abweichende Verfügung vorgelegen. Da hatte es einen anderen Nutznießer gegeben. Eine gewisse Frau Scholl. Und die hatte nicht viel von ihrem Erbe gehabt. Denn in der Liste tauchte auch sie auf. Drei Monate später. Kurz bevor ich bei Sommer angefangen hatte, war auch sie von ihm bestattet worden. Matti hatte auch sie auf die Liste der Flusenopfer gesetzt. Wer bei Frau Scholl allerdings geerbt hatte, konnte ich nicht herausfinden.

Eine Ausnahme von 14. Bestätigt das die Regel? Und die 14 Namen, die Matti noch im Gedächtnis hatte, was sowieso schon phänomenal war, waren ja noch nicht alle. Blieb zu überlegen, was das bedeuten könnte. Und wenn es was bedeutete, wem nützte es was? Und was für eine Geschichte erzählten gelbe Flusen? Mattis Theorie formulierte die schlimmste aller Möglichkeiten: Mord.

Margret, fang du nicht auch noch an zu spinnen, mahnte meine innere Stimme. Alle Leichen sind mit ordentlichem Totenschein gekommen. Anders ging es doch in unserem Staate nicht, es sei denn, man heißt Dr. Weizmann. Man kann nur bestattet werden, wenn ein Arzt eine Leichenschau vorgenommen hat. Nur bei berechtigtem Verdacht, so hieß es im Bestatterhandbuch, also bei ungeklärter Todesursache oder Verdacht auf Fremdverschulden, wurde eine Autopsie angeordnet. Seit ich bei Sommer arbeitete, war dieser Fall noch nie eingetreten.

Ich schaute mir die Liste noch mal genau an. Wer war dieser Bartholomae? Der war doch nicht mit all diesen Leuten verwandt? War er ein bestellter Nachlassverwalter? Ich hörte, wie der Leichenwagen in die Hofeinfahrt fuhr. Flugs rief ich eine andere Datei auf.

Ich zündete die Kerze an und wartete auf Sommer und den Papierkram, den er mitbringen würde.

Sommer brachte mir gar nichts mit, denn die Verstorbene war eine anonyme Bestattung, und die übernahm er ja traditionell gerne selbst. Er legte seine Aktenmappe auf seinen Schreibtisch und fluchte irgendwas vor sich hin. Während er am Safe herumfummelte, fragte ich beiläufig: »Wie gefällt Ihnen das Weihnachtsgesteck, Herr Sommer?«

Er schaute sich gehetzt um.

»Was? Gesteck? Frau Abendroth, also, na ja, schön, schön. Dezent.«

»Danke. Suchen Sie was? Kann ich Ihnen helfen?«

»Nein, nein«, haspelte er, »nichts, ich muss nur noch mal schnell weg. Es eilt.«

Endlich hatte er den Safe geöffnet, nahm einen braunen Umschlag heraus und knallte ziemlich heftig die Safetür wieder zu. Leider schwankte die unförmige Statue aus Speckstein, die ich nicht leiden konnte, kein bisschen.

»Kommen Sie heute noch mal rein?«

»Vielleicht. Ich muss noch zum Friedhof. Ich bereite die Trauerfeier für Kampmann vor. Matti braucht dann morgen nur noch die Träger einzuweisen. Und ...«

»Ja? Herr Sommer?«

»Ja, wie soll ich es Ihnen sagen? Es ist etwas schmerzlich. Es ist ... so. Wir brauchen eine neue Organistin.«

»Warum das denn? Die Pruss ... äh ... die Frau Kostnitz hat doch nur die Grippe. In ein paar Tagen ist sie wieder fit.«

»*Hatte,* Frau Abendroth, *hatte* die Grippe. Es gab wohl unglücklicherweise Komplikationen. Frau Kostnitz ist heute leider plötzlich verschieden. Sie liegt unten.«

»Wie ... furchtbar!«

»Allerdings.«

»Wie furchtbar. Wie konnte das denn ...?«

»Das sagten Sie bereits.«

»Aber, Herr Sommer, das ist doch auch schrecklich.«

»Frau Abendroth, ich bemühe mich hier trotz dieses herben Verlustes um eine professionelle Haltung. Ich würde mich freuen, wenn Sie das auch täten.«

Professionelle Haltung? War das alles, was der Kugelfisch dazu zu sagen hatte? Na gut, wenn das jetzt das war, was er wollte, dann sollte er es haben.

»Soll ich schon etwas für die Bestattung vorbereiten, einen Termin für ein Trauergespräch vereinbaren?«

»Nein, das mache ich, Frau Abendroth. Frau Kostnitz hat eine Verfügung. Sie müssen sich um nichts kümmern, in diesem Falle.«

»Sie war alleinstehend, oder?«, fragte ich so beiläufig wie möglich, obwohl mir schon der Unterkiefer zitterte.

»Könnte man so sagen. Quasi.«

Sprachs und verschwand – und ließ mich mit meinen Gedanken an die soeben verblichene Prusseliese allein.

Was war das denn für eine kryptische Antwort? Quasi alleinstehend! Entweder man war alleinstehend oder nicht!

Ach herrje, was sollte ich denn jetzt bloß ohne die Prusseliese machen? Sie war so nett und freundlich gewesen. Ganz abgesehen davon war sie eine hervorragende Musikerin. Gewesen! Wie ging es Matti denn jetzt? Die beiden waren sich doch irgendwie, wenn auch auf sehr distanzierte Art, sehr zugetan. Und jetzt hatte er sie auch noch abholen müssen. Was für eine böse Überraschung. Und erst die arme Frau Kostnitz – war sie ganz alleine zu Hause gewesen? Vielleicht sogar hilflos in ihrem Bett, zu schwach, um einen Arzt anzurufen? Wer hatte sie überhaupt gefunden? Ihre Putzfrau vielleicht oder eine Nachbarin?

Mir schossen all diese Gedanken gleichzeitig durch den Kopf, und ich kämpfte mit den Tränen. Es dauerte ein paar Minuten, bis der Kloß in meinem Hals sich aufgelöst hatte. Es half ja alles nichts – also konzentrierte ich mich auf das technische Problem und schob meine Trauer für einen Moment beiseite. Orgelmän war keine Alternative, vor allem nicht auf längere Sicht. Ganz im Gegenteil, ich hatte eigentlich vorgehabt, Orgelmän nach Weihnachten ganz auszubooten.

Ich schickte sofort ein Fax an die Musikschule und den Bochumer Orgelkreis mit der Bitte, umgehend am schwarzen Brett einen Aushang zu machen oder das Jobangebot sonst wie so schnell wie möglich kundzutun. Da sollte es doch wohl Leute geben, die ein bisschen Nebenverdienst nicht abschrecken würde. Nachdem ich das erledigt hatte, ging ich mit Kaffee und Nutella-Brötchen runter zu Matti. Viel Trost konnte ich ihm nicht anbieten, aber wenigstens etwas.

Matti nahm Brötchen und Kaffee dankbar entgegen und ließ sich kraftlos auf einer Metallkiste nieder.

Ich zog mir Gummihandschuhe an und öffnete die Klettverschlüsse vom Leichentransportsack. Da lag sie, die Prusseliese. Ihre sonst flammenroten Haare waren glanzlos. Ihr Gesicht war nicht friedlich, wie man es sonst so häufig bei Leichen sieht. Diese Frau war nicht gerne gegangen. Das konnte sogar ich Blindfisch sehen. Mir war es schwer ums Herz. Ein bisschen schmerzlich! Sommer, du bist doch ein eiskalter Hund, dachte ich.

»Matti, kommen Sie mal bitte.«

»Ich weiß, Frau Abendroth, gelbe Flusen.«

Matti atmete hörbar aus.

»Es tut mir so Leid«, versuchte ich ein Gespräch anzufangen.

»Ja, ja. Schrecklich«, sagte er leise.

»Herr Matti, kann ich …«

»Danke, gehen Sie nur. Danke.«

Ich wollte mich nicht aufdrängen, und ich wusste ja selbst, wie schlecht ich in emotionalen Angelegenheiten war. Also ging ich nach oben und warf einen Blick in die Aktenmappe, die Sommer auf dem Tisch hatte liegen lassen. Ich blies die Backen auf, hielt die Luft an und las: »Erika Kostnitz, Todesursache Herzversagen«. Unterschrieben war der Totenschein von Dr. Weizmann. Schon wieder dieser Weizmann, dieser Nichtskönner. Ich war mir sicher, dass Weizmann in einer Leiche noch nicht mal ein Tranchiermesser bemerkt hätte, selbst wenn aus dem Brustbein ein roter Griff 30 Zentimeter direkt in den Himmel geragt hätte. Augenarzt … wahrscheinlich blind wie ein Maulwurf. Ich korrigiere – zugesoffener, blinder Maulwurf. Und da lag auch die Verfügung von Erika Kostnitz. Sie wollte eine anonyme Urnenbestattung in Dieren, Niederlande? Das hatte ich ja noch nie gehört. Ich musste Matti fragen, was es damit auf sich hatte.

Ich wollte so gerne etwas für Erika Kostnitz tun. Aber was?

Ich ging wieder hinunter in den Arbeitsraum.

»Herr Matti, entschuldigen Sie, aber Erika schreibt, sie will kremiert und in Dieren bestattet werden? Wie geht das denn?«

Er war gerade dabei, Erikas Leiche zu entkleiden. Ich konnte kaum hinsehen. Die Leiche war vollständig bekleidet. Hatte Erika gar nicht mehr im Bett gelegen? Wenn sie noch richtig krank gewesen wäre, hätte sie doch sicherlich ein Nachthemd angehabt?

»Das geht. In Dieren ist ein Krematorium. Man kann dort ins anonyme Urnenfeld«, sagte er.

Seine Hände zitterten, als er Erikas Bluse aufknöpfte. »Und was sagen Sie, Frau Margret? Erika Kostnitz hat das geschrieben?«

»Der Vorsorgeplan liegt oben. Von ihr unterschrieben.«

Herr Matti schüttelte den Kopf. Er stützte sich auf dem Arbeitstisch ab und ließ den Kopf hängen. Seine Nase war noch spitzer als sonst. Jetzt sah er aus wie ein trauriges Kasperle.

»Herr Matti, was ist denn?«

»So traurig«, war alles, was er noch hervorbrachte. Vielleicht hilft ihm ja irgendetwas Praktisches, dachte ich.

»Wir heben erst mal die Flusen auf, Matti. Haben wir so was wie eine Schachtel?«

Ich kramte in den Schubladen herum und fand eine Pinzette und Plastiktütchen.

»Ich habe schon welche gesammelt.«

»Wo?«

Er ging in den hinteren Teil des Kühlraumes zum Chemikalienschrank und kam mit einer Metalldose, wie man sie für die sterilen Instrumente brauchte, wieder heraus. Darin lagen sieben Plastiktütchen mit gelben Flusen, alle ordentlich mit einem Datum beschriftet. Namen fehlten.

»An Ihnen ist ein Kriminalist verloren gegangen«, versuchte ich ihn aufzumuntern. Dann wurde ich wieder ernst, als ich Mattis tränenverschleierte Augen sah. Er hatte die Prusseliese wohl mehr als nur gemocht. Immerhin, sie konnte Tangos spielen wie weit und breit keine Zweite.

»Okay, wir sammeln, aber was machen wir jetzt damit?«

Bevor wir eine Antwort finden konnten, ging oben die Tür zum Büro auf.

»Eins noch, Herr Matti, wer hat sie gefunden?«

»Schwester Beate.«

»Schwester Beate, die vom Pflegedienst?«

»Ja.«

»Die, die hier war, wegen Frau, Frau ...?«

»Becker«, ergänzte er.

»Oh.«

Matti ließ die Flusen in der Kassette verschwinden, und ich eilte die Treppe hinauf, in Gedanken mit Schwester Beate beschäftigt.

Ich war noch nicht ganz oben angekommen, da konnte ich ihn schon riechen.

In der Eingangstür stand sehr verlegen ein Mann um die 70 oder 80. Genau konnte ich das nicht sagen. Er war, freundlich ausgedrückt, sehr ungepflegt, stank nach Alkohol und muffigen, ungewaschenen Klamotten. Sein verfilzter Bart hing ihm bis auf die Brust. Mit stark geröteten Augen sah er mich Hilfe suchend an, konnte seinen Blick aber nicht fokussieren.

»Guten Tag. Kann ich was für Sie tun?«

Der Mann schwankte vor und zurück.

»Möchten Sie sich setzen?«

Er machte einen Schritt vorwärts und hielt sich am Garderobenständer fest.

Draußen schneite es wie schon Jahre nicht mehr. Egal, selbst wenn der Mann ein Penner war, dann sollte er sich wenigstens für fünf Minuten aufwärmen können. Wenn der Gestank zu schlimm wurde, könnte ich ihn immer noch mit Enzymspray neutralisieren.

»Kaffee?«, machte ich einen neuen Versuch.

Der Mann begann zu weinen. Das war immer der Moment, den ich am liebsten gar nicht erlebte, nämlich wenn die Leute anfingen zu weinen. Sommer hatte immer ein paar Profitricks auf Lager, wie er die Leute beruhigen konnte. Aber Sommer war weg, und Matti war mit seiner eigenen Trauer beschäftigt. Also gab ich dem Mann ein paar Papiertaschentücher, die er wortlos entgegennahm. Um die peinliche Situation zu überbrücken, beschäftigte ich mich mit der Zubereitung von Kaffee und ließ ihn am Garderobenständer stehen.

Ich stellte zwei volle Tassen auf den Tisch und führte den Mann, dessen verschlissener Wollmantel sich klamm und klebrig anfühlte, zu einem Stuhl. Er setzte sich schwerfällig hin und weinte hemmungslos weiter Rotz und Wasser.

Ich saß ihm gegenüber und wusste nicht, was tun. Der Mann schien etwas sagen zu wollen – aber was? Ich gab ihm die ganze Packung Papiertaschentücher. Dann fiel mir Sommers Cognac ein. Was für die Sippe von Schwiegavatter gut gewesen war, sollte auch hier seine Wirkung nicht verfehlen. Als ich die Tür vom Aktenschrank öffnete, folgte mir der Mann mit einem plötzlich sehr konzentrierten Blick. Volltreffer! Großzügig schenkte ich ihm ein und schob das Glas über den Tisch. Er kippte den Cognac in einem Schluck herunter.

»Besser?«

Er nickte und hielt mir das Glas gleich noch mal hin. Na, Sommer würde sich freuen, wenn er seinen Courvoisier jetzt im Rachen dieses Penners verschwinden sehen könnte. Am liebsten hätte ich das Absinken des Pegels durch eine Serie von Polaroids dokumentiert. Der Kugelfisch hatte mich letztens für die Aktion »Schwiegavatter« nicht gerade gelobt. Allerdings musste er zugeben, dass mein Auftritt beim Trauergespräch um Schwiegavatters letzte Reise selbiges um Jahre verkürzt hatte. Sommer war jetzt nicht da, also konnte ich die Situation auf meine Art klären. Auf jeden Fall beruhigte sich der Mann langsam wieder. Nach dem dritten Glas wollte ich die Flasche wieder in den Schrank stellen und griff danach, aber der Mann langte blitzschnell über meinen Schreibtisch und schnappte sich den Cognac. Jetzt hielten wir beide die Flasche fest. Ich zog daran, aber er ließ nicht los.

»So, wollen Sie mir bitte sagen, wer Sie sind und was ich für Sie tun kann?«

Wieder versuchte er, mir die Flasche aus der Hand zu reißen, aber ich hielt dagegen.

»Ich heiße Kostnitz.« Er ließ die Flasche los. Ich taumelte überrascht einen Schritt zurück.

Sein Kopf sank auf den Tisch und seine Schultern bebten. Und ich, die Fünf-Prozent-Mutter-Teresa, goss ihm noch mal ein und sperrte dann schnell den Cognac weg.

Oh, dachte ich, das bedeutete »quasi alleinstehend«.

»Sind Sie der Bruder von Frau Kostnitz?«

»Ich bin ihr Mann.«

»Entschuldigen Sie, wenn ich Sie so direkt frage, aber, Herr Kostnitz, Erika hat mir erzählt, sie lebt allein. Sie hat Sie nie erwähnt.«

Ich bereute meinen forschen Angriff sofort.

Seine unrasierten, schlaffen Wangen zitterten wieder etwas heftiger. Nicht wieder anfangen zu flennen, bitte, flehte ich stumm. Er tat mir den Gefallen. Er schnäuzte sich vernehmlich, schien sich aber wieder gefasst zu haben.

»Lange Geschichte. Brauchen Sie nicht zu wissen. Ich will sie noch mal sehen!«

Ich schaute ihm fest in die Augen und rührte mich keinen Millimeter vom Fleck.

»Bitte«, schob er kleinlaut hinterher.

Danke für das Zauberwort, alter Mann.

»Sicher. Dürfen Sie. Können Sie sich ausweisen?«

Er nestelte umständlich eine Plastiktüte unter seinem Mantel hervor, kramte darin herum, hatte endlich seinen Ausweis in der Hand und schob ihn zu mir über den Tisch. Es war mir unangenehm, den Ausweis anzufassen, denn er wies eine Menge unidentifizierbarer Flecken auf. Klebrig. Aber ich schaute mir das Bild genau an. Es hatte eine gewisse Ähnlichkeit mit dem Mann, der da vor mir saß. Nur sah der Mann auf dem Bild wesentlich gesünder aus. Die Adresse stimmte auch. Es war die von Erika Kostnitz. Ich fürchtete mich jetzt schon vor der Geschichte, die ich mir in absehbarer Zeit würde anhören müssen. Wenn nicht heute, dann spätestens morgen.

»Herr Kostnitz, warten Sie hier bitte einen Augenblick. Ich muss unseren Mitarbeiter, Herrn Matti, fragen, ob Sie Ihre Frau schon sehen können. Ich bin gleich wieder da.«

Ich erzählte Matti in knappen Sätzen, wen ich gerade kennen gelernt hatte. Er machte mir keinen überraschten Eindruck. Hatte er von diesem Ehegatten gewusst? Matti trug mir auf, noch fünf Minuten zu warten. Dann sollte ich mit Kostnitz in den Aufbahrungsraum 1 gehen.

Als ich wieder nach oben kam, war Kostnitz verschwunden. Der Geruch von ungewaschenem Mann, klammem Wollstoff und Cognac hing noch in der Luft. Matti kam die Treppe herauf.

»Weg. Er ist einfach weg«, sagte ich.

»Er kommt wieder.«

»Wie können Sie sich so sicher sein?«

»Der Cognac ist noch nicht alle.«

Schon wieder eine neue Seite an Matti. Ich hatte bis gerade eben noch nicht bemerkt, dass er auch ironisch sein konnte.

»Wussten Sie, dass Erika einen Mann hat?«
»Ja.«
»Und, dass er so … so … na ja, abgestürzt ist?«
»Ja. Ich geh' dann mal wieder runter.«
Bevor Matti nach unten verschwinden konnte, rief ich ihm hinterher: »Herr Matti, ich muss Sie noch mal was fragen. Wie kann man denn mit Leichen über die Grenze fahren?«
Er blieb auf der halben Treppe stehen.
»Sie kriegen einen Leichenpass. Ausgestellt vom Amtsarzt.«
»Nach einer Obduktion?«, hakte ich nach.
»Nein, eine zweite oberflächliche Leichenschau. Keine Obduktion.«
Mit hängenden Schultern ging er die Treppe hinunter. Ich nahm das Enzymspray aus der Schublade und klärte erst mal die Luft im Büro. Dabei machte ich mir Gedanken über eine mögliche Verzollung von Leichen.

Kostnitz und die Prusseliese gingen mir nicht aus dem Kopf. Die beiden begleiteten mich sozusagen nach Hause. So langsam machte mir der Job ehrlich zu schaffen. Zu viel Realität. Ich wünschte mich sehnlichst zurück in meinen sicheren Hafen aus Fantasie und erfundenen Charakteren. Aber offensichtlich konnte ich ja keine mehr erfinden. Das hatte ich jetzt davon. Jetzt kriegte ich sie frei Haus vom richtigen Leben geliefert. Ich konnte mich nicht daran erinnern, jemals eine diesbezügliche Bestellung beim Kosmos aufgegeben zu haben. Ich war jederzeit bereit, alles bis dahin Gelieferte sofort an den Absender zurückzuschicken. Porto auch gerne zu meinen Lasten. Wenn ich nur gewusst hätte, vor wem ich auf die Knie fallen könnte. Ich hätte es getan, ich hätte kniend und mit erhobenen Händchen darum gebettelt, mein altes Leben zurückzubekommen.

War es endlich soweit? War das jetzt die Rache für all meine schlechten Storys, das viele Geld, das ich damit eingenommen und ebenso schnell mit vollen Händen wieder ausgegeben hatte? Wollte mir das Leben mal zeigen, was für Geschichten es einfach so tagtäglich schreiben konnte? Ohne Computer, ohne Fernsehen, ohne Storyliner oder Redakteure und ohne mich? Nur für mich! Ich, Maggie Abendroth, bin die einzige Einschaltquote. Bitte, egal, wer auch immer dafür zuständig ist – ich habe das hier nicht bestellt!

Um es ein für alle Mal klar zu machen: Ich will wieder zurück zu meiner Sorglosigkeit, zu meinen Prada-Handtäschchen, zum Friseur und zum Comedy-Festival nach Montreux!

Ich ahnte es aber bereits: Niemand würde mein Stoßgebet entgegennehmen, geschweige denn zur Begutachtung an die Geschäftsleitung weiterleiten.

Die Beschwerdestelle des Lebens ist ein toter Briefkasten in Wattenscheid. Also Maggie, hör auf deine Oma und reiß dich mal zusammen!

10

Wo ich schon mal beim Bilanzieren und Jammern war, wollte ich nicht gleich wieder damit aufhören. Musste ich auch nicht, denn im Briefkasten fand ich eine Benachrichtigung der Bank. 400 Mark meines Krediteshatte ich bereits abbezahlt. Auf meinem Konto befanden sich noch 250 Mark, dabei war heute erst der 17. Dezember. In sieben Tagen stand Heiligabend ins Haus, und ich war zu keiner Weihnachtsparty eingeladen.

Seit meinem Umzug hatte ich mit niemandem aus dem Kölner Fernsehland auch nur ein Wort gewechselt. Wozu auch? Wen auch immer ich nach seinen Feiertagsplänen gefragt hätte, hätte mir den üblichen Feiertagsstundenplan, der für sämtliche Fernsehleute galt, heruntergerasselt. Ab Anfang Dezember waren mindestens drei Partys pro Woche Pflicht. Spätestens ab dem 20. würden alle in ganz weit entfernte Länder verschwunden sein. Mit oder ohne Gattin, mit oder ohne Geliebte. Und ich? Ich war nirgendwohin eingeladen. Ich war niemandes Gattin und niemandes Geliebte. Ein Telefonanruf vor ein paar Monaten hatte gereicht, um mich rückstandsfrei aus dem Verteiler für Weihnachtseinladungen sämtlicher Computer in Köln und Umgebung zu löschen. Also, am Ende des Tages war ich eine komplett bindungslose Einsiedlerin ohne Weihnachtsparty.

De facto hatte ich wirklich nur noch eine Freundin: Wilma, von der ich auch nix Genaues wusste, weil ich sie nach unserem Salonzoff und durch das Tohuwabohu der Grippeepidemie völlig vergessen hatte. Hatte ich jetzt noch eine Freundin?

Okay: erster Gedanke, bester Gedanke. Ich wählte Wilmas Privatnummer. Wenn sie immer noch sauer war, bitte schön, aber ich hoffte auf Gnade. Sie war nach dem zweiten Läuten am Telefon.

»Hi, Rennschnecke. Was geht? Immer noch sauer auf mich?«

»Weiß nicht«, druckste sie zuerst herum, nur um eine Millisekunde später loszulegen: »Dass du das nötig hast, mir was vorzulügen. Und dass du dich nicht gemeldet hast. Und ich find das wirklich eklig, was du machst.«

»Aber mir ist alles so peinlich, Wilma. Ich weiß doch auch nicht. Erst das Desaster mit dem Knipser, dann die Schreiberei. Ach, Scheiße, was soll ich denn machen? Ich fühl mich so blöde.«

»Ja, das ist ja auch alles Scheiße. Aber jetzt weiß ich es. Und finde dich nicht blöde.«

»Danke. Kannst du meine Gesellschaft schon wieder ertragen?« Ich hatte einen Kloß im Hals, und Wilma würde es sofort merken.

»Ich glaube schon. Wie geht es dir denn jetzt?«

»Beschissen, wenn ich ehrlich sein soll.«

Nach einer endlos langen Minute sagte sie schließlich: »Dann komm doch morgen Abend vorbei.«

»Danke. Ich verspreche, dass ich mich vorher mindestens 20 Minuten abgeduscht und desinfiziert habe.«

»Komm um halb neun. Und brüll nicht wieder so rum, wenn ich dich kritisiere.«

»Tut mir Leid, Wilma. Ich kenn' mich grad selber nicht. Schlaf gut. Bis morgen.«

»Bis morgen.« Das war ja noch mal gut gegangen.

Man musste kein Hellseher sein, um zu wissen, was die in Köln über mich quatschten: »Oh, hast du schon gehört, Maggie kriegt nichts mehr aufs Papier. Kreative Impotenz. Voll auf dem Abstieg.« Dann konnten sie noch ein bisschen in ihren Rotwein sabbern und sich dabei in irgendeiner Szenekneipe gegenseitig die Schultern klopfen und sich darüber freuen, dass ihnen das noch nie passiert war. Irgendwer würde sich bestimmt auch zu einem gönnerhaften »Die arme Maggie ...« herablassen. Ich wusste genau, wie das Gelalle ablief, schließlich war ich früher selbst eine von ihnen gewesen.

Im Geiste versprühte ich Enzymspray über meine depressiven Visionen und widmete mich praktischeren Dingen. Ich holte aus der Waschküche eine große Schaufel und trug zumindest einen Teil des Schneebergs vor meinem Fenster ab. Nach einer Stunde Schaufelei konnte ich wenigstens das Fenster wieder öffnen, ohne Gefahr zu laufen, in meinem Kellerloch zum Lawinenopfer zu werden.

Der Kater stand pünktlich auf der Matte, um sein Abendessen einzufordern. Wenigstens einer, der mir gegenüber, wenngleich auch durch reichlich Bestechung, eine gewisse Zuneigung heuchelte.

Dr. Thomas schwarze Silhouette hob sich im Vorgarten gegen das Weiß des Schnees gestochen scharf ab. Von hinten wurde er vom Licht einer Straßenlaterne illuminiert, sodass es aussah, als hätte er einen Heiligenschein. Der Weihnachtskater.

»Komm rein, Dickmops.«

Er sprang mit seinen nassen Pfoten auf den Esstisch und schaute erwartungsvoll in Richtung Kühlschrank. Ich wusste, dass auf ihn jetzt eine herbe Enttäuschung wartete. Der leere Kühlschrank gähnte uns an. Trotzdem versuchte ich, enthusiastisch zu klingen: »Sieh mal, Putenbrühwürstchen vom Aldi. Und Eier.«

Dr. Thoma leckte sich die Pfote. Also war die Menufolge genehmigt. Ich briet die Brühwürstchen an und schlug Rührei darüber. Dazu machte ich mir noch zwei Vollkorntoasts und garnierte den ganzen Berg mit Ketchup. Dr. Thoma fand es essbar, also musste ich es wohl auch essbar finden. Er schlabberte von seiner Untertasse – die mit dem berühmten Hühnchenmuster auf Gelb.

Ich aß von meinem Ikeateller, einem von drei Überlebenden des letzten Brüll-Outs mit dem Knipser. Ich wollte jetzt lieber gar nicht über verschüttete Milch und zerbrochenes Porzellan nachdenken. Lieber erzählte ich Dr. Thoma von Mattis Theorien hinsichtlich diverser Todesfälle. Der Dickmops schaute manchmal von seinem Essen auf und tat wirklich so, als würde er mir zuhören.

»Also, Dr. Thoma, mir fehlt ein mögliches Motiv und mir fehlt der Grund für die Anwesenheit von so vielen gelben Flusen. Wo kommen die her? Matti sagt, Decke oder Kissen. Das ist das Erste, wonach ich suchen muss. Und dann ... dann sucht man nach einem Motiv. Das ist doch die Frage aller Fragen in jedem Krimi: Wem nützt es was?«

»Maaaoooo.«

»Genau. Es nützt dem Erben, aber die fallen aus, weil es ja gar keine Angehörigen gibt.«

»Mrrrgggh.« Provozierend langsam zog er mit einer Kralle ein Stück Ei über den Tellerrand und ließ es auf den Boden fallen, um es dort mit aufgestellten Nackenhaaren und zuckender Schwanzspitze zu belauern.

»Sau nicht so mit dem Ei rum. He, es ist zwar noch warm, Dr. Thoma, aber es lebt nicht mehr!«

Der Kater strafte meine Kritik an seinem Essverhalten mit einem gezielten Prankenhieb auf das Stückchen Rührei.

»He! Du musst das Ei nicht mehr erlegen. Es ist schon tot.«

Da er seine Ration Wurststückchen bereits aus dem Ei gepult und gefressen hatte, schielte er jetzt gierig auf meinen Teller.

»Na gut, noch ein Stückchen.«

Ich legte ihm ein kleines Eckchen Wurst auf seinen Teller, und jetzt war er wieder bereit, mir zuzuhören.

»Also, es nützt auch dem Bestatter nichts, weil der ja einen Vorsorgeplan hat. Da steht alles drin, was der Verstorbene bei seiner Beerdigung haben will. Wenn was von der Sterbeversicherung übrig bleibt, kriegen das die Angehörigen oder sonst jemand, je nachdem, wie es verfügt ist. Aber bei den Preisen kann doch nicht viel übrig bleiben, weder für den einen noch für den anderen. Gut, dreizehnmal war der Ansprechpartner dieser Bartholomae. Vermutlich ein Nachlassverwalter. Gibt es die bei der Stadt? Ich weiß es nicht. Das passt doch hinten und vorne nicht. Alles Blödsinn, oder? Nachtisch, Fellklops?«

Der Kater bekam ein bisschen Milch. Ich schälte mir eine überreife Mango, die schon alkoholisch roch, und vermanschte sie mit Hüttenkäse. Dann entließ ich Dr. Thoma in die Nacht und mich ins Bett.

In dieser Nacht träumte ich von Verträgen und Katzen in Ärztekitteln, die ihre Unterschrift per Pfotenabdruck auf Vorsorgepläne stempelten, damit ich sie ins Katzenkrematorium schaffen konnte.

11

Matti hatte Recht behalten: Kostnitz kam wieder, aber nicht nur wegen des Cognacs. Er stand am nächsten Morgen in aller Herrgottsfrühe, gerade als ich eintraf, schon vor dem Büro. Frisch rasiert, gebadet und sauber gekleidet. Sein Anzug wirkte an ihm ein paar Nummern zu groß. Der Wintermantel, den er trug, ließ über dem abgemagerten Mann die Schultern hängen. Ich hätte ihn beinahe nicht erkannt. Eine leichte Cognacfahne und der Duft von Old Spice umwehten ihn zwar, aber alles in allem machte er einen wesentlich besseren Eindruck als noch am Vortag. Seine Augen waren immer noch stark gerötet, die Augäpfel schimmerten in ungesundem Gelb, und seine Nase war blau geädert, wie das bei starken Trinkern häufig der Fall ist.

Er reichte mir seine schwielige Hand. Sein Händedruck war mörderisch fest. Ich zuckte vor Schmerz zusammen. Als er es merkte, ließ er sofort los und steckte die Hand in die Manteltasche zurück, so als wollte er mir versichern, dass ich von ihr jetzt nichts mehr zu befürchten hätte.

»Entschuldigen Sie bitte. Wegen gestern, also … ich war nicht ganz, ich meine, ich wollte nicht …«

»Schon gut, Herr Kostnitz. Schon vergessen. Sie können Erika jetzt gerne sehen. Ich begleite Sie.«

Nachdem wir uns den Schnee von den Mänteln geschüttelt hatten, stiegen wir gemeinsam die Treppe hinunter.

Ich öffnete vorsichtig die Tür und warf einen Blick in den Aufbahrungsraum, um mich zu vergewissern, ob Erika wirklich drin lag. Nichts ist schlimmer, als die falsche Leiche zu betrauern. Aber es war wirklich Erika.

Sie war, soweit ich das beurteilen konnte, komplett fachgerecht für die offene Aufbahrung hergerichtet und nicht nur das: Matti hatte sie offensichtlich in der Nacht noch einbalsamiert. Die elektrischen Kerzen waren so weit heruntergedimmt, dass sie in dem weichen Licht wirklich würdevoll und friedlich aussah.

Ich führte Kostnitz zu einem Stuhl. Mit der Versicherung, mich jederzeit über die Gegensprechanlage rufen zu dürfen, wenn er mich bräuchte, ließ ich ihn allein. Er nickte geistesabwesend und hatte nur noch Augen für Erika. Als ich die Tür leise schloss, hörte ich ihn wieder weinen.

Ich ging zu Matti nach nebenan.

»Warum haben Sie das gemacht, Matti, ich denke, sie wird kremiert? Durften Sie das überhaupt?«

»Ich hatte Zeit.«

»Aber Sommer wird nicht begeistert sein. Eine Aufbahrung war nicht vorgesehen.«

Matti zuckte nur mit den Schultern. Es konnte ihm auch wirklich egal sein. Sollte Sommer doch die Krise kriegen und einen Aufstand machen, wenn er wollte. Das bisschen Arbeit ging doch über die Portokasse. Nur, was der Amtsarzt bei der zweiten Leichenschau dazu sagen würde, konnten wir uns an zwei Fingern abzählen, denn vor einer Einbalsamierung hätte auch ein Amtsarzt seine Zustimmung geben müssen.

Matti und ich schauten uns an.

»Wir sollten mal …«, hatte ich noch nicht ganz ausgesprochen, als Matti schon sagte: »Ja, sollten wir.«

Wir gingen nach oben, fanden die Mappe für die Beerdigung von Erika Kostnitz, aber der Vorsorgeplan war nicht darin. Mir kam eine Idee und ich fragte: »Herr Matti, wie hoch sind eigentlich so Sterbeversicherungen?«

»Verschieden. 5000, 10.000, 20.000 Mark. Wie man will.«

Matti nahm eine Tasse Kaffee mit Schuss für Kostnitz mit nach unten und machte sich dann auf zum Friedhof. Um halb zehn, als Sommer ins Büro spazierte, war Kostnitz immer noch bei seiner Erika.

»So ein Sauwetter heute. Ist Matti bei der Kampmann-Beisetzung?«

»Ist er, Herr Sommer.«

Sommer ging an den Safe, holte Unterlagen hervor und setzte sich an seinen Schreibtisch.

»Herr Sommer, der Ehemann von Erika Kostnitz ist unten.«

Er schaute mich verdattert an, und seine Äuglein kamen aus dem Blinzeln gar nicht mehr heraus. Ja, mein lieber Kugelfisch, da staunst du.

»Ja, Herbert Friedrich Kostnitz sitzt unten in der 1 und trauert um Erika.«

Ich kostete meine kleine Rache genüsslich aus. Sommer brummelte vor sich hin, während er seine Nase wieder in seine Unterlagen steckte. Hatte der Kugelfisch gerade wirklich »Scheiße« gesagt?

»Bitte, was sagten Sie, Herr Sommer?«

»Ach, nichts, nichts. Ich gehe mal runter und sehe nach ihm. Hat der Mann sich ausgewiesen?«

»Natürlich.«

Sommer erhob sich und stieg eilig die Wendeltreppe hinunter. Ich hechtete zu seinem Schreibtisch und fand die Kopie der Versicherungspolice von Erika Kostnitz. Da stand es schwarz auf weiß: anonyme Urnenbestattung.

Aber was viel erstaunlicher war: Die so genannte Sterbeversicherung belief sich auf üppige 25.000 Mark. Die Urnenbestattung würde höchstens 4000 kosten, inklusive Sarg usw. Keine Trauerfeier, keine Trauerhalle, keine Blumen und keine Musik. Das hatte ich in

Sommers Gebührenkatalog nachgeschlagen. Bei einer Luxus-Erdbestattung kamen schnell an die 20.000 Mark oder noch mehr zusammen, abhängig davon, ob man die Grabstelle schon hatte oder noch kaufen musste und natürlich auch vom Sarg. Wozu also, fragte ich mich, hatte Erika eine Versicherung über 25.000 Mark, wenn sie nur ca. 4000 Mark ausgeben wollte? Der Rest der Summe aus der Versicherung, nach Abzug aller Kosten immerhin noch 21.000, gingen an ... ja, wohin denn eigentlich? Ich blätterte weiter ... gingen an die Suppenküche Bochum, die Obdachlosenbetreuung. So weit, so gut. Wer aber war für die Verteilung des Geldes und die Abrechnung der Versicherungssumme zuständig? Ich blätterte weiter. Bartholomae! Der schon wieder!

Hatte Erika sich kurzfristig entschieden, anonym bestattet zu werden? Hatte sie jemand Fremden beauftragt, sich um ihre Bestattung zu kümmern? Hatte das mit ihrem alkoholisierten Ehemann zu tun? Als Rache sozusagen? Oder aus Verzweiflung über ihren Mann? War das überhaupt Erikas letzter Wille? Ich blätterte in dem Ordner mit den Quittungen und Belegen und fand die Quittung für das Geld, das ich ihr letztens noch ausgezahlt hatte. Die Unterschrift war eindeutig dieselbe. Der Vorsorgeplan war mit der Schreibmaschine ausgefüllt, Erikas Unterschrift in blauer Tinte darunter gesetzt. Ich legte die Unterlagen ordentlich zusammen und ungefähr wieder an die Stelle, an der Sommer sie zurückgelassen hatte. Ich würde dringend mit Kostnitz reden müssen – fragte sich nur, wann.

Um halb eins knurrte mein Magen laut, aber weder Kostnitz noch Sommer waren wieder im Büro aufgetaucht. Vielleicht sollte ich mal nachsehen und fragen, ob die beiden was brauchten, bevor ich mir in der Bäckerei ein Croissant als Wegzehrung für meinen Spaziergang gönnen würde.

Ich setzte meine beflissen fürsorgliche Miene auf und stieg die Wendeltreppe hinab.

Die Tür von Aufbahrungsraum 1 war nicht ganz geschlossen, und so konnte ich hören, wie Sommer auf Kostnitz einredete. Was sie sprachen, konnte ich leider nicht verstehen. Um nicht wie ein Lauscher zu wirken, trampelte ich die letzen Stufen der Treppe hinunter und klopfte an die Tür. Die Diskussion wurde sofort unterbrochen. Sommer sah schwer genervt aus, Kostnitz weinte immer noch, mittlerweile ins bestickte Leinentaschentuch von Sommer.

Der Kugelfisch wandte sich abrupt von Kostnitz ab und drängelte sich an mir vorbei durch die Tür.

»Frau Abendroth, ich muss jetzt leider noch in die Druckerei. Das ist unaufschiebbar. Matti muss jeden Moment wieder hier sein.« Und mit nicht sehr freundlichem Blick zurück auf Kostnitz: »Herr Kostnitz wollte auch gerade gehen.«

Kostnitz hatte sich wieder Erika zugewandt und eine Hand auf den Rand des offenen Sarges gelegt, als fürchtete er, von Sommer weggezerrt zu werden. Er zitterte immer noch. Er tat mir Leid.

»Gehen Sie ruhig, Herr Sommer. Ich begleite Herrn Kostnitz dann gleich hinaus.«

Das war unmissverständlich, und Sommer konnte mir keine Szene machen. Nach kurzer Zeit hörte ich oben die Tür zuschlagen. Ich stellte mich neben den auf dem Stuhl zusammengesunkenen Kostnitz und wartete ab. Soviel zu meinem Spaziergang und dem Croissant.

Er trank einen Schluck aus seinem Flachmann und bot mir auch davon an, was ich dankend ablehnte.

»Schlimm«, sagte er.

»Hm. Erika war noch keine 70. Aber die Grippe ...«

Jetzt betete ich schon das kugelfischige Grippe-Blahblah herunter.

»Ich hätte bei ihr sein sollen. Wäre alles nicht passiert, wenn ich ... wenn ...«

Und schon heulte er wieder. Lange würde ich das nicht mehr aushalten, schon gar nicht auf leeren Magen. Wenn Männer was verbockt haben, dann fangen sie an zu flennen, und dann soll alles wieder gut sein. Aber das hier würde nicht mehr gut werden. Erika war tot, und er war nicht bei ihr gewesen. Punkt. Aus welchen Gründen auch immer.

»Wenn Sie was brauchen, Herr Kostnitz, ich bin oben. Bleiben Sie so lange, wie Sie wollen.«

Ich überließ Kostnitz seinen Gefühlen, begab mich an meinen Schreibtisch und hörte dem Knurren meines leeren Magens zu, während ich mich darin übte, perfekte Rauchkringel in die Luft zu blasen. Eine halbe Stunde später stand der Witwer leicht schwankend vor mir.

»Sie wird nicht verbrannt. Ich will das nicht! Und sie will das auch nicht! Meine Erika soll ein ordentliches Grab haben.«

»Wenn Sie es so wünschen, Herr Kostnitz, dann soll es so sein.«

Kostnitz sah mich mit verschwommenem Blick an.

Dann hob er langsam seine zittrige Hand und schlug damit auf den Schreibtisch. Ich fuhr erschrocken zurück.

»Warum sagt dann dieser Pimpel da, der Sommer, dass er den Wünschen der Verstorbenen entsprechen muss?«

Armer Mann. Also, ich würde es ihm erklären.

»Also, das ist so. Erika hat einen Vorsorgeplan unterschrieben, in dem sie genau ausgeführt hat, was für eine Bestattung sie sich wünscht. Und da steht eindeutig drin, dass sie verbrannt werden will und ein anonymes Grab haben möchte, und zwar in Holland. Wenn Sie, als nächster Angehöriger, das jetzt anders haben wollen, dann ist das auch in Ordnung. Dann ändern wir das. Erikas Sterbeversicherung reicht völlig aus, um die Kosten zu decken.« Ich sah ihn an und wartete auf eventuelle Fragen. Zugegebenermaßen hatte ich mich mit dem Angebot sehr weit aus dem Fenster gelehnt. Eigentlich sind diese Verfügungen nicht so ohne weiteres zu ändern, aber der Mann tat mir einfach furchtbar Leid.

»Gute Frau, ich rede nicht von Geld. Geld spielt keine Rolle«, polterte er mich an. »Ich muss jetzt gehen. Wiedersehen.«

Bei leerem Magen reißt mein Geduldsfaden in weniger als drei Minuten.

»Herr Kostnitz«, sagte ich streng, »ich habe nur versucht, Ihnen zu erklären ...«

Aber anscheinend hörte er mir schon nicht mehr zu. Er nahm noch einen Schluck aus seinem Flachmann und wandte sich zur Tür.

He, alter Mann, laut werden kann ich auch: »Wann, Herr Kostnitz, sollen wir denn über die Bestattung von Erika sprechen?«

»Lassen Sie mich doch in Ruhe. Kriegt sie eben ihren Willen. Dann eben anonym. Ist doch scheißegal. Ist doch alles immer scheißegal.«

Mit diesen Worten schlug er die Tür so heftig hinter sich zu, dass die Specksteinstatue auf dem Safe bedenklich wankte, aber leider immer noch nicht umfiel.

»Nein, ist es nicht, Kostnitz, du Penner! Mir ist es nicht scheißegal!«, rief ich ihm hinterher.

Matti stand am Treppenabsatz und schaute mich erschrocken an.

»Tschuldigung, Herr Matti. Ich meinte nicht Sie.«

»Mir ist es auch nicht egal«, sagte er leise.

»Na, dann sind wir schon drei. Kostnitz ist das nämlich auch nicht egal. Das bisschen Menschenkenntnis traue ich mir zu.«

Mir war dieser Kostnitz ja überhaupt nicht sympathisch. Ob Erika ihn wohl rausgeworfen hatte? Würde mich gar nicht wundern.

»Matti, wir müssen sprechen.«

Folgsam nahm er sich eine Tasse Kaffee, ging voraus in die Sargausstellung und setzte sich auf den *Mahagoni White Leaves,* den teuersten Sarg, den wir hatten.

Ich erzählte ihm, was sich in seiner Abwesenheit zwischen Sommer und Kostnitz unten zugetragen hatte. Meine Idee war, natürlich nur im Sinne aller Beteiligten, dass wir die Kremierung verhindern mussten. Wenn sie jetzt verbrannt würde, dann könnte man nie mehr etwas nachweisen. Erika Kostnitz gehörte zu unseren »Flusenträgern«. Also musste Kostnitz darin bestärkt werden, eine Erdbestattung zu verlangen, dann könnte man sie wieder ausbuddeln lassen, falls sich wirklich Verdachtsmomente ergäben, die das begründbar machten.

Ich redete mich in Rage und parlierte wie auf einem Krimi-Seminar: »Wir brauchen Beweise, irgendwelche Anhaltspunkte. Die Polizei braucht Beweise. Wir haben nichts weiter als Ihre Theorie, Herr Matti.«

»Dann reden Sie heute mit Kostnitz wegen der Bestattung, Frau Abendroth.«

»Sie haben Ideen, Herr Matti – wie denn, bitte? Der Kerl wird ja überhaupt nicht mehr nüchtern.«

»Sie reden doch auch mit mir.«

Tolle Logik. Ungefähr so logisch wie finnische Rechtschreibung.

12

So, wie Sommer auf Kostnitz reagiert hatte, konnte ich mir ausrechnen, dass er sich nicht gerade ein Bein abfreuen würde, wenn es auf eine Gala-Erdbestattung mit ordentlichem Grab und pompöser Feier hinauslief. Und wenn Sommer auch noch herausbekommen würde, dass ich die treibende Kraft war, die Kostnitz dabei beraten hatte, könnte ich wahrscheinlich bald meinem Arbeitsamtsmän wieder einen Besuch abstatten.

Warum hatte Sommer eigentlich so unwillig reagiert? Es konnte ihm doch eigentlich piepegal sein. Er würde sein Geld bekommen, wir hätten nur etwas mehr Arbeit. Das war es überhaupt, was mich so stutzig machte. Wie kann sich jemand über einen größeren Auftrag nicht freuen? Ich schlug mein Notizbuch auf und notierte:

1. Kostnitz besuchen
2. Wer ist Bartholomae?
3. Für wen arbeitet Schwester Beate?

Ich rief Wilma an und sagte für den Abend ab. Sie maulte ein bisschen herum, aber was sollte sie schon machen? Ich versprach ihr eine interessante Geschichte für den nächsten Abend, und sie sagte im Geiste des begrabenen Kriegsbeils schließlich ja. Obwohl, hatte ich da ein leises Knurren gehört?

Um fünf verabschiedete ich mich von Matti mit dem Auftrag an ihn, sich die Vorsorgepläne im Safe anzuschauen. Gründlich.

»Warum das, Frau Margret?«

»Nur mal so. Die Vorsorgepläne und die eventuell dazugehörigen Versicherungen.«

»Das geht nicht.«

»Warum? Haben Sie die Kombination nicht?«

»So ist es.«

»Ich werde darüber nachdenken, Herr Matti. Vielleicht hat Sommer sie irgendwo notiert. Die Leute notieren sich ihre Geheimnummern immer irgendwo.«

»Sie auch, Frau Margret?«

»Ich ganz besonders.«

»Ich nicht.«

»Das habe ich mir gedacht. Sie haben ja auch ein Elefantengedächtnis.«

»Was heißt das?«

»Das sagt man hier so, Herr Matti. Ein Gedächtnis wie ein Elefant. Großer Kopf, viel drin.«

»Ah.«

»Wir könnten ja auch mal so rumprobieren.«

»Spielen Sie Lotto, Frau Margret?«

»Wieso? Nein, tu' ich nicht. Zu viele Möglichkeiten.«

»Sehen Sie.«

Halb im Scherz sagte ich: »Dann brauchen wir wohl einen Panzerknacker. Sie kennen nicht zufällig jemanden mit Schweißgerät?«

Und siehe da, Herr Matti konnte auch mal lächeln.

Wenig enthusiastisch machte ich mich auf den Weg zu meiner persönlichen Mission Impossible.

Ich war ganz erstaunt, dass er die Tür sofort öffnete, kaum dass ich den Klingelknopf losgelassen hatte. Ich stand vor einem stattlichen Einfamilienhaus im Ortsteil Stiepel. Es hatte eine schöne Front aus groben Sandsteinplatten. Die Eingangstür und die Fensterrahmen waren holländisch grün-blau gestrichen. Das wunderte mich, ich hatte bei der Prusseliese eher orange-rot erwartet. Der Vorgarten war mal eben handtuchgroß. Dafür konnte man in dieser Gegend aber einen wesentlich größeren Garten auf der Rückseite erwarten. Stiepel wird als besserer Stadtteil von Bochum angesehen. Die Rest-Bochumer sprechen von den Anwohnern auch gerne von der »Stiepeler Inzucht«.

Kostnitz sah mich an, und einen Moment lang dachte ich, dass er mich wohl nicht wiedererkannte, aber dann bat er mich mürrisch hinein. Er ging voraus ins Wohnzimmer, das auf der linken Seite des Hauses die halbe untere Etage einnahm. Alles machte einen gepflegten Eindruck. Das Mobiliar war in den Sechzigern mal richtig teuer gewesen. Dänischer Stil, das meiste Maßanfertigung. Die Blumen auf der Fensterbank hatten etwas gelitten und ließen allesamt die Köpfe hängen, genauso wie Kostnitz selbst. Der Blick durch das riesige Fenster in den Garten war fantastisch. Schneebedeckte Bäume und dahinter eine Wiese, die bis zu einem Waldgelände reichte. Gute 100 Meter.

Schräg vor dem Fenster stand ein echter Steinway-Flügel. Hatte Erika hier gesessen und gespielt? Bestimmt. Ein bisschen hatte ich das Gefühl, dass sie jetzt auch da saß und mir genau zuhörte. Und wenn mich nicht alles täuschte, saß meine Oma gleich daneben.

Kostnitz bot mir keinen Platz an und machte auch keine Anstalten, mir aus dem Mantel zu helfen. Wenn er glaubte, mich mit dieser Taktik schnell wieder loswerden zu können, hatte er sich getäuscht. Ich behielt meinen Mantel an und setzte mich auf die Couch.

»Herr Kostnitz, Sie waren gestern so schnell verschwunden. Ich dachte mir, ich kann mit Ihnen noch mal in Ruhe über die Beerdigung von Erika reden.«

Ich wollte gar nicht sensibel sein und ging zielstrebig auf mein Thema los. Zu zielstrebig.

»Hat der pietätvolle Herr Sommer Sie geschickt?«, fragte er.
»Soweit kommt es noch. Ich bin hier, weil ich Erika mochte. Meinetwegen kann sie bestatten, wer will. Ich bin nichts weiter als Sommers humanoider Papiersortierer.«

Er ignorierte meinen kleinen Scherz und starrte hinaus in den Garten. Nach einer Weile drehte er sich abrupt zu mir um. Vielleicht hatte er gehofft, ich wäre in der Zwischenzeit einfach verschwunden. Das Einzige, was er sagte, war: »So!« Mit dem Nachdruck von fünf Ausrufezeichen. Ich wollte nicht kampflos das Feld räumen. Von einem »So« mit fünf Ausrufezeichen lasse ich mich nicht erschrecken.

»Ihre Frau hatte eine Sterbeversicherung über 25.000 Mark. Dafür kann man eine sehr ordentliche Bestattung machen. Sagen Sie mir doch einfach, was Sie sich vorstellen.«

Kostnitz drehte mir wieder den Rücken zu und schaute über den Flügel hinweg durch das große Wohnzimmerfenster in den verschneiten Garten, wo sich ein paar Meisen lauthals um das Futter im Vogelhäuschen stritten.

»Sie wollte nie verbrannt werden, hat sie immer gesagt. Sie hatte Angst vor Feuer. Aber sie hat wohl ihre Meinung geändert. Warum soll *ich* das jetzt wieder ändern? Was ich will, zählt doch nicht mehr.«

Seine Stimme hatte plötzlich eine erstaunliche Festigkeit. Er schwankte auch kein bisschen.

»Es scheint Ihnen aber wichtig zu sein. Es ist immer wichtig, dass man weiß, wo seine Angehörigen liegen. Damit man einen Ort hat, wo man hingehen kann.«

Jetzt sabbelte ich schon wieder wie der Kugelfisch!

»So, finden Sie!«, erwiderte er barsch.

Die Tonlage konnte ich auch!

»Ja, finde ich«, fauchte ich zurück, »und vor allem hat Erika eine schöne Trauerfeier verdient, finde ich! Ich hatte immerhin die Ehre, sie ein paar Wochen gekannt zu haben. Und was ich von ihr kennen gelernt habe, hat mir gut gefallen.«

»Na, Sie müssen es ja wissen, Frollein.«

Oho! Jetzt kam er mit der Frolleinnummer. Vorsicht, Kostnitz, die Frolleinnummer macht mich richtig wütend!

»Für Sie immer noch *Frau!* – und nicht *Frollein,* Herr Kostnitz. Ich weiß nicht, wie Sie zu Erika gestanden haben und was in Ihrem Leben zwischenzeitlich alles schief gelaufen ist, aber wenn Sie auch denken, dass Erika eine respektable Person war, sehr logisch, sehr dem Leben zugewandt und praktisch veranlagt, dann frage ich Sie, warum sie für 25.000 Mark abschließt, wenn sie nur 4000 Mark für ihre Bestattung ausgeben will und den Rest der Bochumer Suppenküche vermacht?«

Triumphierend schaute ich zum Flügel hinüber, fast so, als erwartete ich von dort Applaus.

»Um mich zu ärgern, vielleicht?«, gab er zurück.

Also, das war doch jetzt die Höhe!

»Sie zu ärgern! Na toll. Dann lassen Sie sich doch ärgern!«

Ich schwitzte in meinem Mantel vor mich hin, bewegte mich aber keinen Millimeter von der Couch weg.

»Vielleicht, weil Erika wusste, dass ich da zum Essen hingehe«, flüsterte er.

Kostnitz starrte wieder aus dem Fenster. Er schwieg ausgiebig. Ich schwieg auch und machte immer noch keine Anstalten, das Haus zu verlassen. Endlich sprach er wieder. Leise und eher in Richtung Garten, aber immerhin.

»In der Tat hat sie mir mal erzählt, dass sie ein festliches Begräbnis will. Wollte sie immer. Unsere Hochzeit war auch eine Riesenfeier, jeder Geburtstag war eine Riesenfeier, jede Beförderung von mir war ihr eine Riesenfeier wert.«

Gut, sollte er reden.

»Sie hat sogar aus jedem gelösten Mordfall eine Feier gemacht.«

»Bitte was?«

»Ja, ich war Kriminalhauptkommissar bei der Bochumer Kripo. Kostnitz, der Fänger, haben mich die Kollegen genannt. Albern, was? Nach meiner Frühpensionierung hab' ich nur noch gesoffen. Ich konnte das nicht ertragen, so ohne Arbeit. Erika hat es noch lange mit mir ausgehalten und gehofft, ich würde mir ein Hobby zulegen oder endlich mit ihr nach Capri fahren. Aber irgendwann war auch bei ihr Schluss mit der Geduld.«

»Hat sie Sie rausgeschmissen?«

»Kann man so nicht sagen. Ich bin eines Tages einfach nach einer Sauftour nicht mehr nach Hause gegangen, sondern habe draußen – mal hier, mal da – gepennt. Seitdem bin ich nicht mehr hier gewesen. Ich habe mich rumgetrieben. Drei Jahre geht das schon so. Ich wollte ihr nicht mehr zur Last fallen. Und irgendwie hat mir das Leben auf der Straße gefallen.«

»Und jetzt? Warum sind Sie zurückgekommen?«

»Ich bin krank. Meine Leber. Ich wollte Erika wiedersehen. Sie hat mir gefehlt. Ich dachte, vielleicht können wir es noch mal miteinander versuchen, wenn ich ... wenn ...«

Wenn ich mit dem Saufen aufhören könnte, dachte ich, sagte aber nichts, denn Kostnitz sprach weiter.

»Und dann hat mir jemand gesagt, dass alles zu spät sei. Ich kam hier an, und da ...«

Er ging an den Wohnzimmerschrank und schenkte sich ein großzügiges Glas Cognac ein.

»Was dann, Herr Kostnitz?«

»Hat Schwester Beate gesagt, dass sie schon bei Ihnen liegt.«

»Oh, Schwester Beate, kenn' ich«, warf ich ein.

Kostnitz ging aber nicht darauf ein und sagte: »Dabei war sie gar nicht so krank. Nur Grippe. Schwester Beate hat gesagt, sie war schon fast wieder auf dem Damm.«

»Bei Virusgrippe weiß man nie.«

Er nickte und goss sich noch ein Glas hinter die Binde.

»Herr Kostnitz, können Sie mal für einen Augenblick nüchtern bleiben?«

Woher nahm ich nur diese Chuzpe?

»Ich bin so nüchtern wie noch nie.«

Er öffnete die Terrassentür, formte einen festen Schneeball und warf ihn mit voller Wucht ins Vogelhäuschen. Die Meisen stoben kreischend davon. Der Meisenkringel schaukelte wild hin und her. Musste ich jetzt auch noch Angst vor diesem Kerl haben? Ich beschloss, dass nein. Eine schlimme Lebensgeschichte, kein Wunder, dass es ihm nicht gut ging, aber musste er deswegen die Meisen malträtieren? Oder wollte er mir beweisen, dass er immer noch in der Lage war, kleine Ziele auf große Entfernungen zu treffen? Da durfte ich ja froh sein, dass er keine Pistole mehr hatte.

Als er sich wieder umdrehte, starrte er mich an. Dann presste er ganz leise hervor: »Mir ist nicht gut.«

Er schwankte bedenklich. Ich sprang von der Couch hoch und konnte gerade noch verhindern, dass er lang hinschlug. Kostnitz war zwar ganz ausgemergelt, aber mindestens einsachtzig groß. Ich hatte Mühe, ihn aufzufangen. Er bedeutete mir, ihn nach oben ins Schlafzimmer zu bringen.

»Ich muss mich hinlegen.«

»Soll ich einen Arzt anrufen?«

Er hielt sich den Bauch und krümmte sich vor Schmerz.

»Nein, nicht nötig. Geht wieder vorbei.«

Stufe um Stufe gingen wir langsam Arm in Arm nach oben. Er ließ sich schwer auf sein Bett fallen und schloss die Augen. Armer Mann, schoss es mir durch den Kopf. Sein Gesicht war gelb.

Gelb, schon wieder.

Während Kostnitz schlief, wollte ich die Gelegenheit nutzen, mich mal ein bisschen umzuschauen. Vielleicht würde ich was über besagte Schwester Beate erfahren. Irgendwo musste doch eine Telefonnummer herumliegen, wenn sie sich um Erika gekümmert hatte.

Für meinen Geschmack begegnete Schwester Beate mir in letzter Zeit ein bisschen zu oft. Sie schien nur Leute zu pflegen, die auffallend schnell eines unerwarteten Todes starben.

Natürlich führte mich mein erster Gang ins Bad. Wie ich so auf der Toilette saß, fiel mein Blick auf einen Stapel Wäsche. Obenauf lag ein gelbes, flauschiges Kissen, ungefähr 40 x 40 Zentimeter groß. Ich sah es mir genauer an. Auf der einen Seite war in schwungvoller Kursivschrift *Pflegedienst B & B* eingestickt. Gelbes Kissen, gelbe Flusen. Gelbe Flusen im Gesicht – gelbes Kissen auf dem Gesicht. Eine gelungene Kausalkette! Ich konnte nur noch ganz flach atmen. Was tun? Ich wagte das böse Wort »Mordwaffe« gar nicht laut zu denken. Flusenvergleich. Genau, das konnte man doch machen, wenn ich mich recht erinnerte. Die Gerichtsmediziner konnten doch mittlerweile fast alles. Wurde jedenfalls in zig TV-Dokumentationen behauptet.

Ich kramte hastig im Badezimmerschränkchen der Familie Kostnitz herum, fand eine Nagelschere und schnitt ein paar Flusen ab, die ich ordentlich in die Zellophanhülle meiner Zigarettenschachtel packte. B & B. Wer war das? Schwester Beate?

Ein Blick ins Schlafzimmer sagte mir, dass Kostnitz fest schlief.

Leise ging ich die Treppe hinunter. Eigentlich hätte ich dann wirklich gehen sollen, konnte mich aber nicht beherrschen und vernünftig sein, sondern inspizierte noch den hübschen Damensekretär aus Teakholz im Wohnzimmer.

Ich fand einen Klebezettel, auf dem in der kindlichen Handschrift der Prusseliese, die ich von der Quittung kannte, geschrieben stand: »Beate«, außerdem zwei Telefonnummern. Ich schrieb beide Nummern, Festnetz und Handy, in mein Notizbuch, sah mich noch mal um und erschrak bis ins Mark, als ich Kostnitz auf der Treppe stehen sah. Ich hatte ihn gar nicht kommen hören, weil ich zu sehr in meine illegale Hausdurchsuchung vertieft war. Aber anstatt mich in hohem Bogen rauszuwerfen, weil ich in Erikas Sekretär herumschnüffelte, grinste er mich nur an, sagte aber nichts.

»Ist Ihnen wieder besser?«, war alles, was ich rausplappern konnte.

»Ja, und Sie, haben Sie was gesucht?«

Okay, Maggie, jetzt hilft nur noch die Flucht nach vorn. »Allerdings, um genau zu sein, habe ich mir erlaubt, Ihr Bad zu benutzen. Da habe ich ein gelbes Zierkissen aus flauschigem Material gefunden, dessen Farbe und Flusen mir sehr bekannt vorkommen. Deshalb habe ich Ihre Nagelschere benutzt, um ein paar Flusen sicherzustellen. Ich habe das Kissen nicht nennenswert beschädigt. Dann habe ich auf dem Kissen eine Stickerei entdeckt, die lautet *Pflegedienst B & B*, woraufhin ich auf dem Sekretär nach einer Adresse von B & B gesucht habe. Was ich gefunden habe, ist die Telefonnummer von Schwester Beate, und die werde ich heute noch anrufen, um sie was zu fragen.«

Er unterbrach meine atemlose Aufzählung nicht ein einziges Mal, sondern hörte aufmerksam zu. Kostnitz setzte sich auf einen Sessel.

»Setzen Sie sich.«

Er deutete ungeduldig auf den zweiten Sessel.

»Und, warum machen Sie das alles, Frau Abendroth? Weil Sie Erika so mochten?«

Den Zynismus konnte er sich bitte sparen. Ich ging gar nicht darauf ein.

»Weil mein Kollege, der Herr Matti, und ich, sagen wir mal, was Irritierendes entdeckt haben.«

Ich zückte mein Notizbuch und las vor, was ich hatte. So schlicht vorgetragen, vor allem einem Experten gegenüber, klang alles dann doch sehr kümmerlich, vor allen Dingen meine Feststellung, dass Erika vollständig bekleidet und nicht im Nachthemd aufgefunden worden war, wie es sich für eine ordentlich Grippekranke gehört hätte.

Kostnitz sah jetzt nicht mehr amüsiert aus.

»Und Sie sagen, dass Sie diese gelben Flusen gefunden haben? Und dass es sich in jedem Falle um anonyme Bestattungen von alleinstehenden Personen gehandelt hat?«

»Genau, bis auf eine. Die hatte Anhang, wies aber auch gelbe Flusen auf. Der Anhang hatte allerdings nur drei Monate lang das Vergnügen mit dem Erbteil. Und bis auf ...« Jetzt wollte ich die Worte nicht aussprechen – ich musste jetzt sagen: »...die Bestattung Ihrer Frau.«

Aber Kostnitz kam mir zu Hilfe. »Sie meinen, die Bestattung meiner Frau.«

»Ja. Das wollte ich ... das meinte ich.«

»Wo genau haben Sie die gelben Flusen gefunden?« Jetzt klang es schon fast wie ein Verhör bei der Kripo.

»Ich persönlich habe sie bei den Leichen im Gesicht gesehen. Aber Herr Matti sagt, dass er auch welche in Augen und zwischen Zähnen gefunden hat. Und es waren auch welche im Gesicht von Erika.« Die letzten Worte hatte ich verlegen vor mich hin gemurmelt.

»Hm. Und die Kissen gehören wohl dem Pflegedienst, bei dem Schwester Beate arbeitet?«

»Sieht so aus.«

»Hm. Das stimmt. Schwester Beate arbeitet bei B & B. Und Schwester Beate haben Sie häufiger gesehen?«

Ich berichtete ihm von dem Ereignis mit Frau Becker und den harten Zeiten während der Grippewelle.

»Für was steht denn die Abkürzung B & B?«, fragte ich Kostnitz.

»Bartholomae & Bartholomae, steht auf einer Quittung, liegt da auch auf dem Sekretär.«

Mir blieb für einen kurzen Moment die Luft weg.

»Bartholomae! Der hat mal bei Pietät Sommer was abgeholt. Und wer ist der andere? Das andere B?«

»Finden Sie es raus, Frau Abendroth. Wenn Sie so neugierig sind.«

»Ich bin nicht neugierig, Herr Kostnitz. Ich bin bestenfalls interessiert, weil ich ein paar Dinge nicht verstehe.«

»Ja, ja, das sagen die Frauen immer«, lachte er. »Und jetzt ist die Hauptverdächtige in Ihrem nichtexistenten Fall natürlich Schwester Beate?«

»Ja, warum eigentlich nicht?«, ging ich forsch auf seinen Vorschlag ein.

»Ja, warum eigentlich nicht! Sie wäre nicht die erste Pflegerin, die ein paar Leute ins Jenseits befördert. Aus übersteigertem Mitgefühl oder dem Wunsch heraus, Gott zu spielen, aus purem Stress … Motive gibt es viele.«

»Aber, Herr Kostnitz, was hätte sie davon? Ist sie verrückt?«

»Ganz recht, Frau Abendroth. Jemand, der das tut, könnte komplett verrückt sein. Ich erinnere mich an einige Fälle solcher Art. Fehlgeleitete Nächstenliebe und so weiter.«

Er schaute mich lange durchdringend an. Kostnitz, der Fänger. Wenn ich wirklich was verbrochen hätte, dann wäre es jetzt an der Zeit, mich vor diesem Mann zu fürchten. Ein bisschen konnte ich mir vorstellen, wie er wohl zu seinen besten Zeiten bei der Polizei gewesen war. Vor allem eines: unerbittlich.

»Und noch etwas, Frau Abendroth, Sie als Hobbydetektivin sollten sich das hinter die Ohren schreiben: Mord ist eine schwere Anschuldigung! Menschen, die überall Mord, Verrat und Intrige wittern, die sind auch verrückt.«

Ich schluckte. Der Alte konnte einem ja ordentlich einschenken.

»Ich weiß«, flüsterte ich.

Er hatte ja Recht. Ich zimmerte mir hier was zusammen wie eine schlechte Detektivin im Fernsehen. Typisches Drehbuch von mir. Was wollte ich denn überhaupt? Einen unschuldigen Menschen des Mordes bezichtigen? Schalten Sie auch morgen wieder ein zu: Maggie Abendroth hört die Flöhe husten!

Kostnitz und ich sahen uns über den Wohnzimmertisch hinweg an.

»Herr Kostnitz, Sie sind der Kriminalist«, sagte ich ehrlich zerknirscht.

»Ich *war* der Kriminalist.«

Er sank auf dem Sofa in sich zusammen und blickte starr nach draußen in den Garten; ein alter Mann mit zu viel Kummer. Die Meisen hatten sich wieder beruhigt und belagerten piepsend den fettigen Futterkringel.

Ich wollte nach Hause, besser jetzt als gleich. Fast hatte ich den rettenden Ausgang erreicht, als ich Kostnitz' Stimme aus dem Wohnzimmer hörte: »Erika soll ihre Prachtbeerdigung haben. Ich will das so. Sagen Sie das Ihrem komischen Herrn Sommer.«

Ich ging wieder ein paar Schritte zurück.

»Kommen Sie doch morgen ins Büro und besprechen alle Details mit ihm. Und danke, dass Sie sich meinen Unsinn angehört haben.«

Ich bekam keine Antwort mehr. Wahrscheinlich war er wieder eingeschlafen.

Vor dem Haus saß ich noch eine Weile in meinem kalten Auto herum und brütete vor mich hin. Wenn ich an meine – oder sagen wir besser meine und Mattis – Theorie so sehr glaubte, dass ich mich dabei ertappte, in fremder Leute Sachen rumzuwühlen, warum ging ich dann nicht zur Polizei? Die Antwort hatte mir Kostnitz soeben um die Ohren gehauen. Die würden mich bestenfalls auslachen. Ende der Diskussion.

Ich drehte den Zündschlüssel um.

Kostnitz tat mir unendlich Leid und die Prusseliese auch. Und ich, ich tat mir auch ein bisschen Leid.

13

Als ich zu Hause unter der Dusche stand, ließ ich mir das Gespräch noch einmal durch den Kopf gehen. Wollte er gar nicht wissen, wie und woran seine Ehefrau gestorben war? Was, wenn es doch nicht die Grippe war? Wollte Kostnitz, dass alles einfach nur endlich vorbei sein sollte? Und sollte ich lieber auf ihn hören, meine Fantasie im Zaum halten und ein bisschen realistischer werden?

Ich stellte mir vor, wie er nach der Beerdigung ins Cognacland verschwindet. Und dann, eines Tages, wahrscheinlich sogar sehr bald, wenn seine Leber sich für immer verabschiedet hatte, würde er wieder bei Pietät Sommer vorbeischauen. Und zwar mit den Füßen voran. Wie unsagbar traurig. Aber, sagte ich zu mir selbst, Maggie Abendroth, bist du nicht auch ein trauriges Modell? Ziehst dich an Vermutungen hoch und lässt dich durch vage Äußerungen eines undurchsichtigen Finnen dazu hinreißen, wildfremde Leute des Mordes zu beschuldigen. Reiß dich mal zusammen!

Ich drehte die Dusche ab, wickelte mich in mein Badetuch, setzte mich aufs Bett und schaute den Rauchschwaden meiner Zigarette hinterher.

Ich erschrak fast zu Tode, als es an mein Fenster klopfte. Dr. Thoma klopfte für gewöhnlich nicht, er miaute. Unnötigerweise ging ich auf Zehenspitzen hin. Die Souterrainwohnung war sozusagen uneinsteigbar, weil vor dem einzigen Fenster ein massives schmiedeeisernes Gitter angebracht war. Niemand konnte mir was tun, es sei denn, es handelte sich um einen Angriff mit Schusswaffen, Blasrohren, Molotow-Cocktails oder Angelhaken.

Wovor sich dann fürchten? Vorm schwarzen Mann etwa?

Ich zog das Rollo hoch, und es wurden schwarze Schuhe sichtbar. Dann schwarze Jeans. Ich kannte die Schuhe und ich kannte die Jeans, und eines war mir bitter bewusst: ich wollte weder Schuhe noch Hose noch den, der drinsteckte, in meiner Nähe wissen.

Mit einer Hand riss ich das Rollo ganz hoch, mit der anderen das Fenster auf und brüllte: »Was willst du hier?«

Herr Matti taumelte zwei Schritte rückwärts. Ich hatte die Schuhe und die Hose komplett falsch zugeordnet. Ich hatte gedacht, mein Ex stünde vor meinem Fenster. Vor lauter Schreck fiel mir das Handtuch, in das ich meine Haare gewickelt hatte, ins Gesicht, und ich hatte Mühe, das Badetuch festzuhalten. Eiskalte Schneeluft zog herein. Matti hatte sich natürlich genauso erschreckt wie ich. Er trat wieder näher ans Gitter, beugte sich herunter und flüsterte: »Es tut mir Leid. Ich wollte Sie nicht erschrecken.«

»Ah, was stehen Sie denn da so doof vorm Fenster? Können Sie nicht klingeln wie jeder normale Mensch?«

Er schaute mich ratlos an, als sei der Gebrauch von Türklingeln in Finnland nicht bekannt. Wahrscheinlich rufen sich die Leute mit dem Nokia an, wenn sie bei Freunden vor der Haustür stehen und sagen: »Ich klingele jetzt.«

Ich bedeutete ihm ungeduldig, zur Haustür zu gehen. Die Schuhe setzten sich dann auch gemessenen Schrittes in Bewegung. Ich schloss das Fenster. Noch halb nass, wie ich war, schlüpfte ich in meine Jogginghose, zog mir einen Pullover über und drückte auf den Türöffner.

Matti kam gemächlich die Treppe hinunter. Er musste bei seiner Länge den Kopf einziehen.

»Ich wollte Sie nicht erschrecken«, versicherte er mir erneut.

»Haben Sie aber. Ich dachte, Sie wären jemand anders.«

Er starrte verlegen auf meine nassen Füße. Bevor Matti vornüber fallen würde vor lauter Gestarre, bot ich ihm einen Stuhl an und setzte meinen Wasserkocher in Gang. Der machte den gleichen Lärm wie eine startende Boeing 747, und so warteten wir schweigend, bis er soweit war.

»Haben Sie was rausgefunden? Vielleicht die Safekombination oder sonst irgendwas?«

Ich goss das Wasser in die Teekanne.

»Nein. Nichts.«

»Aha. Schlechte Karten. Matti, ich muss das noch mal fragen: Der Amtsarzt, der die zweite Leichenschau macht, ist der ein Pathologe oder wie das heißt?«

»Nein, hier in Bochum nicht. Keine Autopsie; nur Leichenschau, keine Leichenöffnung. Eine oberflächliche Untersuchung. Er muss nicht Rechtsmediziner sein. Oder Pathologe.«

»Aha. Und wenn der Herr Amtsarzt einen schlechten Tag hat, so wie Weizmann seine feuchtfröhlichen, dann kann man dem alles auf den Tisch legen?«

Matti nickte versonnen. Ja, so lagen wohl die Tatsachen. Selbst wenn Erika verbrannt würde, war die Wahrscheinlichkeit äußerst gering, dass die zweite Leichenschau irgendwas ans Tageslicht beförderte. Noch nicht einmal die wirkliche Todesursache, welche das auch immer gewesen war.

Wir saßen eine Weile stumm vor unserem Tee.

Ich erzählte ihm dann, wie es mir bei Kostnitz ergangen war, von dem gelben Kissen, der geschmeidigen Kausalkette, der Telefonnummer von Schwester Beate und vor allem, dass ich von Kostnitz wegen meiner wilden Verdächtigungen einen ordentlichen Rüffel bekommen hatte.

»Glauben Sie mir jetzt nicht mehr, Frau Margret?«

»Matti, das hat nichts mit *glauben* zu tun. Kostnitz hat Recht. Wenn, dann brauchen wir Fakten, sonst machen wir uns nicht nur lächerlich, sondern strafbar. Und! Falls ihm irgendwas an unseren Minimalfakten interessant vorgekommen wäre, dann hätte er doch was gesagt. Dann müsste Erika obduziert werden. Oder? Das könnte er doch veranlassen. Oder?«

Matti sagte nichts. Ich sollte mir abgewöhnen, von ihm Antworten zu erwarten. Aber ich versuchte es noch mal.

»Kennen Sie eine Methode, Menschen ins Jenseits zu befördern, die man nicht auf den ersten Blick erkennen kann?«, ließ ich einen Versuchsballon los.

»Wenn man nicht richtig sucht, weil man nichts vermutet, kann man alles Mögliche übersehen. Sogar Schusswunden. Kann jedem Arzt passieren. Gift oder Insulin. Ersticken, Luft in die Vene …«

»Luft?«

»Ja, Luft, Embolie. Tot.«

»Aha. Und, haben Sie selbst schon danach gesucht?«

»Ja. Ich konnte nichts finden. Keine Einstiche. Nur die Flusen. Aber ich bin kein Rechtsmediziner.«

»Toll. Was schließen Sie daraus?«

Jetzt musste Matti grinsen. Das war schon sein zweites Grinsen heute. Er würde doch wohl nicht zum Spaßvogel mutieren?

»Ersticken?«

»Und davon sieht man nichts?«

Das konnte ich mir nicht vorstellen. Ich dachte an hervorquellende Augäpfel, dicke blaue Zungen und im Todeskampf verzerrte Grimassen.

Er schlürfte an seinem Tee, in den er schon vier Löffel Zucker geschaufelt hatte, hielt kurz inne, gab noch einen Löffel Zucker dazu, bevor er antwortete: »Alle waren sehr alt und auf irgendeine Art geschwächt, krank, gebrechlich. Es braucht nicht viel, um einen alten Menschen zu ersticken. Ein weiches Kissen … zum Beispiel.«

Der fünfte Löffel Zucker alarmierte mich. Matti steuerte zielsicher auf das Quantum zu, das mir sagte, dass es mit der Plauderei gleich vorbei sein würde. Ich nahm ihm die Zuckerdose weg und sagte: »Wenn Sie es sagen. Was für ein furchtbarer Gedanke.«

Er nickte und goss sich Tee nach.

»Was machen wir jetzt, Matti? Ich habe heute Abend jedenfalls versucht, mit Kostnitz darüber zu sprechen. Sie werden es nicht glauben: Er war mal Kommissar. Bei der Polizei.«

Er nickte wieder. Hatte er das also auch schon gewusst. Ich fuhr fort: »Ich habe den Eindruck, er will an Erikas Tod nicht rühren. Er hat ganz andere Probleme. Aber er will, dass die Prusseliese ordentlich bestattet wird.«

Bei dem Wort Prusseliese zuckte Matti zusammen. Ich sollte mir das mit den Spitznamen unbedingt abgewöhnen.

»Wenn ich es recht verstanden habe, wird es jetzt keine zweite Leichenschau mehr geben. Also müssen wir zusehen, dass wir noch was rausfinden. Dann können wir sie wieder ausbuddeln lassen, für eine Autopsie.«

»Frau Margret!«

»Was ist denn, Matti? Ein Rechtsmediziner wird doch wohl wissen, wie man herausfindet, ob Leute eines natürlichen Todes oder so gestorben sind, haben Sie eben selbst gesagt!«

»Die arme Frau Kostnitz.«

»Sie wird es nicht mehr merken, und wenn, also wenn ich an ihrer Stelle wäre und jemand hätte mich um die Ecke gebracht, dann würde ich doch gerne dazu beitragen, dass mein Mörder gefasst wird, oder? Da könnten die ruhig an mir rumschneiden.«

»Das ist gruselig.«

Ach so, verstehe: Matti fand also Autopsien gruselig. Was er da manchmal im Keller machte, das fand er nicht gruselig?! Leuten das Blut durch Konservierungsmittel ersetzen, Herzschrittmacher rauspopeln und was nicht noch alles?

»Ich gehe.« Er erhob sich.

»Okay. Und wenn Sie das nächste Mal kommen, dann klingeln Sie bitte.«

Im Stehen trank er den letzten Schluck Zuckerwasser-Tee.

»Danke für den Tee.«

»Keine Ursache.«

Dann ging Matti, der einsame Finne, seiner Wege. Ich hatte schon wieder vergessen, ihn zu fragen, wo er wohnte.

Auf dem Laminat hatte sich eine Duschwasser-Schneematsch-Lache ausgebreitet. Fluchend griff ich mir mein Badetuch, wischte damit auf und nahm mir fest vor, in den nächsten Tagen mit Schwester Beate zu sprechen.

Und was hatte Herr Matti bei mir eigentlich wirklich gewollt? War er extra vorbeigekommen, um mir mitzuteilen, dass er nichts rausgefunden hatte? Das hätte doch auch bis morgen warten können. Oder hatte er das Nutella-Bombardement falsch verstanden?

14

Kostnitz' Kritik hatte mich eingeschüchtert, zugegeben, aber trotzdem – oder gerade deswegen – dachte ich, wenn es sowieso keinen interessiert, kann ich mir auch weiter Gedanken darüber machen und ein paar Recherchen anstellen. Ich hatte eh nichts anderes zu tun. Eine gute Story wäre doch das Beste, was mir passieren könnte. Also entwarf ich während des ereignislosen Vormittags ein Szenario rund um Schwester Beate. Wie mit ihr überhaupt charmant auf das Thema kommen? Direkt drauflos, etwa so: Hey, Schwester Beate, bringen Sie eigentlich Ihre Kunden um die Ecke? Oder: Woran ist Erika eigentlich gestorben? Haben Sie eventuell etwas nachgeholfen, mit einem gelben Kissen vielleicht?

Wie spricht man denn mit einer Verrückten? Wusste sie, was sie tat? Ich meine, wenn sie denn irgendwas getan hatte? Hatte sie am Ende eine logische, ich meine, für sie logische Erklärung, warum sie das tat? Oder war sie vielleicht eine multiple Persönlichkeit? Menschen erlösen, die schon zu lange leiden? Kostnitz hatte Recht. Man liest immer mal wieder so was. Gab es da nicht kürzlich so eine Krankenschwester, den »Todesengel von Wuppertal« oder so? Die war ja auch total plemplem gewesen.

Und wo sollte ich Schwester Beate treffen? Am besten in der Öffentlichkeit, damit sie mir nicht auch so ein gelbes Kissen aufs Gesicht drückt, während ich auf ihrer Couch sitze.

Nach allem, was ich bisher wusste, konnte ich es drehen und wenden, wie ich wollte: Schwester Beate war einfach die beste Besetzung für die Rolle der Mörderin. Sie hatte Mittel und Gelegenheit. Sie hatte Schlüssel von allen Wohnungen, also Zutritt Tag und Nacht. Und, war sie wirklich immer gerade bei einer Besorgung gewesen? Das hatte natürlich noch niemand überprüft. Derrick hätte das als Erstes gemacht. »Wo waren Sie, als Sie den Schuss hörten? Aha! Haben Sie Zeugen dafür?«

Na ja, so ähnlich jedenfalls.

Musste ich etwa in den Stamm-Supermarkt von Frau Becker marschieren und fragen, ob Schwester Beate am Soundsovielten um soundsoviel Uhr eingekauft hatte? Keine gute Idee. Wie sollte sich nach Wochen noch jemand daran erinnern können?

Außerdem gab es ein noch weit schwerwiegenderes Problem zu beachten: das Motiv! Gier, Eifersucht, das ganze herzzerreißende Blahblah der sieben Todsünden. Aber keines der Opfer war in irgendeiner Form wohlhabend gewesen. Alle Adressen, die ich nachgeschlagen hatte, befanden sich in nicht zwingend materiell gesegneten Stadtteilen. Mittelschicht und darunter. Erikas Adresse war die einzige ungewöhnlich gute Adresse. Wenn Schwester Beate etwas von Wert hinterlassen worden war, würde man das doch mitkriegen. Es gab aber offensichtlich nichts zu stehlen oder zu erben. Gier fiel also aus, Eifersucht auch.

Auf was denn auch? Alles, was die alten Leutchen hatten, war ihre Sterbeversicherung, und die ging an Bartholomae, Schwester Beates Chef. In diesem Fall war die Sterbeversicherung ein makabres Omen. Ich sollte mir was überlegen, sonst würde Schwester Beate denken, ich sei plemplem.

Allerdings musste ich den weiteren Denkprozess auf später verschieben, weil der Kugelfisch im Anflug war. Er kam vom Trauergespräch mit Kostnitz zurück. Kostnitz hatte morgens angerufen und gebeten, Sommer möge ihn zu Hause aufsuchen. Entweder er wollte sich nicht von seinen Cognacvorräten trennen, oder er war wirklich schwer krank.

Sommer legte seine Ledermappe auf seinen Schreibtisch und wieselte unverzüglich, was ganz untypisch für ihn war, nach unten. Ich hörte, wie er die Stahltür schloss und konnte nicht widerstehen. Ich öffnete die Mappe und blätterte. Kostnitz hatte eine Feier vom Feinsten bestellt. Ich würde mit Freuden das Budget der Sterbeversicherung ausschöpfen. Da musste die Bochumer Suppenküche jetzt leider mal zurückstecken. Sorgfältig schloss ich die Mappe wieder. Keine Sekunde zu früh. Sommer kam wieder die Treppe herauf.

»Haben Sie eigentlich einen neuen Organisten gefunden?«

»Noch nicht, aber ich habe Termine gemacht. Die Musikschule hat mir fünf Leute vom Orgelkreis versprochen.«
»Gut, gut. Sie werden schon jemanden finden. Aber keine Rock'n'Roller, wenn ich bitten darf.«
»Toccata und Fuge von Bach ist Rock'n'Roll.«
»Haha, Sie und Ihre Witze, Frau Abendroth.«
Mit diesen Worten strebte er dem Ausgang zu.
»Wann sind Sie wieder zurück?«
»Morgen, wenn's recht ist. Ich habe eine Menge für Frau Kostnitz' Beerdigung zu erledigen. Der Witwer will einen schwarz lackierten, italienischen Sarg, mit einem Engel auf dem Deckel«, schnaubte er, »Kuckelkorn in Köln hat so einen, aber den muss ich jetzt selbst abholen.«

Noch einmal blies er pfeifend Luft aus. »Möchte wissen, wie der auf diese Ideen gekommen ist!«, meckerte Sommer weiter.

Also hatte Kostnitz ihm nicht gesagt, dass ich diejenige welche war. Ich tat so, als hätte ich die Frage nicht gehört und kritzelte auf meinem Notizblock herum. Sommer war schon halb aus der Tür, kam aber noch mal zurück.

»Frau Abendroth, wenn Sie es sich zutrauen, suchen Sie doch den Blumenschmuck aus, irgendwas zu den Engeln und so. Sie haben sie ja gekannt.«

Ich habe sie gekannt? »Sommer, sie hat seit Jahren für Sie gespielt, Sie Depp!«, wollte ich ihm am liebsten an den Kopf werfen. Stattdessen sagte ich: »Gerne. Und die Druckerei?«

»Das mache ich. Zeitungsanzeigen auch. Kümmern Sie sich um die Blumenarrangements, die Kerzen und das Kondolenzbuch.«

»Und die Musik?« Meine Frage verhallte ungehört im Raum. Sommer war schon durch die Tür.

Tja, Herr Kostnitz, das war zwar alles etwas spät, aber immerhin. Über diese Wendung war ich ehrlich froh. Erika hatte die Orgie verdient. Ich rief Matti über das Haustelefon an, um ihm zu sagen, dass ich mal zum Blumenhändler rübergehen würde, um die Blumen für Frau Kostnitz persönlich zu bestellen. Das Kondolenzbuch hatte ich auch schon gesehen, beim teuersten Schreibwarenhändler des Viertels. Handgeschöpftes Papier. Und wie es der Zufall wollte, war es in karmesinrot gefärbtes Leder gebunden, und ein heimlicher Geruchstest von mir war auch positiv verlaufen; es roch sehr gut. Die Trauerhalle würde ich in ein Meer von Orange und Rot verwandeln. Ton in Ton, so wie Erikas Haare und ihr Mantel. Und so kam es dann auch.

15

Ich hatte Kostnitz seit dem Abend, als er die Meisen mit dem Schneeball traktiert hatte, nicht mehr gesehen. Am Tag von Erikas Beerdigung machte er einen erträglich halbnüchternen Eindruck auf mich, wenn er auch ein bisschen sehr gelb im Gesicht war. Zu meinem großen Erstaunen wurde er von Schwester Beate begleitet. Mir fiel siedendheiß ein, dass ich doch schon vorgestern mit ihr gesprochen haben wollte. Es war mir aber ums Verrecken kein logischer Aufhänger eingefallen, mit dem ich mich vor ihr nicht lächerlich gemacht hätte. Außerdem hatte ich mit Erikas Beerdigung alle Hände voll zu tun gehabt.

Schwester Beate hatte sich bei Kostnitz untergehakt und sah ganz liebevoll und schwer besorgt aus. War der Kerl jetzt komplett wahnsinnig geworden und hatte eine Verdächtige in sein Haus geladen? Na ja, nicht zu vergessen: Für ihn war sie ja keine Verdächtige. Das war sie ja nur in meiner nicht zu überbietenden Fantasie!

Ich begrüßte beide sehr freundlich. Kostnitz wollte zuerst allein in die Trauerhalle gehen, um nachzusehen, ob alles nach Wunsch geordnet war. Während Kostnitz das Meer von Orange und Rot beinahe ehrfürchtig auf sich wirken ließ, flüsterte mir Beate voller Stolz zu, dass Kostnitz ausschließlich sie für seine Pflege angefordert hatte. Der Kloß in meinem Hals wurde dicker. Bevor ich etwas erwidern konnte, kam Kostnitz aus der Trauerhalle und strahlte mich an.

»Das hätte ihr gefallen. Danke, Frau Abendroth.«

Ich drehte mich schnell zu Matti um, damit Kostnitz nicht sehen konnte, wie sehr ich mich über sein Lob freute. Mein Nicken war das Zeichen für Matti, die großen Flügeltüren der Trauerhalle zu öffnen und die Trauergemeinde hereinzulassen. Gleichzeitig begann ein Organist, einen Tango von Carlos Cardel zu spielen. Kostnitz hatte es sich nicht nehmen lassen, sich selbst darum zu kümmern, wer spielte. Er hatte mehrfach versichert, dass das kein Problem darstelle. Der Tango klang in diesem Rahmen wie gemacht für eine Feier dieser Art. Es gab keinen Pfarrer, keine Reden, es war ein schlichter Abschied mit Musik, die Erika Prusseliese Kostnitz selbst gerne gespielt hatte. Mich erstaunte sehr, dass die Trauerhalle fast bis auf den letzten Platz gefüllt war. Erika hatte also viele Freunde gehabt, die sie jetzt sehr vermissen würden. Von wegen »alleinstehend«. Ich sah auch nicht wenige Polizeiuniformen unter den Trauergästen.

Während der Feier saß ich neben Schwester Beate, die voller Inbrunst vor sich hin flennte. Unsere Stühle standen in der letzten Reihe, direkt bei der Tür, mit gebührendem Abstand zur eigentlichen Trauergemeinde. Konnten diese Tränen lügen? Im Geiste schlug ich mir selber auf die Finger, dass ich so schlecht über die Frau dachte.

Schwester Beate weckte mich aus meinen stillen Betrachtungen.
»Frau Abendroth, ich muss Sie mal was fragen.«
»Bitte«, flüsterte ich.
»Ich habe keine Einladung für die Beerdigung von Frau Becker bekommen. Das fand ich nicht schön.«
Frau Becker? Ach so, Frau Becker.
»Es gab doch gar keine öffentliche Beisetzung«, antwortete ich.
»Das verstehe ich nicht. Sie hat viel mit mir darüber gesprochen. Sie hatte sich alles so schön ausgemalt. Und ich war eingeladen! Ich sollte ihr einziger Gast sein«, beharrte sie.

Bevor ich noch eine Frage stellen konnte, erhob sich Schwester Beate abrupt von ihrem Stuhl, klemmte ihre Handtasche unter den Arm und wieselte beflissen zu Kostnitz. Matti öffnete in dem Moment die Tür der Trauerhalle; die Feier war zu Ende.

Ich nutzte das Durcheinander des allgemeinen Stühlerückens

und ging als Erste hinaus, um mich vor der Beisetzung zu drücken. Einfach zu tragisch, der Moment, wenn Särge in die Erde hinabgelassen werden. Ein finaler Akt, der bei mir Beklemmungen und Atemnot auslöst. Ich würde später noch mal wiederkommen und der Prusseliese einen kleinen Strauß Blumen bringen.

Und Kostnitz? Der spielte mit dem Feuer. Bestellt sich Schwester Beate und B & B ins Haus. Da hatte er sich ja was ausgeheckt. Mir erklärt er, wie die Welt sich dreht, aber was macht er? Also fand er am Ende unsere Ideen doch nicht so aus der Luft gegriffen? Welchen anderen Grund für Schwester Beates Anwesenheit sollte es wohl sonst geben? Der Fänger wollte seine Beute taxieren.

Grübelnd stapfte ich über den verschneiten Friedhofsweg in Richtung Ausgang. Mein Atem gefror in der Luft. Aus der Ferne war noch das Knirschen der Räder des Katafalks auf dem Schnee zu hören, mit dem die Prusseliese in ihrem italienischen Hochglanzsarg zum Grab gezogen wurde. Matti hatte ihr für ihre letzte Reise den orangefarbenen Mantel angezogen; den konnte sie bei diesen Temperaturen auch gut gebrauchen.

Hinter mir hörte ich plötzlich Schritte. Eine leichte Panik stieg in mir hoch. Ich war nicht allein auf dem Friedhofsweg. Es wurde bereits dunkel. Zeit für eine neue Folge *Tales of the Crypt*. Die Schritte kamen schnell näher. Ich blieb stehen und drehte mich um.

Im fahlen Licht des eiskalten Spätnachmittags sah ich einen Mann Ende dreißig, reichlich flott angezogen, also wie soll ich sagen, schick … und keine weißen Socken. Jetzt winkte er mir auch noch zu. Ich hatte mein Auto bereits in Sichtweite. Wenn er mir blöd kam, konnte ich locker einen Spurt bis zum Parkplatz schaffen.

Ich nahm meinen ganzen Mut zusammen und ging so normal weiter, wie meine Angst es zuließ. Als er mich überholt hatte, drehte er sich zu mir um und blockierte mir den Weg, sodass ich auch stehen bleiben musste. Es war, als hätte mich soeben ein Schlachtschiff im Kamelhaarmantel ausgebremst. Höflich zog er seine Lederhandschuhe aus und reichte mir seine gepflegte Hand.

»Blaschke.«
»Abendroth.«
Er ließ meine Hand wieder los. Polierte Fingernägel. Whow!
»Haben Sie die Feier für die Prusseliese gestaltet?«
»Wieso nennen Sie Frau Kostnitz Prusseliese?«
Ich war ein bisschen empört. Prusseliese ist mein geheimer Spitzname für meine verblichene Lieblingsorganistin!
»Weil sie eben immer aussah wie die Prusseliese.«
Sein herzliches Lächeln machte mich sauer. Zu sympathisch macht mich immer sauer. Und diese perfekten Zähne!
»Aha. Und was wollen Sie von mir, wenn ich fragen darf?«
»Wie ich schon sagte, Blaschke, Kriminaloberkommissar Blaschke.«
Ungeduldig zappelte ich hin und her; in circa fünf Minuten würden mir die Füße als Eisklumpen von den Beinen fallen. Ich machte einen Schritt nach vorne, um zu meinem Auto zu gehen. Aber das Kamelhaarmantel-Schlachtschiff wich keinen Millimeter zur Seite.
»Ja und, Herr Kommissar, und was bitte? Mir sterben gerade vor Kälte diverse Extremitäten ab, also sagen Sie, was Sie zu sagen haben. Schnell, wenn's geht, bitte.«
Er lachte nur und sagte freundlich: »In Ihrem Wagen oder in meinem?«
Bevor ich überhaupt antworten konnte, hatte er sich bereits auf den Weg zu meinem Wagen gemacht. Ich hatte genug Zeit, seinen Rücken in diesem Mantel zu bewundern. Perfekt.
Ich hatte in meinem Auto eine Thermoskanne mit Kaffee für Matti gebunkert, aber die würde ich jetzt Herrn Blaschke sponsern müssen. Komischer Vogel, der Typ. Wahrscheinlich ein Ex-Lakai von Kostnitz.
Während wir so in meinem Auto saßen, rauchte ich vor mich hin. Trotz der eisigen Kälte öffnete er sofort ein Fenster. Aber meinen Kaffee trank er gern. Er goss sich schon die zweite Tasse ein und erzählte mir dabei, dass Kostnitz ihn angerufen habe, wegen der Flusen und wegen meines Verdachts. Er könne da zwar offiziell gar nix ermitteln,

aber weil Kostnitz ihn gebeten hatte, würde er sich anhören, was ich zu sagen hätte.

Wie gnädig, Herr Kommissar! Immerhin war Kostnitz mal sein Chef gewesen, und die Prusseliese hatte ihn ein ums andere Mal mit durchgefüttert.

Wie gnädig vom Ziehsohn: Er hört sich mal an, was ich zu sagen habe! Also berichtete ich ihm von meinen und Mattis bislang wenig fruchtbaren Recherchen und unserer Vermutung, dass etwas faul sein könnte mit Schwester Beate. Vielleicht! Mit der Firma Bartholomae. Vielleicht! Mit den Kissen. Auch vielleicht! Ich legte dabei sehr viel Gewicht auf die »Vielleichts« – noch einen Rüffel vom Fachmann wollte ich unbedingt vermeiden.

Nichtsdestotrotz, auch Blaschke bescheinigte mir, allerdings auf wesentlich charmantere Art als Kostnitz, zu viel Fantasie einerseits, ein gutes Händchen für Veranstaltungen dieser Art andererseits und Talent bei der Zubereitung von Kaffee sowieso. Er bot mir an, die Flusen gelegentlich mal im Labor vorbeizubringen. Er würde sie checken lassen. Ignorant! Komm Maggie, besser als nix.

Kiebig sagte ich zu ihm: »Wenn Sie wollen, dass Ihr Ex-Chef noch ein bisschen länger lebt, dann sagen Sie ihm, er soll sich Schwester Beate vom Hals halten. Kostnitz hat doch nicht mehr alle Tassen im Schrank, Schwester Beate für sich zu engagieren. Mir sagt er, was ich tun und lassen soll. Und was macht er?«

»Der Alte ist ein schlauer Fuchs. Lassen Sie sich von seiner Säufernase nicht irritieren.«

»Ach, er ist also der schlaue Fuchs, aber ich habe zu viel Fantasie!?«

»Na ja, vielleicht ist ihm auch langweilig. Bei Kostnitz weiß ich das nie so genau.«

Blaschke sagte das einfach so dahin, als ginge es ihn nichts an. Ich wollte ihm gerade in die Parade fahren, als er lässig sagte: »Wenn sich was Neues ergibt, können Sie mich ja gerne anrufen.«

»Was wäre denn eine nennenswerte Neuigkeit? Eventuell noch ein Toter?«

»Zum Beispiel!«, parierte er.

»Wenn er auch denkt, dass da was nicht stimmt, warum lässt er die Leiche von Erika nicht untersuchen? Himmel noch mal!«

»Weil der gute Herr Matti, so wie ich das verstanden habe, Erika nach allen Regeln der Thanatologenkunst versorgt hat. Wenn es was zu sehen gegeben hätte, dann kann man es jetzt nicht mehr sehen. Verstehen Sie?«

»Nee, ehrlich gesagt, nicht so ganz.«

Über so viel Unwissenheit musste der Herr Oberkommissar den Kopf schütteln. Als er damit fertig war, hielt er mir den Kaffeebecher hin. Ich schenkte nach.

»Also, dieser Herr Matti hat sie desinfiziert, gewaschen, inklusive der Haare, ihre Fingernägel sauber gemacht, geschminkt und, und, und. Und er hat ihr diese Plastikaugenkappen eingesetzt. Das kennen Sie ja wohl.«

»Ja und?«

»Was soll man jetzt noch in und an dieser properen Leiche, entschuldigen Sie bitte meine Ausdrucksweise, Frau Abendroth, finden?«

»Oh, verstehe.«

»Danke! Wenn es so ist, wie Sie vermuten, dann kann ich Ihnen sagen, dass ein weiches Daunenkissen, so eines, wie der Alte mir gezeigt hat, eine sehr gute und relativ rückstandsfreie Mordwaffe ist. Es atmet sich sehr schlecht durch Daunen. Ist man geschwächt, geht's noch schneller. Es hinterlässt schlimmstenfalls überhaupt keine Spuren auf dem Gesicht. Im Fachjargon heißt das Vertrocknungen, dabei kann man aber nie genau sagen, ob sie vor oder nach dem Tod entstanden sind. Und Einblutungen in den Augenbindehäuten müssen dabei auch nicht entstehen.«

Er schaute mich mit seinen grünen Augen über den dampfenden Kaffeebecher hinweg an. Vortrag zu Ende.

Ich war ganz baff. Einerseits von seinen strahlend grünen Augen und seinen Sommersprossen, andererseits von seinem lückenlosen Vortrag. Na klar, Augenkappen, waschen, schminken. Ich schlug mir im Geiste mit der flachen Hand an die Stirn. Alles, was man hätte sehen können, war perdu, futsch, vernichtet! Und ihr Blut? In der biologischen Entsorgungsanlage.

Blaschke kippte den Kaffee in einem Rutsch weg, stellte den leeren Becher aufs Armaturenbrett und öffnete die Autotür. Ich war noch immer ganz beeindruckt. Erst, als er mir mit seiner Visitenkarte vor der Nase herumwedelte, kam ich wieder zu mir und schaute ihn direkt an.

»Es war sehr angenehm, mit Ihnen zu plaudern, aber ich muss mich jetzt wieder um den internationalen Terrorismus in Bochum kümmern. Einen schönen Abend noch.«

Ironisch also auch noch. Internationaler Terrorismus in Bochum!

»Mal sehen, wer schneller ist, Schwester Beate und ihre gelben Kissen oder der Fusel«, rief ich ihm durchs offene Fenster hinterher. Er drehte sich noch mal um.

»Sie lesen zu viele Krimis und Sie neigen zu Zynismus, Frau Abendroth.«

»Das bringt der Beruf so mit sich, Herr Blaschke.«

Das Schlachtschiff Blaschke nahm wieder Fahrt auf mit Kurs auf den Friedhof zur Beisetzung von Erika Kostnitz. Ich schaute der eleganten Silhouette mit dem wehenden Mantel noch ein paar Minuten hinterher, bis sie hinter einer Hecke in einem abzweigenden Friedhofsweg verschwand. Nachdenklich startete ich mein Auto. Der tapfere Opel sprang auch sofort an.

Nach einer harten Schlingerpartie über Eis und Schnee saß ich wieder auf meinem Posten im warmen Büro, studierte mein Notizbüchlein und klebte sorgfältig Blaschkes Visitenkarte in das Heft. Ich lese zu viele Krimis! Macht der Kerl sich auch noch lustig über mich. Ehrlich gesagt war ich nach den zwei Watschen, der von Kostnitz und der vom gut aussehenden Herrn Blaschke, etwas beschämt.

Ich klappte das Notizbuch wieder zu. Matti konnte doch nichts dafür, ich konnte nichts dafür. Blödmann Blaschke und sein Beweismaterial! In meine Füße kroch langsam so etwas wie Leben zurück, meine Nase lief. Ich bediente mich schamlos an Sommers Trauer-Kleenex.

Das Telefon klingelte. Wilma war am Apparat. Ich hatte sie schon wieder vergessen. Oh Mann, jetzt war sie wirklich wütend auf mich, und das zu Recht. Ich flüsterte ins Telefon, dass ich sie dringend wegen eines großen Geheimnisses sprechen müsse. Ich versprach, noch am selben Abend vorbeizukommen. Sie versprach mir, mich umzubringen, sollte das Geheimnis nichts taugen.

Aber vorher hatte ich noch was zu erledigen. Blaschke konnte mich mal, und zwar kreuzweise. Ich hatte Bartholomae zwar aus Zeitgründen etwas aus den Augen verloren, aber aufgeschoben ist nicht aufgehoben. Also, der Besuch bei B & B musste geplant werden. Aus den Gelben Seiten suchte ich mir die Adresse heraus.

Wilma würde ab morgen eine alte, pflegebedürftige Tante fünften Grades haben. Ich musste ihr das nur noch schmackhaft machen. Nach der zweiten Flasche Rotwein würde sie fest daran glauben, tatsächlich eine Tante zu haben.

Der Abend mit Wilma gestaltete sich dann auch ganz gemütlich. Bei Kerzenschein und Rotwein erzählte ich ihr die ganze Geschichte. Eine Beschreibung des arroganten Kommissars mit den passenden Socken inklusive. Bis dahin war sie hellauf begeistert und öffnete noch eine weitere Flasche. Ab und zu warf sie ein, dass das doch sicherlich nur schon wieder die neueste Idee für eines meiner beknackten Drehbücher sei. Sie empfahl mir enthusiastisch, den Kommissar etwas grobschlächtiger zu gestalten, so wie Schimanski eben.

Manchmal konnte ich ihr nicht ganz folgen.

Solange ich noch halbwegs nüchtern war, musste ich sie davon überzeugen, dass sie selbst ab morgen in diesem Drehbuch eine wichtige Rolle zu spielen hatte.

Eine weitere Flasche Rotwein später wankte ich aus der Tür. Im Gepäck Wilmas Versprechen, bei B & B die traurige Geschichte der pflegebedürftigen Tante zum Besten zu geben.

»Du wirst besser sein als die Flickenschildt«, versprach ich, als ich schwankend im Türrahmen stand. Wilma flötete mir noch hinterher, dass sie es doch lieber sähe, wenn der Kommissar aussehen würde wie George Clooney. Egal, Hauptsache, sie machte ihre Sache gut.

Während ich mit meinem Wagen ganz langsam in Richtung Stadtpark schlingerte, dachte ich über Blaschke nach. Er sah doch schon aus wie George Clooney für Arme, mit rotblondem Haar und mindestens stattliche 25 Zentimeter größer als George. Nur hatte ich das Wilma noch gar nicht auf die Nase gebunden. Das blieb mein Geheimnis. Ein rothaariger George Clooney mit Sommersprossen, und das im Winter, in einem echten Kamelhaarmantel mit passendem Schal und passenden Socken und passenden Handschuhen. Ob es da wohl eine geschniegelte Frau Blaschke gab, die ihm die Sächelchen ausgesucht hatte? Ich würde das recherchieren müssen. Bald!

Kaum hatte ich das gedacht, rutschte ich aus und schlug vor meiner Haustür lang hin. Da hatte ich unter Einsatz meiner gesamten Konzentration und in sehr angeheitertem Zustand mein Auto sicher bis vor die Haustür gebracht, dabei gegen so ziemlich alle Gesetze der Straßenverkehrsordnung verstoßen, und jetzt das!

Ich lag im Schnee wie ein toter Käfer, und mein Hintern schmerzte. In meiner Straße war niemand mehr wach, also hatte auch niemand meinen peinlichen Stunt gesehen. Als ich mich endlich auf allen Vieren durch den Schnee bis zum Mäuerchen geschleppt und daran hochgestemmt hatte, sah ich, dass Dr. Thoma vor meinem Fenster saß und mir einen tödlich beleidigten Blick zuwarf.

»Du bist eben mit einer haltlosen Person befreundet. Gewöhn dich dran.«

Aufreizend langsam setzte er sich in meine Richtung in Bewegung und wartete dann ungeduldig maunzend, bis ich die Haustür geöffnet hatte. Dann sauste er vor mir her die Kellertreppe hinunter und landete noch vor meiner Tasche auf dem Bett. Komplett angezogen fiel ich in die Kissen. Morgen werde ich dem Schnöselkommissar aber mal zeigen, was eine Harke ist. Investigativer Journalismus bleibt nicht auf dem Arsch sitzen. Investigativer Journalismus fährt mit einigen Promille sicher Auto und noch vieles mehr. Mehr als Sie sich vorstellen können, Herr Blaschke!

Diese Tirade fiel für meine Verhältnisse sehr kurz aus; während ich noch vor mich hin brabbelte, schlief ich ein.

16

Plötzlich fuhr ich aus dem Schlaf hoch. Jemand lag in meinem Bett. Ein Gewicht lastete schwer auf meiner Brust. Ich wurde sogar unsanft bedrängt. In totaler Finsternis kämpfte ich mit meinem Mantel, dem Kissen, meinem Schal und meiner Wollmütze, die mir über die Augen gerutscht war.

Als ich endlich die Mütze von meinen Augen gezerrt hatte, sah ich Dr. Thoma. Er saß auf meiner Brust und starrte mir mit Augen, groß wie Mühlsteine, ins Gesicht.

»Was?!«, herrschte ich ihn an.

»Maaoooo.«

»Und?«

»Maaaoooo.«

Ich schaute auf die Uhr. Kurz vor drei, aber ziemlich verschwommen. Und ich hellwach. Ich hatte bei meiner Ankunft das Rollo nicht heruntergelassen. Von draußen stach mir jetzt das Licht der Straßenlaterne unangenehm in die Augen. Meine durch die Kälte etwas angeschlagene Blase rebellierte, nicht zuletzt, weil der dicke Dr. Thoma auf meinem Bauch mit seiner Milchtritt-Massage angefangen hatte. Ich schob ihn zur Seite und ächzte aus dem Bett, machte das Licht an und ließ endlich das Rollo herunter. Draußen fuhr ein Streifenwagen vorbei. Ob der Herr Oberkommissar Blaschke wohl wieder auf der Suche nach der islamistischen Front durch Bochums Nobelstraßen kutschierte? Während mein Düsenjet-Wasserkocher aufheulte, zog ich mich endlich aus und ging ins Bad.

Es gestaltete sich sehr schwirig, den blauen Fleck an meinem Hintern zu begutachten. Der Alibert hing definitiv zu hoch für Erkundungen im Bereich des verlängerten Rückens. Ich versuchte es mit dem Spiegelchen in meinem Make-up-Döschen. Dr. Thoma schaute sich meine Verrenkungen an und maunzte mehrfach ungeduldig. Meine Version der Venus von Milo konnte ihm kein Interesse entlocken. Der Kater verlangte nach seinem Schmackofatz.

Nach mehreren hilflosen Verrenkungen gab ich es auf. Meine Verletzungen waren definitiv nicht lebensbedrohlich. Durch mehrere Kissen gut gepolstert, saß ich wieder in meinem Bett und schlürfte meinen heißen Diätkakao. Dr. Thoma hatte ein rohes Ei bekommen und war endlich zufrieden.

Mehrmals löschte ich das Licht, machte es wieder an, löschte es wieder, aber an Schlaf war nicht zu denken. Zu guter Letzt gab ich auf und hangelte nach meiner Handtasche. Wie gesagt war meine Wohnung sehr klein, eigentlich so klein und handlich wie ein Einhandsegler. Thor Heyerdahl hätte seine reine Freude daran gehabt, mit meiner Wohnung über den Pazifik zu segeln. Alles in Griffweite. Ich fischte mein Notizbüchlein hervor und trug laut vor:

»Eine Menge alter, hilfloser Menschen stirbt eines vermeintlich natürlichen Todes. Wem, verdammt noch mal, nützt das? Dr. Thoma, was sagst du dazu?«

Aber Dr. Thoma hatte sich am Fußende zusammengerollt und schlief den Schlaf der Gerechten.

»Maus«, flüsterte ich. Sein linkes Ohr zuckte ein wenig. »Brühwürstchen«, steigerte ich den Einsatz. Jetzt drehte sich sein linkes Ohr wie ein kleiner Parabolspiegel in meine Richtung. »Reingefallen!«

Jetzt legte der Kater beide Ohren an. Im Bruchteil einer Sekunde hatte er eine Kralle ausgefahren, aber ich war schneller. Bevor er mir seine Pranke in den Fuß rammen konnte, hatte ich ihn weggezogen. Dr. Thoma tat so, als sei nichts geschehen und rollte sich ganz eng zusammen.

Na gut, dann eben nicht. Denke ich eben alleine weiter: Also, wenn ich kriminelle Energie hätte, was würde ich dann tun? Wenn ich ein Verbrechen aufklären will, muss ich denken wie ein Verbrecher. Wie denkt ein Verbrecher denn? Tja. Gute Frage.

Ich drehte und wendete meine kriminelle Kompetenz und blieb bei Schwester Beate hängen. Sie hatte Mittel, Gelegenheit und Sachkenntnis. Aber das Motiv blieb im Dunkeln. In Prusselieses Haus hatte nichts gefehlt. Kostnitz hätte es trotz Alkoholabusus gemerkt, wenn das Familiensilber nicht mehr da gewesen wäre. Also Hass –

der kommt auch als Motiv infrage. Hasst Schwester Beate die alten Leute so sehr? Hasst sie ihren Job? *Ich* hasse meinen Job. Bringe ich deswegen gleich alle Bestatter um? Den Eindruck, den Schwester Beate bei der Beerdigung gemacht hatte ... nee, also ehrlich. Nach Hass sah das nicht aus. Aber was weiß ich schon, was unter so einem weißen Kittel und dem adretten Haarknoten alles brodelt? So kam ich nicht weiter.

Wenn es doch um Geld geht, dann bleiben nur die Bestattungsverfügungen oder die Versicherungen. Dann arbeitet Schwester Beate vielleicht mit diesem Bartholomae zusammen?

Aber wie? Wie macht man damit Geld? Irgendwie klang alles nach einem Taschenspielertrick vom »Großen Mumpitz«. Die Vorstellung einer komplett durchgeknallten Pflegekraft, die als Todesengel von Bochum fleißig unterwegs war, fand ich da schon logischer.

Endlich schlief ich ein und träumte von Kamelhaarmänteln und peinlichen Situationen, in denen immer nur ich dumm aussah. Der Kater hielt sich bei meinem Anblick den Bauch vor Lachen.

Am Morgen erwachte ich mit schwerem Schädel. Es dauerte eine kleine Weile, bis ich begriff, dass der Wecker klingelte. Ich stellte den Wecker aus, aber das Rasseln in meinem Kopf hörte nicht auf. Zu allem Überfluss hatte ich Katzenhaare im Mund und sah, kaum dass ich meine Augen ganz auf hatte, eine Katzenkotzelache vor meinem Bett. Dr. Thomas Rache.

Während ich mir die Nase zuhielt, versuchte ich, trockenen Fußes aus dem Bett zu kommen.

»Dr. Thoma, also wirklich!«

Der Dickmops saß auf meinem Fensterbrett, starrte das geschlossene Rollo an und tat so, als ginge ihn das alles gar nichts an. So leicht würde ich ihn nicht davonkommen lassen. Zuerst machte ich in aller Ruhe seine Hinterlassenschaft weg, dann kochte ich mir einen Kaffee und dann endlich zog ich das Rollo hoch und öffnete das Fenster. Aber der Kater wollte gar nicht gehen, er wollte Wurst. Also gab ich ihm Wurst und schob ihn mit den besten Wünschen hinaus.

Als ich nach einer Dreiviertelstunde endlich das Haus, eingemummelt wie für eine Arktisexpedition, verließ, fiel mir ein, dass ich schon seit zwei Tagen nicht mehr in meinen Postkasten geschaut hatte. Und tatsächlich, da lag ein Brief mit einer Handschrift, die ich nicht sehen wollte. Ich nahm ihn trotzdem in die Hand und schlidderte zu meinem verschneiten Wagen. Es war nicht so einfach, auf dem vereisten Bürgersteig die Balance zu halten. Mit der Rechten schwenkte ich meine Handtasche, mit der Linken wedelte ich mit dem Brief in der Luft herum. Noch einen Sturz auf meinen Allerwertesten, und mein Steißbein und ich würden niemals mehr irgendwo schmerzfrei sitzen können.

Als ich den Wagen aufschließen wollte, waren natürlich die Schlösser vereist. Der Brief fiel in den Schnee, und die Tintenschrift auf dem Umschlag wurde nass. Als ich mich danach bückte, flog der Inhalt meiner Handtasche heraus. Ich richtete mich schwankend wieder auf und trat voller Wut gegen mein Auto. Den Brief knüllte ich, nass wie er war, in meine Manteltasche. Dann stopfte ich alle Sachen, die im Schnee lagen, wieder zurück in meine Handtasche.

In dem heillosen Durcheinander in meiner Tasche suchte ich hektisch nach meinem Feuerzeug. Endlich hatte ich es gefunden. Ich zündelte am Schloss herum, in der Hoffnung, das Eis im Schloss würde eher schmelzen als das Plastikfeuerzeug oder meine Handschuhe. Ich rappelte und zog und versuchte, den Schlüssel zu drehen. Es rührte sich nichts. Wenn ich so weitermachte, würde der Schlüssel im Schloss abbrechen. Was ein neuer Schlüssel kostete, wollte ich gerade gar nicht wissen.

Ich muss ausgesehen haben wie Amundsen, der seinen Schlitten nicht flottkriegt.

Zu allem Überfluss hielt neben mir ein Streifenwagen, das Fenster surrte herunter, und ich sah Blaschkes breites Grinsen, eingerahmt von einem Wollschal in gedecktem Grün, perfekt passend zu seinen rotblonden Haaren.

»Autoknacken ist doch nicht so einfach, was?«

Ich wusste nicht, welcher Dämon mich gerade in seine Gewalt gebracht hatte – vermutlich der Restalkohol-Dämon – aber plötzlich hatte ich einen Haufen Schnee in der Hand, den ich in sein offenes Seitenfenster warf. Dann stand ich vor Schreck über meine Tat steif da, den nassen Handschuh vor den Mund geschlagen. Gewalt gegen die Polizei. Kindisches Benehmen gegen einen gut aussehenden Mann. Weia!

Maggie, du Idiotin! Oh nein, jetzt stieg er auch noch aus. Blaschke würde mir bestimmt eine scheppern. Und in der Tat: Er warf begeistert einen Schneeball nach mir und traf genau in die Lücke zwischen Schal und Mantelkragen. Ein Meisterwurf. Schnee rieselte mir in den Nacken. Das konnte ich nicht auf mir sitzen lassen. Ich tat so, als hätte er mich ins Auge getroffen und beugte mich schmerzgekrümmt über mein Auto. Die eine Hand hielt ich mir vors Auge, mit der anderen schaufelte ich Schnee von der Motorhaube. Als er nahe genug herangekommen war, erwischte ihn meine unerwartet abgefeuerte Ladung mitten im Gesicht. Dr. Thoma saß auf der Mauer und gab für meinen künstlerischen Ausdruck seine Wertung ab: »Maooooo.«

»Ich hab' gewonnen, Herr Blaschke«, rief ich triumphierend. Ich hätte noch anfügen können, »...und das in meinem Zustand.«

»Und ich dachte, ich hole nur die Flusen ab. Stattdessen muss ich mich hier duellieren.«

»Gern geschehen. Die Flusen sind natürlich im Büro, besser gesagt im Kühlhaus. Sie können ja mitkommen.«

»Fahren wir doch einfach zusammen. Ich nehme Sie mit.«

»Im Polizeiauto?«

»Ist das nicht der Traum eines jeden Bürgers, einmal mit dem Polizeiauto zu fahren?«

»Aber mit Blaulicht; ich bin spät dran.«

»Ohne Blaulicht!«

»Ich laufe Gefahr, zu spät zur Arbeit zu kommen. Das nennt man wohl Gefahr im Verzug, oder?«

»Das hab ich nicht gehört.«

Streifenwagen ohne Blaulicht – wie unspannend. Ich versuchte noch mal, und nur aus purem Trotz, die Tür meines Autos aufzustemmen. Aber der Schlüssel drehte sich kein bisschen. Mit voller Wucht riss ich sinnlos am Türgriff. Meine Handschuhe rutschten ab, ich glitt aus und wäre wieder auf meinem Steißbein gelandet, wenn Blaschke nicht netterweise hinter mir gestanden hätte. Er fing mich auf. Dann hing ich da, wie ein Sack nasser Wäsche. Meine Schuhe fanden keinen Halt auf dem eisigen Untergrund.

»Was haben Sie gegen das Polizeiauto?«

»Nichts, Hauptsache, es fährt.«

Ich versuchte wieder, auf dem vereisten Boden Halt zu finden.

»Es fährt, das kann ich versprechen.«

Endlich hob er mich hoch und schob mich in die Senkrechte zurück.

»Dann liegt es wohl an mir?«

»Kann ich nicht beantworten. Ich bin restbetrunken.«

Blaschkes Augenbrauen wanderten nach oben. Ich schaffte es, ohne erneuten Stunt in den Streifenwagen zu steigen und ließ mich zum Büro fahren. Im Streifenwagen roch es entsetzlich gut nach seinem Aftershave. Obwohl mir flau im Magen war, hätte ich mich jetzt gerne mit meiner Nase an seinem Nacken festgesaugt.

Aber in jeder Kurve schwappte ein Rest Rotwein durch mein Hirn, und mein Magen verlangte dringend nach festem Untergrund. Blaschke konzentrierte sich darauf, das Auto heil durch die Schneeverwehungen zu bugsieren und ich mich darauf, dass mein Mageninhalt blieb, wo er hingehörte. Ich war erleichtert, als wir endlich bei Pietät Sommer vor der Tür standen.

»Sie kommen besser nicht mit rein.«

»Oh, ich denke, ich komme besser mit rein.«

»Wie Sie wollen. Nur, wenn Sommer da ist, halten Sie den Mund und mimen Trauer. Er könnte immerhin zum Verdächtigenkreis gehören.«

»Verstehe – wir haben einen Verdächtigenkreis.«

Wir standen immer noch vor dem Büro in der Kälte herum, und immer noch grinste Blaschke in die Gegend wie ein Fünfjähriger. Dann beugten sich seine 1,95 Meter zu meinen 1,63 Metern herunter.

»Übrigens, ich habe die Dreißig weit überschritten, Miss Marple.«
»Und ich, Monsieur Maigret, schon lange«, gab ich zurück.
Abgesehen von Schneeballschlachten und Restalkohol-Geständnissen tat ich noch etwas, was ich morgens sonst nie tat: Ich war noch nie durch den Lieferanteneingang ins Haus gegangen. Diesmal wählte ich allerdings bewusst den Weg über den Hof. Sollte der Herr Kommissar zur Strafe doch gleich was zu sehen kriegen.

Ich schob die Stahltür auf und rief nach Matti. Dieser kam auch prompt aus dem Kühlraum geschlurft. Er trug seine grüne OP-Kluft, eine riesige Plastikschürze und Handschuhe, die ihm bis zu den Ellenbogen gingen. In jeder Hand hielt er einen vollen blauen Müllsack.

»Guten Morgen.«
»Guten Morgen, Matti. Das ist übrigens Kommissar Blaschke. Kann ich mal ins Kühlhaus?«
»Jetzt ja.«

Zu meiner Verblüffung legte er die beiden Müllsäcke in einen mit Trauerdecke und Kissen vorbereiteten Sarg. In den Säcken gluckerte es.
»Was machen Sie da, Matti?«
»Einbetten. Selbstmord. S-Bahn.«
»Oh, ja. Das war ... 3.38 Uhr heute morgen«, gab Kommissar Blaschke wie aus der Pistole geschossen zu Protokoll. Fassungslos starrte ich auf die beiden blauen Müllsäcke, die offensichtlich die Überreste eines Menschen enthielten.
»Der ist da drin?!«, japste ich.
»*Die* ist da drin. Soeben von der Rechtsmedizin freigegeben. Ein tragischer Selbstmord, Mutter von zwei kleinen Kindern«, korrigierte Matti.

Obwohl es sich um besonders dicke Spezialplastiksäcke zur Leichenentsorgung handelte, sah ich – ich schwör's – ein Gesicht, das sich von innen gegen das Plastik drückte. Außerdem schwappte in dem einen Sack irgendetwas verdächtig hin und her.

Ich konnte gar nicht so schnell rennen, wie die zwei Tassen Espresso, die heute mein Frühstück gewesen waren, mich wieder verlassen wollten.

Ich spurtete die Wendeltreppe hinauf, an einem verblüfften Kugelfisch vorbei zur Toilette und übergab mich heftig.

»Frau Abendroth, ich muss jetzt weg. Wenn Sie so nett sind und sich die Wunschliste für die Trauerfeier für übermorgen durchlesen? Haben Sie eigentlich schon einen neuen Organisten?«

Ich gab keine Antwort, ich hing über der Schüssel.

»Frau Abendroth? Bekomme ich eine Antwort?«

Mein erneuter Würgeanfall muss laut genug gewesen sein. Sommer wertete das, was er hörte, als ein Ja. Über der Schüssel kniend, hörte ich, wie er pfeifend das Büro durch die Vordertür verließ. Dann kamen Matti und Blaschke die Treppe hinauf. Es klopfte an der Toilettentür.

»Frau Abendroth, geht es Ihnen gut?«, hörte ich Mattis Stimme.

Ich war gerade dabei, mir den Mund auszuspülen und checkte meinen Mantel auf verdächtige Spuren. Dann öffnete ich die Tür.

»Könnte gar nicht besser sein, Matti, hab' wohl was Falsches gegessen.«

»Vermutlich Schnee«, sagte Blaschke.

»Verstehe«, gab Matti höflich zurück.

»Kaffee?«, beendete ich die Diskussion über meinen Mageninhalt.

»Ach, gerne.«

Trotz einer Leiche in zwei Müllsäcken zum Empfang amüsierte Blaschke sich anscheinend königlich.

»Und was, Herr Kommissar, ist jetzt so lustig?«

»Ach nix. Eins zu eins würde ich sagen.«

Matti schaute von einem zum anderen.

»Frau Abendroth, ich habe ihm die Flusen ausgehändigt.«

»Gut, dann kann der Herr Blaschke ja jetzt gehen.«

»Sind Sie immer so freundlich, wenn jemand versucht, Ihnen zu helfen?«

»Nur, wenn ich morgens schon mit Hackfleisch konfrontiert werde.«

Matti riss die Augen auf, sagte aber nichts. Das traf mich in dem Moment empfindlicher, als wenn er mich laut kritisiert hätte. Wenn ich es recht verstanden hatte, war Blaschke heute Morgen, wahrscheinlich ohne Frühstück, schon dabei gewesen, als die Rettungssanitäter die arme Selbstmörderin, respektive die Puzzleteile der armen Selbstmörderin, von den Schwellen und Schienen gekratzt hatten. Wahrscheinlich war sogar er es gewesen, der einer ahnungslosen Familie die traurige Nachricht hatte überbringen müssen. Nein, so konnte ich Blaschke nicht gehen lassen. Ich atmete noch mal tief durch.

»Danke. Rufen Sie mich an, ich meine, wenn der Laborbericht da ist?«

Das war jedenfalls mein Standarddialog in Drehbüchern.

»Ich gebe Ihnen Bescheid, Frau Abendroth. Das tu' ich übrigens nur für den Alten.«

»Egal für wen, wir sind Ihnen wirklich dankbar. Damit schließe ich Herrn Matti, mich und alle Toten mit ein.«

Er trank seinen Kaffee aus und ging. Dabei hinterließ er einen Hauch von Halston. Mir zitterten leicht die Knie. Wäre ich jetzt allein im Büro gewesen, hätte ich das Enzymspray zu exorzistischen Zwecken zum Einsatz gebracht.

Matti stellte einen Kaffee vor mich hin.

»Matti, ich muss noch mal weg. Und ich hab' das grad' nicht so gemeint.«

»Ich werde Herrn Sommer sagen, dass Sie vorübergehend indisponiert sind.«

Er schob meine Kaffeetasse noch näher zu mir hin. Eine kleine Geste, die wohl sagen sollte, dass er meine Entschuldigung angenommen hatte.

»Danke. Ich mache übrigens einen Besuch bei B & B.«

»Ach«, war alles, was er sagte.

Automatisch suchte ich in meiner Manteltasche nach meinem Autoschlüssel, kriegte aber nur den Brief von meinem Ex zu fassen. Einem Impuls folgend, schickte ich ihn durch den Reißwolf.

»Unangenehm«, stellte Matti fest und machte dabei ein Gesicht wie Buster Keaton.

»Allerdings.«
Ich sah dem Brief dabei zu, wie er von den Messern unerbittlich in die Maschine gezogen wurde. Allein die Handschrift von meinem Ex zu sehen, hatte mich schon auf die Palme gebracht. Der Inhalt, da war ich mir sicher, würde mich Amok laufen lassen.
»Man muss nicht alles lesen.«
»Ja, Herr Matti, da haben Sie Recht.«
Ich rief Wilma an, um mich mit ihr direkt vor der Geschäftsstelle von B & B zu verabreden. Abholen konnte ich sie nicht – meinen Chauffeur hatte ich ja dummerweise schon entlassen.

17

Wilma zeigte schon Anzeichen leicht nörgeliger Stimmung, als ich, nur zwölf Minuten zu spät, endlich vor der Tür von B & B eintraf. Sie war – wie immer – topmodisch angezogen. Bei Konfektionsgröße 34/36 auch kein Problem, stänkerte die dicke Maggie in mir. Ein bisschen allerdings tröstete mich der Gedanke, dass fast jede Frau neben Wilma wirkte wie ein Modell für »Vorher-Fotos«. Es sei denn, sie hieß Tatjana Patitz oder Linda Evangelista, die Damen in der konkurrenzfreien Zone eben.

Wilmas zarte Füßchen steckten in pelzbesetzten Stiefelchen, immerhin allerdings hatten diese sieben Zentimeter hohe Pfennigabsätze. Wie sie überhaupt die zwei Straßen vom Salon bis hierher ohne schweren Sturz und Genickbruch geschafft hatte, war mir ein Rätsel. Vor allem müssten ihre Füße, wenn sie denn den allgemeinen Naturgesetzen folgen würden, schon total eingefroren und gefühllos sein. Wie kriegte sie überhaupt mit, dass sie auf dem Pflaster stand? Vermutlich gar nicht – brauchte sie auch nicht. Wilma schwebte einfach so dahin.

»Na los, gehen wir rein. Du hast doch einen Termin gemacht, oder?«

»Ja!«, gab sie beleidigt zurück.
»Wilma, du weißt, was du zu sagen hast?«
»Jaa-haa! Glaubst du, ich bin meschugge?«
»Nein, glaube ich nicht. Aber wir waren gestern bei der Planung sehr betrunken.«
»Sonst hätte ich wohl nie ja gesagt. Mir ist nicht wohl dabei, ehrlich. Du immer mit deinen komischen Storys. Das letzte Mal, als du den investigativen Journalismus neu erfunden hast, hatten wir einen libanesischen Mädchenhändlerring aus Mönchengladbach am Hals. Erinnere dich!«
»Ja, ja.«

Es war höchste Eisenbahn, Wilma vom Weiterdenken abzuhalten, sonst würde sie mir die Geschichte mit den Fahndern vom LKA und der Bundesfinanzbehörde noch mal erzählen. Die kannte ich aber schon auswendig. Ich war schließlich dabei gewesen. Dafür hatte ich nicht den Pulitzer-Preis bekommen.

Sanft schob ich sie vor mir her durch die Tür. Das satte Ding-Dong der Türglocke erfüllte den Raum.

»Hallo, nehmen Sie bitte einstweilen Platz, ich komme sofort«, ließ sich eine angenehme Stimme aus dem Off vernehmen. Hinter der Stimme, die, wie das satte Ding-Dong, gehaltvoll in der Luft hängen blieb, kam ein agiler Mittvierziger durch einen Vorhang geweht.

»Bartholomae, mit A und E am Ende. Was kann ich für die Damen tun? Frau Korff, nehme ich an?«, eröffnete er enthusiastisch das Gespräch.

Bartholomae erkannte mich nicht. Wie auch, mit Wollmütze, Schal und dickem Mantel? So schemenhaft ich ihn bei unserer kurzen Begegnung im Büro von Pietät Sommer wahrgenommen hatte, hoffte ich, dass das umgekehrt auch für ihn galt. Ich machte vorsorglich keine Anstalten abzulegen.

Wilma öffnete mit einer eleganten Geste ihren Mantel aus sündhaft teurem, silbergrauem Kunstpelz und behielt dabei die gepflegte Erscheinung des smarten Geschäftsmannes im Auge. Bartholomae seinerseits starrte auf ihre Stiefel. Vermutlich fragte er sich auch gerade, ob Wilma schweben konnte. Ich musste ihr einen Knuff in die Seite versetzen, sonst hätte sie ihm mit ihren Blicken noch Löcher in den Maßanzug gebrannt. Endlich erwachte sie aus ihrer Trance, in die der Anblick von Mr. Gehaltvolle-Stimme sie hineinversetzt hatte.

»Ich ... ich ... bin Frau Korff. Ich habe eine Tante.«

Oh, Wilma, blahblah.

»Frau Korff meint, sie braucht eine Pflegehilfe für ihre kranke Tante«, soufflierte ich. »Eigentlich ist es gar nicht ihre Tante, sie nennt sie nur Tante, und diese Nicht-Tante braucht jetzt Hilfe im Haushalt.«

Wilma schaute mich an, als wollte sie mich fressen.

»Danke, Liebes«, stoppte sie meinen Redeschwall, dann wandte sie Bartholomae wieder ihre volle Aufmerksamkeit zu: »Herr Bartholomae, meine Tante«, und jetzt betonte sie *meine Tante* ganz besonders, »möchte von mir nicht gepflegt werden.«

Da war sie ja wieder, die alte Flickenschildt. Bravo! Happen hingeworfen und abwarten. Der geschniegelte Herr Bartholomae mit A und E am Ende, dessen breites Lächeln im Raum hing wie das der Edamer Katze aus *Alice im Wunderland,* nickte wissend und verständnisvoll. Endlich löste sich bei ihm die Wilma-Starre, und er flüchtete sich in seine Routine.

»Ja, also, die Tante ... Ich nehme mal an, sie wohnt in Bochum?«

»Ja, wo denn sonst? Oder pflegen Sie weltweit?«

Wilma hatte natürlich sofort gemerkt, dass Bartholomae liebend gerne gewusst hätte, wo genau in Bochum die Tante wohnte. Leider hatten wir uns gestern darüber noch nicht geeinigt. Aber so war es auch gut. Bartholomae war von Wilma auf seinen Platz verwiesen worden, und wie!

»Ja, ja. Ich meine, im Umkreis von 40 Kilometern wäre das schon möglich. Mit Aufpreis, versteht sich.«

Wieder sah er uns erwartungsvoll an. Aber Wilma schaute nur zurück, ohne etwas zu sagen. Sie ließ ihre langen Wimpern langsam einmal nach unten klappen. Eine kleine Pantomime der Verstimmung, so als wollte sie sagen: »Herr, schick Hirn vom Himmel, sonst sitzen wir morgen noch hier.«

»Das Beste ist, ich gebe Ihnen fürs Erste mal unsere Informationsmappe mit. Da steht alles Wissenswerte drin, auch über Sozialhilfe und diverse Möglichkeiten der Unterstützung seitens anderer karitativer Einrichtungen oder Versicherungen für den Todesfall ...«, Bartholomae holte kurz Luft, »... falls Versicherungen vorhanden sind.«

»Meine Tante ist sehr vermögend«, warf Wilma einen Informationsbrocken hin. So langsam lief sie warm, und ich dachte kurz darüber nach, ob ich Wilma mal in meinem nächsten Drehbuch, sollte ich jemals wieder eines schreiben, besetzen könnte.

»Selbstverständlich«, beeilte sich Bartholomae zu versichern, »selbstverständlich. Wir können auf alle Bedürfnisse eingehen.«

»Und vor allem will meine Tante sich die Pflegerin selbst aussuchen dürfen. Sie akzeptiert nicht jeden ungewaschenen Zivi.«

»Selbstverständlich, natürlich.«

»Meine Tante besteht auf einer Betreuung durch eine Dame mittleren Alters mit einem, wie soll ich sagen, gewissen Bildungsstand.«

Hau nicht so auf den Putz, Wilma, wir suchen nicht nach einer Anstandsdame für die Herzogin von York.

Bartholomae war jetzt von Wilmas Auftritt komplett paralysiert. Ziel erreicht.

»Wir können auf alle Wünsche ganz individuell eingehen. Bei uns arbeiten ausschließlich ausgebildete Fachkräfte.«

Wilma legte ihren Kopf um ein paar Millimeter schief. Bartholomae folgte ihrer Bewegung und neigte seinen Kopf ebenfalls. Ich war fasziniert. Wilma, die alte Magierin.

»Nun, vielleicht ein Tässchen Mokka, die Damen?«, sülzte er.

»Ja gerne«, hörte ich mich sagen.

»Nein, leider keine Zeit«, bestimmte Wilma. »Wenn Sie mir jetzt die Broschüren geben, reicht das völlig. Ich werde das – behutsam – mit meiner Tante besprechen.«

Bartholomae wirkte enttäuscht, griff aber sofort hinter sich in ein Regal und zog zwei Hochglanzbroschüren hervor. Eine dritte Broschüre aus einer Schublade legte er noch obendrauf.

»Vielen Dank.«

Wilma machte keine Anstalten, das Papier entgegenzunehmen, also musste ich zugreifen. Ich war in null Komma nix zu ihrer Sklavin degradiert.

»Übrigens, Herr Bartholomae, lerne ich das zweite B auch noch kennen? Meine Tante wünscht umfassend informiert zu sein. Sie wird mich danach fragen.«

»Äh ... wie soll ich ...«, stammelte Bartholomae, derweil Wilma gelangweilt ihre frisch manikürten Fingernägel anschaute, »... es handelt sich um einen ... äh ... stillen Teilhaber. Er tritt sozusagen nicht in Erscheinung. Ein Geldgeber. Er hat kein Interesse am Tagesgeschäft. Verstehen Sie, nur am Geld.«

Wilma gab sich noch immer nicht zufrieden. Das Duell zwischen den beiden machte mir Spaß.

»Wenngleich er auch still ist, wie Sie sagen – den Namen können Sie mir doch wohl nennen?«

»Natürlich, natürlich, sein Name ist Matti Paavo Bietiniemolaiinnen. Etwas kompliziert. Der Mann ist aus Finnland. Rein geschäftlich, Sie verstehen.«

»Und warum heißt die Firma dann Bartholomae & Bartholomae? Tantchen wird so eine Heimlichtuerei gar nicht mögen.« Wilma erhob sich, wandte sich abrupt zur Tür um und sagte: »Mit was man sich heute alles auseinandersetzen muss ...«

Ich schnellte von meinem Stuhl hoch. Hoffentlich fragte mich Wilma jetzt nicht spontan nach meinem Kollegen im Bestattungsinstitut, weil ihr die Übereinstimmung des Namens aufgefallen war. Das hätte mir gerade noch gefehlt!

Ich hatte schon genug damit zu tun, meine Überraschung zu verbergen.

Aber Bartholomae kam mir mit seiner Beflissenheit zu Hilfe und plapperte: »Das ist, weil der Name so schwer auszusprechen ist, Frau Korff. Es ist nichts Geheimnisvolles. Bartholomae & Bartholomae spricht sich einfach besser. Soll ich Sie vielleicht in ein paar Tagen ...?«

»Ich rufe Sie an, wenn meine Tante sich entschieden hat«, fiel Wilma ihm ins Wort. Abrupt blieb sie vor dem Ausgang stehen, sodass ich fast in sie hineingerannt wäre. Was denn jetzt noch? Bartholomae, der endlich kapierte, sprang herbei, um die Tür für uns zu öffnen. So macht man das.

Bevor er uns endlich ziehen ließ, griff er in ein Regal neben der Tür und holte ein gelbes Kissen hervor.

»Darf ich Ihnen ein kleines Geschenk des Hauses überreichen? Weicher Angorabezug mit Daunenfüllung. Sehr kuschelig!«

Wilma ignorierte die kleine Gabe und stolzierte grußlos an ihm vorbei aus der Tür.

Ich fühlte mich zu einer Erklärung genötigt.

»Tantchen hasst Angorawolle. Altes Trauma, Schweizer Sanatorien, Sie wissen schon. Aber ich nehm' gerne eins. Mein Kater wird sich freuen.«

Bartholomae nickte und überließ mir widerstrebend das Kissen.

Bis zur nächsten Straßenecke meinte ich, seinen Blick auf meinem Rücken zu spüren. Er starrte selbstredend nicht mir hinterher, sondern Wilma, wie sie auf ihren kleinen Füßchen elegant und souverän durch den Schnee trippelte und dabei ihr Täschchen und ihren langhaarigen Designermantel im Takt wippen ließ. Wilma konnte alle glauben machen, dass sie echten Zobel trug, dabei war es nur Fake Fur von Dolce & Gabbana.

Ich dackelte, so schnell der Schnee es erlaubte, in Richtung Salon hinter ihr her. Als wir endlich außer Sichtweite waren, entfuhr mir ein: »Whow, Wilma, was für ein Auftritt!«

»Was glaubst du, freut der sich und lädt mich zum Essen ein, wenn ich in drei Wochen wieder anrufe und leider absagen muss? Weil Tantchen sich leider, leider für das exklusive Altenstift St. Paradiso in Gstaad entschieden hat?«

»Wilma, deine Fantasie geht mit dir durch. Gar nichts wirst *du* mit dem. Der Kerl ist doch auch irgendwie verdächtig. Er ist der Besitzer von Bartholomae & Bartholomae. Du kannst dich doch nicht mit dem verabreden! Schon gar nicht alleine!«

»Ich rufe ihn einfach noch mal an und frag' ihn ein paar Sachen.«

»Hallo, Wilma, kannst du mal runterkommen? Also – und dieser Bietinimiblahblah! Das ist Herr Matti! Das ist mein Herr Matti! Ich ... also ...«

Wilma ging überhaupt nicht auf mich ein. Sie schwebte über den Schnee und machte eigene Pläne.

»Ich mach' mich erst mal ein paar Tage unsichtbar. Das macht interessant«.

»Hast du gehört, was ich gesagt habe, Wilma? Herr Matti – mein Herr Matti von Pietät Sommer! – ist der Teilhaber von Bartholomae! Wie komm' ich mir denn jetzt vor?«

»Ja! Ich bin ja nicht taub. Warum bist du so grantig? Wenn das dein Herr Matti ist, dann frag ihn doch, was er sich dabei denkt. Vielleicht ist er der böse Bube? In der einen Firma lässt er zu Tode pflegen, in der anderen wird bestattet, balsamiert und abkassiert. Ein ganz normales Joint-Venture-Verfahren.«

»Woher weißt du das?«

Frierend erreichten wir endlich den Salon. Um genauer zu sein, *ich* fror. Wilma bewahrte königliche Haltung. Sie schaute auf das Kissen in meiner Hand.

»Dein Kater wird sich freuen. Aber nur, wenn er keinen Geschmack hat. Hoffentlich ist es nicht aus Polyacryl.«

»Angorawolle.«

»Sagt Bartholomae!«

Sie fingerte mit skeptischer Miene an dem Kissen herum.

»Wilma, jetzt lass doch mal.«

Ich riss ihr das Kissen weg und stopfte es in meine Tasche.

»Höchstens 50 % Angora. Aber egal. Weißt du was, Maggie, ich könnte doch wirklich nächste Woche noch ein paar Fragen an Herrn Bartholomae haben, oder? Detektiv spielen ist wirklich spannend. Ach, als ich erst mal in der Rolle drin war, ging es wie von selbst.«

»Ach, so plötzlich!«

»Meine alte Tante sagt immer: ‚Hunger kommt beim Essen, Kindchen'.«

»Welche Tante? Wilma, du hast überhaupt keine Tante. Und außerdem hat das meine Oma immer gesagt!«
»Aber wenn ich eine Tante hätte, dann eine, die so was sagt.«
»Hauptsache.«

Ich hätte vor allem gerne gewusst, wie Schwester Beate jetzt in die Geschichte mit Bartholomae & Bartholomae passte. Wusste sie überhaupt, dass sie einen zweiten Chef hatte? Was, wenn sie alle unter einer Decke steckten? Was, wenn Matti wirklich einer der bösen Buben war? Aber dann würde er mich doch nicht immer darauf hinweisen, dass was faul war. Oder war er einer von diesen speziell Verrückten, die an dem Punkt angelangt waren, wo sie erwischt werden wollten? Ich erinnerte mich, so was mal in ein Krimi-Script eingebaut zu haben. Hatte mir irgendein halbseidener Psychofritze erklärt. Der Täter, der um Strafe bettelt. Schon hatte ich wieder Blaschkes Ermahnung im Ohr: Zu viele Krimis, Frau Abendroth!

Im Salon herrschte bereits der übliche vorweihnachtliche Trubel. Nur noch drei Tage bis Weihnachten. Alle Frauen Bochums mussten ausgerechnet jetzt noch mal ihre Schädel festtagsfein gestalten lassen. Ohne Umschweife begrüßte Wilma ihre Stammkundin, Frau Seybold, und war sofort wieder ganz die Friseurmeisterin – ohne Tante.

Ich war demnach vergessen und somit entlassen. Wir würden uns heute Abend wieder treffen, um die Broschüren durchzuforsten. Und wir wollten gerne ein bis drei Eierlikörchen dabei verklappen.

18

Mit Broschüren und Kissen bepackt, stand ich vor dem Salon herum, unschlüssig, was ich jetzt tun sollte. Ich wollte am liebsten in Ruhe über alles nachdenken, vor allem darüber, warum Herr Matti mich so schamlos angelogen hatte. Verheimlichen ist auch gelogen. Es brannte mir unter den Nägeln, ihn deswegen sofort zur Rede zu stellen. Vielleicht sollte ich aber lieber nichts überstürzen und die Information erst einmal vorverdauen. Bevor ich das Büro von Pietät Sommer wieder betreten wollte, musste ich noch etwas Zeit schinden.

Ich hatte eine Idee. Ich machte auf dem Absatz kehrt und marschierte in den Salon zurück. Von Wilma war weit und breit nichts zu sehen. Also bat ich den Lehrling um das Telefonbuch von Bochum und schaute nach der genauen Hausnummer von Frau Becker. Feldsieperstraße war mir noch im Gedächtnis geblieben, die Nummer allerdings hatte ich vergessen. Ich wollte einfach mal vorbeischauen. Was genau ich da finden wollte, wusste ich noch nicht.

Bis zur Feldsieperstraße war es nicht sehr weit. Nur drei Haltestellen mit der Straßenbahnlinie 306. Na ja, dann stand ich also vor dem grauen Mietshaus, und da hatte sich das kreative Potenzial meiner spontanen Idee auch schon erschöpft. Ich schaute auf die Klingelschilder. Frau Beckers Name stand nicht mehr drauf.

»Suchen Sie jemanden, Frollein?«

Ich konnte nicht sofort orten, woher die Stimme kam. Ich trat einen Schritt aus dem Hauseingang zurück und schaute nach oben. In der ersten Etage sah ich in einem offenen Fenster ein Kissen, darauf zwei verschränkte dicke Unterarme. Gekrönt wurde das Ganze von einem riesigen Busen und darüber einem Kopf mit silbergrau-lila getönten Haaren.

»Guten Tag.«

»Suchen Sie wen?«

»Ja. Tue ich. Die Frau Becker, die wohnt doch hier?«

»Wat wollen Se denn von der?«

Ja, was wollte ich denn von der, die war ja tot?

»Äh, ich wollte ... ich wollte sie besuchen.«

Supergeistesblitz, Maggie!

»Wozu?«, schnarrte die Stimme von oben.

Also, wenn Wilma eine Tante haben konnte, dann hatte ich jetzt auch eine. Zur geschmeidigeren Konversation holte ich meinen Bochumer Ruhrpott-Slang raus: »Sie is meine Tante, obwohl nich so richtich, ne alte Freundin von meine Omma – mehr so.«

»Ach so ... Sie Arme. Kommen Se ma rauf.«

Das schien interessant zu werden. Ich betrat eine kleine Wohnung, wahrscheinlich so ähnlich wie diejenige, die von Frau Becker bewohnt worden war. Es roch nach Bratkartoffeln mit Zwiebeln – und gar nicht mal schlecht. Die alte Dame führte mich in ihre kleine Küche und schob mir einen Stuhl unter den Hintern, bevor ich überhaupt was sagen konnte.

»Sitzen Se gut?«

»Ja.«

Das lief ja wie geschmiert. Jetzt musste ich nur noch die Ahnungslose spielen.

Frau Beckers Nachbarin setzte sich mir gegenüber an ihren Küchentisch. »Also, die Frau Becker, die is tot. Vor ein paar Wochen schon gestorben. Wussten Se dat denn gar nich?«

»Nee. Wat Sie nich sagen. Ach, wie furchtbar«, gab ich mich angemessen bestürzt.

Die alte Dame schob mir eine Tasse Kaffee hin.

»Nehmen Se mal erst'n Schluck auf den Schrecken.«

»Wie is dat denn passiert? Die war doch noch so rüstig. Oh nee. Meine Omma und Frau Becker wollten doch noch mal zusammen nach Königswinter. Wenn ich der dat erzähl ...«

Ich senkte traurig den Kopf.

»Darum hat die sich nich mehr gemeldet. Meine Omma hat gesagt, schau mal bei der Frau Becker vorbei, ob alles in Ordnung is ... die meldet sich gar nich mehr.«

Die alte Dame nickte bestätigend.

»Als wenn meine Omma dat geahnt hätte.«

»Sie sagen et.«

Wir nippten während einer kleinen Schweigeminute für Frau Becker an unseren Kaffees.

Die alte Dame seufzte aus tiefster Seele und sagte: »Ja, dat is alles so schnell gegangen. Hatte die Grippe. Hatte sogar'ne Pflegerin. So'ne große, stabile. Kam bei jedem Wetter. Pünktlich auffe Minute.«

Da schwang doch ein bisschen Neid mit?

»Ja, dann war se Gott sei Dank nich alleine, ne?«

»Ach, Kindchen, wie der Deibel dat wollte. Die Pflegerin war an den Tag sogar mit 'nem Auto da. Hab' die schicke kleine Kiste unterm Fenster stehen sehn. Vielleicht wolltense zum Arzt oder so. Aber anstatt sofort zum Arzt zu fahren, geht die vom Pflegedienst nochma einkaufen. Und als die wiederkommt, is die Frau Becker tot. Mausetot. Im Sessel. Sitzt da einfach und zack. Ich hab aber nich gesehen, wie se die abgeholt haben. Ich musste selber nochma wech.«

»Ach, wat entsetzlich.«

Ich trank den plörredünnen Kaffee und heuchelte Trauer.

»Meine Omma wär' bestimmt gern zur Beerdigung gegangen, wenn sie wat gewusst hätte. Na, dann ruf' ich Omma jetzt ma' an und sag' ihr Bescheid. Die will bestimmt zum Friedhof.«

»Hörn Se ma! Dat lohnt gar nich. Die werden Se gar nich finden! Anonymet Reihengrab. Dafür hat et gerade noch gereicht. Und erzählt hat se mir immer wat vonne große Gruft. Ich dachte auch, ich geh' da zur Beerdigung, bissken lecker Kaffee und Kuchen – ne? Sie wissen schon. Aber nix da.«

Dafür, dass ich nicht gewusst hatte, was ich hier wollte, hatte ich reichlich Beute gemacht und verabschiedete mich schnell, bevor jetzt noch die eine oder andere Anekdote aus Frau Beckers Leben vorgetragen werden konnte.

»Ja, vielen Dank dann auch. Ich muss mal los.«

Ich schüttelte der redseligen Nachbarin die Hand, bedankte mich noch mal artig für den ausgezeichneten Kaffee und verließ schnell das Haus. Schwester Beates Aussage war immerhin bestätigt worden. Frau Becker hatte sich ihre Bestattung anders vorgestellt.

Nach dem dünnen, nahezu geschmacksfreien Kaffee brauchte ich jetzt eine ordentliche Dosis Espresso. Zehn Minuten später war ich mit der Bahn wieder in der City und marschierte ins Café Madrid. Während ich auf meinen doppelten Espresso wartete, holte ich die Broschüren aus der Tasche und breitete sie vor mir auf dem Tisch aus, konnte mich aber überhaupt nicht ernsthaft konzentrieren. Kai-Uwe kam, stellte den Espresso ab und schaute mich erwartungsvoll an.

»Was?«

»Wohnst du jetzt eigentlich wieder in Bochum?«

»Was dagegen, Maître?«

»Nee. Ich dachte nur. Warst ja schon ein paar mal hier in letzter Zeit.«

»Also was? Willst du wissen, warum ich mit Riff Raff zusammen essen gehe?«

»Na ja, zum Beispiel.«

In der Hoffnung auf ein ergiebiges Schwätzchens zog er sich einen Stuhl heran.

»Er ist ein Informant. Und das war es auch schon. Brauchst dich gar nicht erst zu setzen, ich hab' zu tun.«

Beleidigt schob er den Stuhl unter den Tisch zurück. Mein Espresso schwappte aus der Tasse.

»Was is'n mit dir los? Muss man als Medienfuzzi so sein?«

»Unter Umständen.« Das Letzte, was ich jetzt gebrauchen konnte, war ein Gespräch über mein Leben und die alten Zeiten mit meinem ehemaligen Schulkameraden Kai-Uwe Hasselbrink: ewig arbeitsloser, promovierter Historiker, jetzt Kneipenwirt und wahrscheinlich immer noch der schlechteste Küsser im ganzen Ruhrgebiet.

Gott sei Dank zog er sich beleidigt in die Küche zurück. Das hat man davon, wenn man in seine alte Heimat zurückkehrt: Die alten Zeiten und ihre Vertreter wissen immer noch mehr von dir als nur deinen Namen.

Während ich an meinem Espresso nippte, dachte ich darüber nach, was wohl in dem Brief von meinem Ex, den ich spontan dem Reißwolf in die Zähne geworfen hatte, gestanden haben könnte. Vielleicht stand was wirklich Wichtiges darin – hatte er etwa Aids oder Krebs? Beide Diagnosen hätten mich potenziell für einen Moment aufheitern können. Bat er mich etwa, ihm eine Niere zu spenden? Besser noch, er würde Grauen Star bekommen – eine tragische Krankheit für einen Fotografen. Oder Parkinson? Schüttelbilderknipser. Haha.

Ich machte in Gedanken die Liste der zehn schlimmsten Krankheiten für einen Modefotografen. Sie endete mit unheilbarer Farbenblindheit. Schön fand ich auch noch Alzheimer. Dann würde er binnen kurzer Zeit nicht nur mich, sondern auch all seine Model-Tussen vergessen haben, und sie ihn hoffentlich auch. Margret, lass das sein, meldete sich mein Gewissen. Ich hörte nicht hin. Zum guten Schluss kam mir allerdings auch der Gedanke, dass er in dem Brief womöglich um Verzeihung und um ein Gespräch bat. Vielleicht wollte er zu mir zurückkommen. Das wäre – alles in allem – tatsächlich die schlimmste aller denkbaren Möglichkeiten.

Meine Neugierde auf den Brief konnte ich nicht leugnen, so gerne ich es auch getan hätte. Ich starrte aus dem Fenster. Es schneite noch immer stetig und in dicken Flocken vor sich hin. Die ganze Stadt schrie mir ein einziges Mantra ins Gesicht: Happy Christmas, Happy Christmas ...

Ich fand es unerträglich. Aus allen Fenstern blinkten Lichterketten in den grellsten Farben obszön aufdringliche Warnhinweise auf die zweitausendundzweite Wiederholung eines Krippenspiels mit der immer gleichen, langweiligen Stammbesetzung.

Ich machte mir nichts vor, mein Ex würde mit wem auch immer unterm Christbaum liegen und jeder würde irgendwo dieses beschissene Weihnachten feiern, nur ich nicht. Alle kriegten Geschenke, nur ich nicht. Ich würde meine zwei freien Tage, die ich Herrn Sommer aus dem Kreuz geleiert hatte, gemeinsam mit Dr. Thoma Wurstbrot kauend auf dem Bett verbringen und bei jedem noch so blöden Weihnachtsfilm flennen. Dann könnte ich mir noch ein bisschen schreckliche Heulmusik von George Michael anhören und mich in den Schlaf wimmern, während Dr. Thoma auf den Boden kotzen würde, weil er die Leberpastete von Aldi genauso wenig vertragen hatte wie ich.

Ich aber würde nicht kotzen, sondern am nächsten Morgen mit fiesem Geschmack im Mund aufwachen und merken, dass ich vergessen hatte, meine Mutter und meinen Vater anzurufen. Und während ich mich dann vermutlich wie blöde in Selbstmitleid und

Selbstvorwürfen rumwälzen dürfte, würde ich nach spätestens einer Stunde feststellen, dass sie mich auch nicht angerufen hatten.

Wie ich so über mein vielversprechendes Weihnachtsfest nachdachte, verschwamm die Welt da draußen, was daran lag, dass ich mich schon jetzt langsam in Tränen auflöste. Ich erschrak, schließlich saß ich in einem öffentlichen Lokal, vor allem in einem, in dem man mich kannte. Vor den neugierigen Augen von Kai-Uwe Hasselbrink erlag ich soeben meinen Gefühlen.

In den Krimis von Agatha Christie zuckten alle immer nur bedeutungsschwanger mit irgendwelchen Gesichtsmuskeln rum; mir entgleisten immer alle Gesichtszüge komplett.

Mein melancholischer Anfall wurde jäh unterbrochen, als zwei Schneemänner in die Lokalität gewankt kamen, die ich eindeutig als Blaschke und Kostnitz identifizieren konnte. Gott sei Dank sahen mich die beiden nicht. Denn was ich jetzt am allerwenigsten gebrauchen konnte, war ein Gespräch mit den »Zwillingen Besserweiß«.

Sie strebten, Kostnitz schwer gestützt auf Blaschke, auf einen freien Tisch in der hintersten Ecke zu, wo sie sich mit dem Rücken zu mir hinsetzten. Blaschke half Kostnitz aus dem Mantel und rückte ihm den Stuhl zurecht. Das gab mir den Rest. Noch eine Sekunde und man könnte mich einliefern lassen – ins Heulsusenhaus für abgelegte Geliebte.

Da Kai-Uwe sich um die beiden kümmerte, ohne mich eines Blickes zu würdigen, ließ ich großzügig einen Fünfer auf dem Tisch liegen und schlich mich hinaus ins Schneegestöber.

Blaschke würde am Heiligabend hoffentlich Kostnitz zu sich nach Hause einladen zu seiner sauberen, properen Frau und zu einem sauberen, properen Weihnachtsbraten. Dann würde das Ehepaar Blaschke höflich lächelnd und voller Verständnis dabei zusehen, wie der alte Kostnitz sich am teuersten Digestif betrank. Dann würden sie ihn ganz lieb auf der Couch im Wohnzimmer zudecken und zum Weihnachtsfick in ihr proper eingerichtetes Designer-Schlafzimmer gehen, wo ein Ton in Ton bezogenes Bett italienischer Provenienz im neureichen, mediterranen Stil ihrer harrte. Selig lächelnd würden sie in die Laken aus makellosem Makosatin sinken, weil sie beide heute so gute Menschen gewesen waren, und das am Weihnachtsabend.

Margret, und wenn schon!, schimpfte ich mit mir selbst. Hör endlich auf damit, sonst platzt dir noch der Kopf, und raus kommt nichts als ekliger, schwarzer Glibber.

Zum Zwecke des Aggressionsabbaus verdonnerte ich mich dazu, die gesamte Strecke bis zu Pietät Sommer zu Fuß zurückzulegen. Aber ich hatte erst zwei von fünf Haltestellen geschafft, als ich bereits völlig außer Atem war und fand, dass ich genug abgearbeitet hatte. Ich bestieg die U-Bahn in Richtung Universität, ohne mit irgendwelchen Gesichtsmuskeln bedeutungsschwanger zu zucken.

Bei Pietät Sommer saßen fünf Menschen stumm im Besprechungsraum um den Tisch herum und starrten mich an. Wer waren die denn? Hinterbliebene einer Massenkarambolage auf der A 40?

Herr Matti kam gerade die Treppe hoch und flüsterte mir ins Ohr: »Die Damen und Herren Organisten.«

Oh! Natürlich, hatte ich komplett vergessen. Ein rascher Blick auf die Uhr sagte mir, dass diese Menschen bereits seit einer geschlagenen Stunde hier einsaßen, um mich zu treffen. Hoffentlich hatte Sommer nichts gemerkt. Ich flüsterte Matti zu: »Sommer?«

»Noch gar nicht hier gewesen.«

Puh! Mir fiel ein Stein vom Herzen.

»Entschuldigen Sie bitte, ich bin aufgehalten worden. Ein Sterbefall und dann der viele Schnee, Sie wissen ja«, brachte ich kurz und knapp, ohne rot zu werden, zu meiner Verteidigung vor. Mein Selbstwertgefühl starb schließlich jeden Tag ein bisschen mehr, und schneien tat's auch.

Um mich ein bisschen wichtig zu machen, setzte ich mich hinter meinen Schreibtisch und blätterte in einer Mappe herum. Übermorgen war der 23. Dezember, der letzte Tag vor Weihnachten. Noch zwei Bestattungen bis dahin.

Nach angemessenen vier bis fünf Minuten, in denen ich die Spannung, wie ich hoffte, bis ins Unerträgliche gesteigert hatte, blickte ich aufmunternd in die Runde und sagte: »Danke, dass Sie gekommen sind. Den Job muss ich Ihnen wohl nicht erklären. Lassen Sie uns also gleich anfangen. Wenn Sie ...«, ich schaute erst auf meine Liste und dann in die Runde, »... Herr Zeigert, sich bitte musikalisch vorstellen würden.«

Ich zeigte auf die alte Orgel, die in der hintersten Ecke des Raumes stand und eigentlich nur noch als dekorative Ablage benutzt wurde. Ich traute meinen Augen nicht. Eine neue amorphe Specksteinmasse, diesmal mit einem Loch in der rechten Pseudopodie, stand auf der Orgel. Sie war das Pendant zu der auf dem Safe, und ich fand sie nicht minder scheußlich. Mir schwante, dass aller guten Dinge drei sind und Herr Sommer bestimmt schon an einem ähnlich fiesen Objekt mit Loch in der Mitte arbeitete, um das Tryptichon des schlechten Geschmacks zu vollenden.

Herr Zeigert ließ sich von dem gelochten Monstrum aber nicht im mindesten beeindrucken und spielte nach einer kurzen Vorbereitung – er ließ alle Fingergelenke einzeln knacken – einen Walzer, und zwar so schlecht, dass auf dem Wiener Zentralfriedhof vermutlich die Gruft der Familie Strauss bereits nach vier Takten explodiert war.

Herr Matti stand am oberen Ende der Wendeltreppe, stützte sein Kinn auf das schmiedeeiserne Geländer und schüttelte den Kopf. Dieser Organist war kein Ersatz für die Prusseliese. Bei Gott nicht. Der nächste versuchte uns mit einer zittrigen Version von »Großer Gott, wir loben Dich« zu überzeugen. Es blieb denn auch beim Versuch.

Der folgende Vortrag einer sauertöpfisch aussehenden Dame mittleren Alters, die ihre Handschuhe, an denen die Fingerkuppen abgeschnitten waren, nicht auszog, ließ eine außerordentlich uninspirierte Fassung der Toccata und Fuge von Bach hören. Wer würde das für eine Beerdigung bestellen wollen? Es sei denn, man organisierte die Beerdigung von Captain Nemo oder irgendeinem anderen verrückten Wissenschaftler, der die Welt beherrschen wollte, damit aber gescheitert war.

Den vierten und fünften Vortragenden ließen Herr Matti und ich nur noch über uns ergehen. Die beiden angestaubten Herren hinterließen keinen bleibenden Eindruck. Meine Ohren hatten bereits auf Durchzug geschaltet.

Bestimmt waren sie als Alleinunterhalter auf Hochzeiten der große Knaller. Da sollten sie dann auch bleiben und stimmungsvoll in die Tasten hauen und meinetwegen alles schächten, was Noten hatte. Nein, wir waren uns einig, wir wollten keinen von diesen Möchtegernmusikern.

Also doch wieder der unvermeidliche Orgelmän? Warum war der eigentlich nicht von der Grippe dahingerafft worden?

Gerade verabschiedete ich mich von allen mit aller Höflichkeit, zu der ich noch fähig war, als die Tür aufflog und ein sichtlich bis auf die Knochen durchgefrorener junger Mann mit roten Backen im Milchgesicht und Schnee auf der Mütze durch die Tür stob.

»Bin ich zu spät?«

»Kommt drauf an, wofür«, blaffte ich.

Er strahlte mich an, und während sich die anderen glücklosen Musikanten durch die Tür nach draußen schoben, setzte er sich an die Orgel, rückte seine schneebedeckte Mütze zurecht und spielte – einen Tango, so herzzerreißend rührend und musikalisch, dass Herr Matti sich abwandte und die Treppe hinunter verschwand. Ein echtes Weihnachtswunder.

»Sie haben den Job.«

Ich brauchte keinerlei Bedenkzeit.

»Danke«, erwiderte er atemlos. »Hier ist meine Karte. Ich bin jederzeit erreichbar.«

»Übermorgen haben wir zwei Bestattungen. Können Sie um zehn und um halb zwölf?«

»Klar, ich komme.«

Ich händigte ihm die Adresse der Trauerhalle aus, mitsamt der Liste der Musikwünsche.

»Können Sie das spielen?«

»Klar. Kann ich.«

Wenn nur alles so klar wäre wie dieser Junge hier. Er ging aus dem Büro, ohne auch nur nach dem Honorar zu fragen. Ich hoffte, ich würde ihn wirklich wiedersehen. Ich schaute mir seine Karte an. Kajo Kostnitz – das kann man doch nicht erfinden, schoss es mir durch den Kopf. Kajo Kostnitz. Ich wählte seine Handynummer. Mal sehen, wie klar erreichbar er sein würde. Sofort hatte ich ihn am Apparat.

»Heißen Sie wirklich Kostnitz?«

»Klar doch. Ich wohne gerade wieder bei meinem Vater. Den kennen Sie doch.«

»Ja, aber ... dann ...«, stotterte ich herum.

»Ich bin der Sohn von der Prusseliese. Ich bleibe noch, um meinem Vater zu helfen. Der Blaschke hat mich in Wien angerufen und gesagt, dass Mama plötzlich gestorben ist und dass es mit dem Alten nicht mehr lange gut geht. Da habe ich mein Musikstudium eben auf Eis gelegt und bin hergekommen.«

»Das tut mir Leid für Sie. Das mit Ihrer Mutter – und mit Ihrem Vater.«

Ich konnte plötzlich nur noch flüstern.

»Mir auch«, seufzte er. »Wir sehen uns dann übermorgen.«

»Danke, danke.«

»Ich habe zu danken.«

Und dann legte er auf.

Wofür bedankst du dich denn, Junge? Dass man dich aus dem schönen Wien weggeholt hat, weil deine Mama wahlweise durch einen ostasiatischen Grippevirus oder einen übereifrigen Todesengel gestorben ist? Oder weil dein Säuferpapa, Ex-Kriminaler, in Selbstmitleid und Cognac versinkt?

Kajo, so schien es jedenfalls, schaute nach vorn. Er hatte etwas beruhigend Undramatisches an sich. Aber genau so war die Prusseliese auch immer gewesen. »Gestern war, morgen macht Gott, heute bist du dran«, hatte sie mir mal lachend ihre Lebensphilosophie erklärt. Wahrscheinlich hatte Kajo, das Rotbäckchen, diese Weisheit mit der Muttermilch eingetrichtert bekommen. Und Blaschke, die Cap Anamur von Bochum, schien sich ja hier mit Begeisterung um alle zu kümmern. Gutmenschen konnten mir tierisch auf die Nerven gehen. Ich knallte den Hörer auf die Gabel.

Matti stand mit seiner Kaffeetasse plötzlich wieder auf dem Treppenabsatz.

»Wo war er eigentlich, als seine Mutter beerdigt wurde, Matti?«

»Er hat gespielt. Sie haben ihn nicht gesehen, weil er an der Orgel gesessen hat.«

»Das hätte ich nicht gekonnt. Auf der Beerdigung der eigenen Mutter.«

Herr Matti sagte nichts. Er war schon wieder auf dem Weg nach unten.

»War das Ihre Idee, dass er heute hier vorbeikommt?«

Herr Matti blieb stehen und nickte.

»Gute Idee. Sie hätten mir aber dieses elende Orgel-Casting ersparen können.«

Er zuckte mit den Schultern und verschwand. Wie sollte ich bloß mit ihm über B & B ins Gespräch kommen? Ich musste eine geeignete Situation abwarten. Hier mit ihm darüber zu reden, würde zu nichts führen. Außerdem konnte der Kugelfisch jeden Augenblick wieder auftauchen.

Ich koordinierte noch die restlichen Angelegenheiten für übermorgen. Es war mittlerweile kurz vor sechs. Von unten war kein Geräusch zu hören. Draußen schneite es immer noch. Ich hielt es vor Neugierde nicht mehr aus. Wie eine Irre stürzte ich mich auf den Reißwolf. Der Auffangbehälter war leer. Hatte Herr Matti gnädigerweise den Inhalt weggeworfen, in der Sorge, ich könnte nicht an mich halten? Enttäuscht klappte ich den Reißwolf wieder zu. Die Tüte musste doch noch irgendwo sein.

Ich zog mir meinen Mantel an und stiefelte nach draußen, um in den Mülltonnen zu wühlen. Und richtig. Da war ja die Tüte mit den Papierschnipseln. Ich stapfte wieder zurück, gerade rechtzeitig, denn Sommer bog mit seinem Auto in die Einfahrt ein. Ich verstaute die Mülltüte auch noch in meiner Tasche und pflanzte mich wieder hinter dem Schreibtisch auf. Hastig sortierte ich Papiere auf dem Tisch, wo es nichts mehr zu sortieren gab, legte die abzuzeichnenden Überweisungsträger und Bestellungen auf Sommers Schreibtisch und wartete, bis er die Treppe hinaufkäme, um mich für heute zu verabschieden.

Sommer kam aber nicht herauf. Also ging ich hinunter. Die Schiebetür stand einen Spalt breit offen, so konnte ich hören, dass Sommer und Herr Matti eine kleine Auseinandersetzung hatten. Soweit ich es mir aus den Wortfetzen zusammenreimen konnte, ging es um Weihnachten und dass Herr Matti ein paar Tage frei machen sollte, was er aber nicht wollte.

Seltsames Gespräch, dachte ich, stapfte wie immer mit den Füßen laut auf der Treppe auf und rief kurz ein Tschüss hinunter. Sommer kam aus dem Arbeitsraum gefegt und rannte mich beinahe um. Seine graue Haarpracht war durcheinander geraten, und seine Bäckchen zitterten schon wieder wie Pudding.

»Diesem Finnen muss man die Arbeit schriftlich verbieten. Will seinen Urlaub nicht nehmen. Hat man so was schon gehört?«

Ich sah ihm verdutzt nach, wie er zwei Treppen auf einmal nahm. Da ich in der letzten Zeit fast wieder mein Normalgewicht erreicht hatte, brauchte ich noch nicht einmal meinen Bauch einzuziehen, um ihn vorbeizulassen.

»Er will nicht mal drei Tage, sagt er. Er braucht keinen Urlaub, sagt er. Jeder Mensch braucht doch Urlaub!«

»Soll ich mal mit ihm …?«

»Brauchen Sie nicht. Er wird – wie letztes Jahr auch und das Jahr davor – Weihnachten und Silvester und Neujahr da unten sitzen. Auch wenn nichts zu tun ist. Die ganze Zeit – und ich werde wieder keine Ruhe haben, um meinen Jahresabschluss zu machen.«

»Aber wenn es Arbeit gibt«, versuchte ich einzulenken, »dann ist er gleich da.«

»Mir würde es völlig reichen, wenn ich ihn anrufen könnte.«

Sprachlos folgte ich dem nörgelnden Sommer nach oben.

»Aber! Man kann ihn nicht anrufen, weil er ja kein Telefon hat. Ich musste ihn sogar überreden, den Piepser mitzunehmen für die Nächte, sonst würde er auch noch hier schlafen. Vermutlich in einem Sarg!«, Sommer holte tief Luft. »Dieser Mann ist ein Irrer!«

»Herr Sommer. Jetzt beruhigen Sie sich …«

»Einen schönen Abend wünsche ich Ihnen, Frau … Frau …«, fiel er mir unwirsch ins Wort.

»Abendroth«, half ich ihm aus, »schönen Abend noch, Herr Sommer.«

»Ja, ja. Frau … ähh …«

Ich ließ Sommer in seinem Elend jetzt lieber alleine und trat den Rückzug an.

Minuten später stand ich an der Straßenbahnhaltestelle in Richtung Stadtmitte und war nicht zufrieden. Es war noch zu früh, um zu Wilmas Salon zu fahren. Sie hatte vor Weihnachten immer bis 20 Uhr geöffnet. Also was sollte ich mit dem angebrochenen Abend jetzt machen? Medienregel Nr. 2 Absatz b) sagt: Wenn man vorne rausfliegt, geht man als guter Rechercheur durch die Hintertür wieder rein.

Ich marschierte zum Lieferanteneingang, unschlüssig, wie ich das Gespräch mit Herrn Matti wohl beginnen sollte. Da ging auch schon die Tür auf, und Herr Matti stand in einem Mantel, den ich nicht unbedingt als wintertauglich bezeichnen würde, vor mir. Wahrscheinlich machten die Finnen bei unseren Wintertemperaturen gerade ihre Freibäder wieder auf.

»Gehen Sie heim, Herr Matti?«

»Ja«, sagte er mürrisch.

Also jetzt: Augen zu und vorwärts, Margret.

»Darf ich Sie ein Stück begleiten? Ich muss mit Ihnen sprechen. Jetzt!«

»Hmph.«

Na, das konnte ja eine feine Unterhaltung werden.

»Wo wohnen Sie eigentlich?«

Das war ein Frontalangriff, aber mal sehen, wohin er führte.

»Da.«

Er wies mit seinem dünnen Finger quer über die Straße auf ein nichtssagendes, hässlich gelb geklinkertes Mietshaus. Vermutlich 60er Jahre und asbestverseucht bis unters Dach.

»Ist ja nicht weit.«

Da Herr Matti stur am Straßenrand stehen blieb, obwohl kein Auto kam, stellte ich mich neben ihn. Na gut, er wollte es ja so – gab ich eben den sprechenden Schatten.

»Herr Matti, laden Sie mich doch bitte einfach auf einen Kaffee ein. Ich möchte nicht morgen in einer Schneewehe aufwachen.« Ich lehnte mich weit aus dem Fenster, aber irgendwie musste ich mit ihm doch zu Potte kommen. Endlich setzte er sich, ohne ein weiteres Wort der Zustimmung, in Bewegung. Ich schlidderte hinterher und folgte ihm die 50 Meter zu seinem Haus. Ein bisschen aufdringlich fand ich mich schon, aber was sollte gediegene Zurückhaltung jetzt noch bringen? Außerdem fand ich, dass ich zu Recht stinksauer auf ihn sein durfte und ein Anrecht auf Antworten hatte.

Herr Matti ging in die Küche. Wieder folgte ich ihm unaufgefordert. Ich setzte mich an den Küchentisch und ließ meinen Blick schweifen.

So eine Kargheit hatte ich lange nicht gesehen. Die Möbel sahen aus wie vom Sperrmüll. Altes resopalbeschichtetes Zeug, plastikbezogene Küchenstühle, nichts passte zusammen. Schlimmer als bei mir, stellte ich fest, bloß sauberer.

»Im Wohnzimmer ist es gemütlicher«, sagte er. Konnte der Mann Gedanken lesen?

Auf einem alten verschrammten Nussbaum-Sideboard standen mindestens 20 gerahmte Bilder. Vermutlich seine im Koma liegende Frau. Vor dem Unfall, versteht sich. Ich setzte mich in einen durchgesessenen grünen Sessel. Eine Couch, dunkelrot, gab es auch und einen leeren, verstaubten Vogelkäfig, der am Fenster stand. Auch hier passte kein Möbelstück zum anderen, aber es war immerhin kuschelig warm.

Matti setzte sich nicht. Er stand unschlüssig im Türrahmen. Ich zeigte auf die Bilder auf dem Sideboard.

»Ist das Ihre Frau?«

»Trinken Sie Tee?«, fragte er mich tonlos.

Soll ich jetzt zwei Stunden mit Herrn Matti um den heißen Tee herumtanzen? Ich ging zum Angriff über:

»Herr Matti, ich will gar nichts, außer ein paar Antworten. Sie sind nicht ehrlich zu mir. Sind Sie wirklich der stille Teilhaber von Bartholomae?«

»Ja.« Pause. »Ich mache Tee.«

»Herr Matti, und ich meine es bitterernst, keine Zeit für Tee. Ich brauche Antworten.«

Aber er war schon in der Küche verschwunden.

Was macht er da jetzt? Holt er sein Messer raus oder ein gelbes Kissen?

Seit in meiner kleinen Seele die Dinge nicht mehr so richtig im Lot hingen, schien ich nur noch Verrückte zu treffen. Nur, so langsam kam es mir vor, als sei Matti der König der Verrückten. Ich bekam gerade ein bisschen Angst vor ihm.

Er kam mit einem harmlos vor sich hin dampfenden Becher Tee zurück und setzte sich auf den anderen verschlissenen Sessel.

»Ja, Frau Abendroth, ich bin der stille Teilhaber von Bartholomae.«

»Das sagten Sie schon. Die Frage ist, warum sind Sie das? Und ich bitte Sie nur ein einziges Mal, Herr Matti, sprechen Sie in ganzen Sätzen und erzählen Sie mir bitte alles, was ich wissen muss. Ich habe in den letzten Wochen Ihretwegen ein paar Leute verrückt gemacht. Sogar Blaschke hilft uns, und wie es aussieht, ist Kostnitz auch nicht mehr abgeneigt, sich der Sache anzunehmen. Jetzt sind Sie dran. Also, ich höre.«

Matti hatte während meiner Ansprache angestrengt in den dampfenden Tee geschaut und ab und zu ein Schlückchen davon genommen.

Seine rechte Hand griff nach der Zuckerdose, die zwischen uns auf dem Couchtisch stand.

»Wie viel?«, fragte ich.

»Vier«, sagte Matti und ließ die Zuckerdose wieder los. Dann begann er zu erzählen. Endlich.

»Ich heiße Matti Paavo Bietiniemolaiinnen. Ich bin 48 Jahre alt. Ich komme aus Finnland. Ich habe meine Frau umgebracht.«

Den letzten Satz hätte ich gerne mit einem Wodka verdünnt.
»Was?«, hörte ich mich fragen.
»Sie hat den Wagen gefahren. Wir waren auf dem Weg zu ihren Verwandten in Köln. Sie wollte einen Lastwagen überholen. Ich habe den Motorradfahrer auf der Überholspur nicht gesehen und gesagt, es sei alles frei. Wie man das manchmal so macht, wenn jemand etwas zögerlich fährt.«

Ich stieß einen langen Seufzer aus. Ich hatte wohl schon wieder dicke Backen gemacht und minutenlang nicht geatmet, falls das physiologisch überhaupt möglich war. Endlich sprach er weiter.

»Es ist hier passiert, kurz vor Bochum. Märtha hat drei Jahre im Koma gelegen, dann haben mir die Ärzte gesagt, ich müsse eine Entscheidung treffen.«

Er nahm einen Schluck von seinem Tee. In dem Moment tat er mir so Leid. Aber sagte er mir auch die Wahrheit?

»Wann war der Unfall?«
»Vor fünf Jahren.«
»Und Sie haben eine Entscheidung getroffen?«
»Ja, wir haben am 1. Januar 2000 die Geräte abgestellt.«
»Sie sind all die Jahre hier geblieben?«
»Ja. Herrn Sommer habe ich im Krankenhaus kennen gelernt.«
»Und da hat er Ihnen einen Job angeboten?«
»Ja. Ich fand das sehr freundlich von ihm. Ich bin Thanatopraktiker. Wir kamen ins Gespräch. Er hat oft Tote im Krankenhaus abgeholt.«
»Oh. Und dann? Hat Sommer Ihre Frau bestattet?«
»Nein. Ich habe sie einbalsamiert. Herr Sommer hat dann die Überführung geregelt. Ich habe Märtha nach Finnland gebracht. Sie schaut jetzt auf unseren See.«

In seinen Augen standen Tränen. Wahrscheinlich war ich die erste Person, der er diese Geschichte erzählte. Da hatte er sich ja den richtigen Deppen ausgesucht.

»Ich hole mir einen Tee«, sagte ich zu Matti und floh in die Küche, um ihm und mir Gelegenheit zu geben, die Fassung zurückzugewinnen. Es war ihm bestimmt nicht recht, dass ich ihn weinen sah. Wahrscheinlich war es ihm schon gar nicht recht, dass ich hier in seine Wohnung kam, um ihn auszufragen.

Ich goss mir gerade eine Tasse voll, als er plötzlich hinter mir stand.

»Warum sind Sie hier geblieben, Herr Matti? Warum sind Sie nicht in Ihrem schönen Finnland?«, fragte ich hastig, nur um etwas zu sagen.

»Ich kann nicht.«

Er hielt mir seine leere Tasse hin, die ich auffüllte.

»Und warum haben Sie mir erzählt, dass Ihre Frau noch lebt?«

»Weil ... weil ... ach, ich weiß nicht ...«

»Weil Sie sich lieber vorstellen, dass sie in Finnland ist und lebt?«

Ich wollte noch hinzufügen: »... und auf Sie wartet«, ließ es aber lieber bleiben. Er nickte heftig. Dabei schwappte aus seiner Tasse etwas Tee auf den Boden. Wir starrten beide auf die kleine Pfütze.

»Und was ist mit Bartholomae?«

Mattis Blick wanderte an mir vorbei auf die Küchenuhr an der Wand.

»Ich hatte das Geld aus der Lebensversicherung von meiner Frau. Herr Sommer hat mich eines Tages gefragt, ob ich etwas bei einem seiner Freunde investieren wollte. Es hörte sich seriös an. Da habe ich das dann gemacht.«

»Ja, und weiter? Was ist jetzt mit den toten Leuten?«

»Es fing irgendwann an. Ich weiß nicht, warum. Plötzlich. Gelbe Flusen und all die alten Leute, die niemanden mehr hatten. Vorher war nie so viel zu tun bei Sommer. Und plötzlich waren es so viele. Und dann gab es diese Kissen. Eine Idee von Bartholomae – Werbegeschenke. Eine gute Investition, hat er gesagt. Das fiel zeitlich alles zusammen.«

Matti ging zurück ins Wohnzimmer. Er schaute auf ein Bild auf dem Sideboard. Ich schaute auch hin. Seine Frau war wirklich hübsch gewesen, eine mollige, blonde Frau mit einem schönen Lachen. Sie trug ein fröhlich gepunktetes Sommerkleid, kniete auf dem

Rasen und knuddelte eine kleine Ziege. Im Hintergrund konnte ich verschwommen einen See erkennen.

»Dann kennen Sie doch Schwester Beate.«

»Eher nein. Ich bin nie in der Firma bei Bartholomae. Damit habe ich nichts zu tun. Schwester Beate war mit Frau Kostnitz gut bekannt.«

»So! Und Sie wussten die ganze Zeit, dass es diese gelben Kissen bei Bartholomae gibt?«

»Ja.«

»Und warum, um Himmels Willen, haben Sie mir das nicht gesagt?«

»Ich dachte ... ich weiß nicht recht.«

»Oh, Sie dachten! Fantastisch, Herr Matti, Sie dachten, lass die dämlich-neugierige Maggie mal alles selbst rausfinden. Sie hat ja sonst nix zu tun. Und ich, der kluge Herr Matti, mache mir nicht die Finger schmutzig. Und wenn ich mit meinem fantastischen Ahnungen dann doch nicht Recht habe, dann hat sie sich die Finger verbrannt und nicht ich! Ist es das, was Sie sich gedacht haben?«

Ich war immer lauter geworden, und Matti war ganz in seinen Sessel gesunken.

»Sie sind nicht dämlich, Frau Margret.«

Schön, dass er das sagte, blieb aber immerhin »neugierig« übrig. »Wirklich! Ich dachte nur, wenn Sie zu denselben Ergebnissen kommen oder denselben Gedanken haben, dann stehe ich nicht mehr alleine da.«

»Oh – minus mal minus gibt plus. Oder was?«

Mann, war ich beleidigt, so beleidigt wie schon lange nicht mehr. Was war ich denn hier? Das Versuchskaninchen für den schrulligen Finnen? Warum konnte der Kerl nicht ein einziges Mal geradeaus reden?

Wir schwiegen uns eine ganze Weile ziemlich deutlich an. Schließlich seufzten wir beide gleichzeitig. Ich sollte wohl besser gehen, mich aus allem raushalten, anstatt mich für den schrägen Finnen vor aller Welt zum Narren zu machen. Wenn ich eine Story brauchte, könnte ich die wohl noch selbst erfinden. Vielleicht nicht jetzt sofort, vielleicht später. Wenn ich schon ein Jahr mit meiner Schreibblockade verplempert hatte, dann würde ein weiteres Jahr den Kohl auch nicht mehr fett machen.

»Frau Margret. Bitte.«

Ich hing immer noch meinen Gedanken nach. In der Küche tickte die Uhr. Ansonsten war es gespenstisch still in der Wohnung.

»Ich wollte Sie nicht hinters Licht führen.«

Tick, tick, tick.

»Was kann ich noch sagen? Ich frage Sie, hätten Sie mir denn geglaubt, wenn ich Ihnen das alles vor ein paar Wochen erzählt hätte?«

Tick, tick, tick.

Diese Frage konnte ich mir mit einem klaren Nein beantworten.

»Na gut, Herr Matti. Das wollten Sie also nicht.«

»Frau Margret, denken Sie doch bitte mal an die alten Leute. Sie haben doch ein Herz. Wie viele sollen denn noch sterben?«

Tick, tick, tick.

Hatte ich ein Herz? Diese Frage konnte ich nicht sofort beantworten.

Jetzt schaute er mir direkt in die Augen. Was ich sah, war die schiere Verzweiflung. Ich kapitulierte. Wenn ich auch sonst nichts hatte – ich war definitiv neugierig, und ich hatte wirklich nichts Besseres zu tun.

»Wie passe ich denn jetzt in diese Geschichte, Matti? Warum haben Sie ausgerechnet mich darauf aufmerksam gemacht und nicht Sommer?«

Matti brachte ein gequältes Lächeln zustande.

»Er hatte sich benommen … wie sagt man … seltsam. Viele Bankgespräche … plötzlich. Außerdem, Sommer und Bartholomae sind alte Schulfreunde, da wollte ich nichts sagen. Sommer war immer sehr lange im Büro. Am Computer. Er sah nicht gut aus.«

»Und Bartholomae?«

»Sie haben sich oft getroffen. Manchmal, wenn sie in Sommers Büro geredet haben, habe ich versucht zu lauschen. Aber alles habe ich nicht verstanden. Es ging aber um Geld. Mit mir haben sie darüber nicht gesprochen. Bartholomae zahlt pünktlich die Erträge aus meiner Investition.«

In mir keimte eine Idee. Börsenspekulation? Wenn die beiden Geld gehabt hatten, dann hatten sie es wie all die anderen Deppen an der Börse investiert, nur – nach dem 11. September waren alle Kurse dramatisch in den Keller gerauscht. Und davor? Davor war es auch schon längst nicht mehr eitel Sonnenschein gewesen, besonders nicht bei der Telekom.

»Matti, glauben Sie wirklich, dass die beiden alte Menschen umbringen, um ihr Geschäft anzukurbeln? Ich verstehe nicht, wie die das machen. Bartholomae hat doch nichts davon, außer ein bisschen Knete, wenn er eine ... sozusagen ... Provision von Sommer bekommt, weil der ihm die Beerdigungen zuschanzt.«

»Ich weiß es nicht. Ich verstehe das auch nicht. Etwas ist nicht richtig, aber ich weiß nicht, was es ist«, sagte er verzweifelt.

»Wissen Sie was, Matti, Sie hätten sofort zur Polizei gehen sollen. Ich weiß auch schon nicht mehr, was ich glauben soll oder nicht«, gab ich heftiger zurück, als ich eigentlich wollte.

Er bedeckte seine Augen mit der rechten Hand. Ich stand auf, ging zu ihm hin, legte eine Hand auf seine Schulter und war mir gerade selbst völlig fremd. Ausgerechnet ich tröstete Herrn Matti. Das war völlig Maggie-untypisch.

»Frau Margret. Es tut mir Leid, dass ich Sie da hineingezogen habe.«

Ich nahm meine Hand wieder von seiner Schulter.

»Herr Matti, das fällt Ihnen aber früh ein.«

»Ich kann doch nichts tun.«

»Und wieso nicht? Sie sind jeden Tag bei Pietät Sommer! Sie wohnen gegenüber! Sie sind Teilhaber von Bartholomae! Sie haben doch damit jedes Recht, in die Unterlagen zu schauen! Wo ist das Problem?«

Er sah mich hilflos an. Aber ich ließ nicht locker.

»Gibt es noch irgendein Geheimnis, das ich wissen müsste?«, insistierte ich. Da war ich wieder, ganz die alte Maggie.

»Frau Abendroth, Frau Margret, ich ... ich ...«, stammelte er.

Himmel noch mal, Matti! Bist du in mich verknallt oder was? Meine wirklich allerschlimmste Befürchtung für den heutigen Tag, dass ich es jetzt auch noch damit zu tun bekommen könnte.

»Frau Abendroth, ich kann das nicht, weil ich nicht schreiben kann ... und nicht lesen.«

Und ich konnte spontan nicht mehr sprechen. Um die peinliche Pause zu überbrücken, musste ich ausgiebig an meinem heißen Tee nippen. Herr Matti schaute mit hochrotem Kopf betreten zu Boden.

»Sie meinen, Sie können nicht Deutsch lesen und schreiben.«

»Das auch nicht.«

»Finnisch auch nicht?«

»Ja, Finnisch auch nicht. Gar nichts.«

»Oh, gar nichts. Da haben wir ja was gemeinsam. Fünfzig Prozent ungefähr.«

»Was haben Sie?«

»Ich kann nicht schreiben.«

Jetzt war Matti derjenige, der mich mit offenem Mund anstarrte.

»Kein Witz. Das ist eigentlich mein Beruf. Autorin. Aber ich kann nicht mehr schreiben. Klar, Rechnungen und so – kein Problem. Aber keine Drehbücher mehr, keine Geschichten. Vorbei. Seit einem Jahr kriege ich nichts mehr aufs Papier. Glauben Sie mir, ich arbeite nicht freiwillig für Sommer.«

»Ist schlimm für Sie«, stellte er sachlich fest.

Ich spürte, wie ganze Niagarafälle von Tränen aus meinen Augen rauschen wollten. Ich versuchte, Herrn Mattis Blick auszuweichen und starrte auf den leeren Vogelkäfig. Warum, um Himmels Willen, hatte ich ihm das jetzt gebeichtet, und warum musste ich den nächsten Satz auch noch sagen? Ich wollte den gar nicht sagen, aber irgendwie bewegten sich meine Lippen und meine Stimmbänder, ohne dass ich was dagegen machen konnte: »Schlimm ist gar kein Ausdruck. Ich bin wie gehirnamputiert«, flüsterte ich und starrte weiter den Käfig an und schluckte tapfer meine Tränen herunter.

»Frau Margret. In Ihrem Gehirn ist bestimmt nichts kaputt. Ganz bestimmt nicht.«

Herr Matti erhob sich schwerfällig aus dem Sessel und schlurfte in die Küche.

Natürlich war in meinem Gehirn nichts kaputt. Ich wusste längst, was kaputt war. Mein Herz war ein teflonbeschichtetes Ersatzteil aus der Weltraumforschung. Aber woher, verdammt noch mal, wusste das dieser Finne?

Er kam nach ein paar Minuten mit einem Tablett, beladen mit Schokokeksen und einer frischen Kanne Kaffee, zurück.

Meine Rettung! Das anstrengende Gespräch hatte meine Kohlehydratspeicher komplett geleert. Ich fühlte mich wie ausgewrungen. Nach zwei Schokokeksen nahm ich das Gespräch tapfer wieder auf. Hauptsache, es würde sich heute nicht mehr um mich drehen.

»Wenn Sie aber gar nicht schreiben können, wie haben Sie dann um Himmels Willen Ihre Prüfungen geschafft? Da muss man doch was schreiben?«

»Wenn man sich beide Hände verbrüht hat, dann nicht«, sagte er. »Ich habe alles mündlich gemacht. Ich habe eine gute Note bekommen. Die praktische Prüfung durfte ich nachmachen. Meine Frau hat mir auch geholfen, die Hausarbeiten zu schreiben und Sachen nachzulesen. Ich kann alles im Kopf behalten.«

»Und Straßen? Wie finden Sie die Adressen, und alles …?«

»Alles hier«, er tippte sich an die Stirn.

»Sie sind unglaublich, Matti. Haben Sie denn jemals gelesen, was für einen Vertrag Sie mit Bartholomae gemacht haben?«

»Ich nicht, Frau Kostnitz hat mir vorgelesen. Sie war immer so nett. Der Vertrag ist in Ordnung.«

»Oh, verstehe.«

Ich schob mir noch einen Keks in den Mund.

»Herr Matti, was machen wir denn jetzt bloß?«

»Ich habe noch etwas für Sie.«

Er ging zum Sideboard und holte aus einer Schublade einen Stapel Papier.

»Was ist das?«

»Das habe ich bei Bartholomae aus dem Müll geholt. Ich weiß

nicht, was es ist, aber ich habe es mitgenommen. Vielleicht ist es ja wichtig!«

Ich sah einen Wust von Papier. Wie ich mit einem Blick feststellen konnte, handelte es sich hauptsächlich um unwichtigen Kram. Einladungen zu Messen, Angebote für medizinisches Gerät, Fotokopien usw. Ich wollte Matti nicht enttäuschen, also sagte ich: »Herr Matti, ich bin heute noch verabredet. Ich nehme das alles mit nach Hause und schaue es in Ruhe durch. Jetzt muss ich los.«

»Ja, es ist spät. Soll ich Sie in die Stadt fahren?«

»Nicht nötig. Danke, dass Sie mir das alles erzählt haben. Ich werde niemandem etwas sagen. Versprochen.«

»Ich weiß.«

Woher, verdammt noch mal, willst du das wissen, alter Finne? Warum glaubte dieser Mensch, in mir lesen zu können wie in einem offenen Buch?

Ich fühlte mich ertappt und packte umständlich den Stapel Papier in meine Tasche, damit ich ein bisschen Zeit gewann, mich wieder einzukriegen. Wer hatte heute Abend eigentlich wen aus der Reserve gelockt?

Ein Blick auf die Uhr zeigte mir, dass ich schon wieder unverschämt spät dran war, also hastete ich nach einer kurzen Verabschiedung schliddernd durch die vereisten Straßen zur Bahn. Ich war wild entschlossen, bei Wilma mehr als zwei Eierliköre zu trinken.

19

Während ich in der U-Bahn saß und Richtung Wilmas Salon fuhr, hätte ich gleich wieder losheulen können. Hatte denn niemand, der mir hier über den Weg lief, ein gutes, sorgenfreies, frohes, heiteres, vielleicht sogar brillantes Leben? Das war doch nicht fair. Die Matrix schien immer dieselbe zu sein: Man macht im Leben einen einzigen Fehler, und schon geht alles zu Bruch. Herr Matti hatte im falschen Moment gesagt, die Straße sei frei. Tausende von Menschen hatten sich am 11. September in New York zur falschen Zeit am falschen Ort verabredet. Ich hatte dem falschesten aller zur Verfügung stehenden Kerle meine Kehle hingehalten. Wahrscheinlich hatten Sommer und Bartholomae beim Börsen-Rodeo auf die Deutsche Telekom gesetzt anstatt auf Puma-Aktien. Erika Kostnitz hatte sich den falschen Mann und den falschen Pflegedienst ausgesucht, und Kostnitz hatte sich dummerweise dem Alkohol verschrieben, und alle Toten ohne Angehörige hatten sich der falschen Sterbeversicherung anvertraut und vor allem der falschen Sterbebegleitung, nämlich Schwester Beate. Eine falsche Entscheidung und Bäng! – das war dein Leben. Du hättest die andere Ausfahrt nehmen sollen. Aber zu spät, auf der Autobahn darf nicht gewendet werden!

Beinahe hätte ich durch mein halbphilosophisches Brüten über die Gesetzmäßigkeiten des Fehlermachens die Haltestelle verpasst. Ich sprang in letzter Sekunde aus der Bahn.

Bei Wilma stand im Salon schon eine Flasche Eierlikör parat. Die letzte Kundin wurde soeben höflich hinauskomplimentiert. Wilma ließ mich hinein und schloss hinter mir schnell die Tür ab.

»Ich habe dem Lehrmädchen früher freigegeben.«

»Das heißt also, dass du jetzt noch fegen musst. Ich helf' dir.«

»Siehst du hier etwa Dreck?«

Sie schnappte sich die Eierlikörflasche, ihre Handtasche, machte das Licht aus, und so stiefelten wir die Hintertreppe zu ihrer Wohnung hoch.

»Sag bloß, du leistest dir jetzt eine Putzfrau für den Salon?«

»Du sagst es. Das ist mein Weihnachtsgeschenk an mich selbst. Solltest du dir auch mal gönnen.«

Wie es aussah, traf Wilma die eine oder andere richtige Entscheidung.

»Danke für den Hinweis, aber bei meinem derzeitigen finanziellen Desaster könnte ich mir allenfalls einen Handfeger zu Weihnachten schenken. Damit wäre das Budget erschöpft.«

Wir kickten gleichzeitig unsere Schuhe von den Füßen und fläzten uns aufs Prachtsofa. Wie ich mich so bei Wilma umschaute, wurde mir klar, dass es doch Leute gab, die ab und zu was richtig machen konnten. Wilma war eine von ihnen. Sie hatte zur richtigen Zeit eine ansehnliche Modelkarriere gemacht, kein Supermodel, aber sehr gefragt für die großen Kataloge und Messen. Sie hatte zur richtigen Zeit damit wieder aufgehört und dann sehr klug ihr kleines Friseur-Imperium aufgebaut. Sie hatte sogar den Bogen raus, sich grundsätzlich in die falschen Männer zu verlieben, sie aber zum richtigen Zeitpunkt wieder auf die Straße zu setzen. Und immer machte sie den Eindruck, genau zu wissen, was sie tat. Ich wusste erst immer hinterher, wenn alles zu spät war, dass ich überhaupt was getan hatte. Wilma riss mich aus meinen Gedanken: »Was machst du Weihnachten?«

»Das fragst du mich noch? Wilma, ich werde zu Hause im Bett bleiben. Wie immer.«

»Ganz alleine?«

»Mutterseelenallein. Vielleicht mit dem Kater, wenn er sich benimmt. Vielleicht lade ich auch George Michael ein. Der singt mir dann den ganzen Abend aus *Older* vor. Und was machst du so?«

Wilma schaute mich an, als hätte ich ihr eine unanständige Frage gestellt.

»Ich fahre natürlich zu meinen Eltern und lasse mich gehen. Du kannst gerne mitkommen. Meine Oldies sind doch sehr nett. Winterberg – Schnee, Fondue, flache Schuhe ...«

»Und massenweise ausgeflippte Holländer, die zum ersten Mal in ihrem Leben einen Hügel sehen«, fiel ich ihr ins Wort.

»Es wäre umsonst. Überleg es dir.«

»Vielen Dank, aber es bleibt bei nein. Und jetzt zum Eierlikör und unserem Highclass-Pflegedienst.«

Ich packte die Broschüren aus. Dabei fielen mir der Müllsack mit den Papierschnipseln und ein paar lose Blätter aus der Matti-Sammlung aus der Tasche. Schnell stopfte ich alles wieder zurück, aber Wilma hatte es schon gesehen.

»Wirst du jetzt so eine verrückte Altpapier-Lady, wie die in New York?«

»Nein, es dient der Recherche.«

»Tolle Recherche. Sieht aus, als hättest du alles aus dem Müll gezogen.«

»Hab' ich ja auch. Müll ist sehr aufschlussreich.«

»Iiihh. Lernt man das auf der Journalistenschule?«

»Nee, auf der Paparazzischule. Jemand behauptet, er sei endlich trocken? Schau in seinen Müll. Jemand behauptet, er wohne ganz allein und hätte keine Freundin? Schau in seinen Müll«, dozierte ich.

»Was für Methoden. Lass mich mal lieber die sauberen Sachen sehen.«

Sie nahm sich eines der Hochglanzheftchen von Bartholomae vor, während ich in die Küche ging, um Gläser für den Eierlikör zu holen. Ich schenkte uns reichlich ein.

»Man kriegt hier wirklich was für sein Geld. Guck mal, die machen echt alles für einen, waschen, kochen, einkaufen, echte Krankenpflege.«

»Vorausgesetzt, man zahlt auch ordentlich. Wirf mal einen Blick auf die Preisliste.«

»Whooops«, kicherte Wilma, die ihre Zunge im Glas versenkte, »da bin ich aber froh, dass ich so eine wohlhabende Tante habe.«

»Du hast keine Tante.«

»Und was ist das hier?« Wilma nahm das dritte Heft hervor und schlug es auf. »Maggie, das ist ja wohl der Hammer.«

Sie hielt mir mit ihren hochglanzpolierten Fingern ein Blatt Papier unter die Nase. Ich überflog kurz den Inhalt. Es war ein Bestattungsvertrag von Pietät Sommer. Ein Formular für den Abschluss einer Sterbegeldversicherung war praktischerweise gleich beigelegt. In dem Vertragsvordruck der Sterbegeldversicherung war der Name *Bartholomae, Walter,* als Nutznießer bereits eingetragen.

»Wilma, der schnieke Herr Bartholomae hat sie doch nicht mehr alle – das ist ja wohl mehr als schmuddelig.«

»Nur, weil er nebenbei noch ein bisschen in Versicherungen macht? Was du nicht alles weißt. Das heißt doch noch gar nichts.«

»Du kannst mir erzählen, was du willst, die machen was mit diesen Versicherungen. Doppelschwör. Der trägt sich da als Nutznießer ein. Möchte wissen, ob die Leute überhaupt mitkriegen, was sie da unterschreiben.«

»Ich könnte ihn doch mal dezent fragen, was das soll. Schließlich will meine Tante das gar nicht. Schließlich bin ich die Nutznießerin von allem.«

»Wilma, du hast keine Tante. Mach Bartholomae nicht auf uns aufmerksam. Sonst kriegst du ein gelbes Kissen vorbeigebracht.« Dabei wedelte ich mit dem Kissen, das ich aus meiner Tasche gezerrt hatte, drohend vor ihrem Gesicht herum.

»Spaßverderberin.«

»Ja danke. Das Erste, was ich morgen mache, ist ein Termin bei dieser Versicherung. Mir schwant, ich brauche auch dringend eine Sterbeversicherung. Ich möchte wissen, wie das geht.«

»Sag mal, hast du eigentlich schon mit deinem Herrn Matti Tacheles geredet?«

»Hm? Ach so. Nein. Keine Gelegenheit. Vielleicht morgen«, log ich und wechselte schnell das Thema. »Noch einen Eierlikör?«

Wenn ich jetzt mein Plappermaul nicht gehalten hätte, dann hätte ich ja schon nach 55 Minuten mein Wort gebrochen. Das wollte ich aber nicht. Ich hatte einfach den dringenden Wunsch, mich Matti gegenüber so ehrenhaft wie möglich zu benehmen. Wilma musste das alles auch gar nicht erfahren. Sie war nach dem anstrengenden Papierkram sowieso gerne bereit, sich anderen Themen zuzuwenden.

»Wie läuft es denn mit dem schnieken Kripobeamten, wie heißt der gleich? Blaschke?«

»Woher, um Himmels Willen, weißt du das denn schon wieder?«

»Ihr seid eben gesehen worden, trautes Glück im Streifenwagen. Er hat dich offensichtlich zur Arbeit gefahren. Die Frage ist, hat er dich nur abgeholt, oder hat er bei dir gefrühstückt?«

Ich war platt.

»Wilma, mir graut vor dir!«

Wir gossen uns Eierlikör nach und krönten die gelbe Masse mit jeder Menge Schokostreuseln. Also, wenn Wilma sowieso schon alles wusste, musste ich nur noch ein paar einfache Fragen stellen:

»Und? Weiß dein sagenhafter Informant denn auch, ob Blaschke, um gleich beim Thema zu bleiben, eine Gattin hat?«

»Wie, du lässt dich von dem rumkutschieren und hast das noch nicht rausgefunden? Hat er denn jetzt die Nacht bei dir verbracht oder nicht? Soll ich in deinem Müll nachschauen?«

»Wilma! Hat er nicht. Wenn ich es mir hätte aussuchen können, wäre ich noch nicht mal in den Streifenwagen eingestiegen.«

»Hat er dich etwa verhaftet? Mit Handschellen und so?«

»Nei-en! Herrgott nochmal! Du bist ja schlimmer als die Spanische Inquisition. Ich hab' mein Auto nicht aufgekriegt, weil alles zugefroren war.«

Wilma kicherte albern vor sich hin und leckte sich die Reste der in Eierlikör getränkten Schokostreusel vom Finger.

»Oh, da ruft man doch normalerweise den ADAC und nicht die Polizei.«

Wilma konnte mir den letzten Zahn ziehen mit ihrer Fragerei. Widerstand war zwecklos, also erzählte ich ihr die Geschichte mit der Schneeballschlacht von Anfang an. Aber nur bis zur Ankunft bei Pietät Sommer. Den Rest, inklusive meines peinlichen Magendebakels, natürlich nicht. Endlich war sie zufrieden. Jetzt wollte ich aber zu gerne wissen, was Wilma wirklich über Blaschke und eine etwaige Gattin wusste.

»Hat er denn jetzt eine Frau oder nicht? Gib zu, Wilma, du weißt es gar nicht.«

»Hat er nicht. Die ist ihm abgehauen, mit einem Kollegen. Vor einem Jahr. Warum, haben die gut unterrichteten Kreise leider nicht herausgefunden. Nur, dass es bei ihr wohl schnell einen anderen gab. Seitdem pflegt Herr Blaschke ein lustiges Junggesellenleben«, gab Wilma triumphierend zum Besten.

Ich leckte mein Likörglas aus und knabberte zufrieden auf den Schokostreuseln herum. Da war sie ja schon, Blaschkes falsche Entscheidung! Oder Frau Blaschkes falsche Entscheidung? Oder vielleicht eine falsche Entscheidung zu meinen Gunsten? Also auch du, Blaschke, ein Mitglied im Club der anonymen Loser. Ich sah uns schon alle bei einer Tasse Kirschblütentee im Kreis sitzen – Blaschke, Kostnitz, Herr Matti und ich während eines Treffens unserer kleinen Selbsthilfegruppe. Wilma wäre natürlich nicht dabei, weil sie kein Loser war. Sie hatte schließlich einen Friseursalon, eine Karriere und eine Putzfrau. Hallo, ich heiße Maggie, und ich habe das Bundesverdienstkreuz für Loser in Gold am Band und mit zwei Ehrentränen.

Da das Thema »Die Ehe des Herrn Kommissars« leider nichts mehr hergab, vergnügten wir uns zum lustigen Abschluss des Abends mit einem Ally McBeal-Video. Dann musste ich leider nach Hause laufen. Wilma wollte mir ein Taxi bestellen, was ich heldenhaft ablehnte. Taxi würde zwölf Mark kosten. Ich hoffte auf die natürliche Heilwirkung von Bewegung und kalter Schneeluft.

Dank des Eierlikörs war der Heimweg tatsächlich nicht halb so kalt, wie ich befürchtet hatte. Nur meine Tasche hatte ihr Gewicht verdreifacht. Manchmal kann Geiz richtig wehtun. Wilma hatte ich mit Küsschen-Küsschen und den besten Wünschen an die Eltern in den Weihnachtsurlaub verabschiedet. So man Eltern hat, die einen sehen und verwöhnen wollen, sollte man auch hinfahren.

Endlich in meiner warmen Höhle angekommen, schob ich den ganzen Papierkram fürs Erste unters Bett. Auf dem Esstisch war definitiv kein Platz mehr. Den Beutel mit den Reißwolfschnipseln schob ich gleich hinterher. Später, später würde ich die Kraft oder ausreichend suizidale Energie haben, mich mit dem Inhalt zu beschäftigen, sprich das Puzzle aus dünnen Streifen, die mit der Tinte des Knipsers besudelt waren, mit Tesafilm wieder zu einem lesbaren Ganzen zusammenzukleben. Ich könnte mich aber auch genauso gut entschließen, nicht wissen zu wollen, was in dem Brief stand. Egal was drin stand – es würde mir nicht gefallen.

Erschöpft setzte ich mich auf die Bettkante. Und dann traf es mich wie ein Keulenschlag: Was, wenn alles, was ich mir hier zusammenfantasiere, wirklich wahr ist? Tatsache: Es werden alte Menschen umgebracht. Es werden alte Menschen umgebracht, offenbar von Leuten, mit denen ich in direktem Kontakt stehe. Und nicht nur das – ich werde sogar von ihnen bezahlt! Was, wenn, auf welche Weise auch immer, Versicherungen manipuliert werden? Dann, ja dann ist es allerhöchste Eisenbahn, was zu unternehmen, anstatt mit Matti und Wilma rumzuschwadronieren und Blaschkes Aftershave zu bewundern.

Was hätte denn eine meiner schlauen Drehbuchheldinnen in dieser Situation getan? Eben, das war ja das Elend. Es fiel mir nicht ein. Das war der große Unterschied zu früher. Nicht ich hatte die Story - die Story hatte mich! Und diese Erkenntnis war so fies wie eine Kakerlake, die einem das Hosenbein hochkrabbelt.

Wo war eigentlich Dr. Thoma, wenn man ihn brauchte? Ich sehnte mich jetzt nach seiner Gesellschaft. Ich wollte mit meinen Gedanken nicht alleine sein. Außerdem bekam ich Kopfschmerzen. Ich öffnete das Fenster und rief leise nach ihm. Aber der Kater blieb aus. Vielleicht gab es in der Nachbarschaft irgendwo Gänsebraten. Da konnte ich mit meinem schweren Kopf, einem blöden gelben Kuschelkissen und Aldi-Fleischsalat natürlich nicht mithalten.

Ich schaute mir das Kissen genauer an. Versuchsweise hielt ich es mir vors Gesicht. Ähhhhh. Ich bekam wirklich kaum Luft. Testweise drückte ich noch ein bisschen heftiger. Unheimlich. Es kam überhaupt keine Luft durch. Maggie, hör mit diesen Selbstversuchen auf. Geh schlafen. Angewidert warf ich das Kissen in die entfernteste Ecke des Zimmers. Trotzdem gruselte es mich bei dem Anblick. Maggie, es ist ein unschuldiges gelbes Daunenkissen, versuchte ich mich zu beruhigen. Es tut dir doch nichts.

Irrational hin oder her. Ich wollte es nicht in meiner Nähe haben. Ich legte es in den Hausflur und drehte den Schlüssel zweimal um. Für mich stand völlig außer Frage, dass unbelebte Gegenstände trotzdem ein Eigenleben hatten. Egal, ob das physikalisch, technisch oder von sonst einer Wissenschaft verneint wurde. Meine Oma hatte das auch immer gesagt.

Als ich endlich im Bett lag, wurde mir übel. Wahrscheinlich von den Schokostreuseln, die in meinem Magen gerade ein spezielles Eigenleben mit dem Eierlikör entwickelten.

20

Am Morgen erwachte ich mit dem tröstlichen Gedanken, dass ganz bald und endlich, endlich fünf freie Tage am Stück in Sicht waren. Zweimal werden wir noch wach, heissa, dann ist Weihnachtstag. Aber was sollte ich bloß mit insgesamt fünf freien Tagen anfangen, fragte ich mich im selben Atemzug. Am Feiertags-Horizont war nichts zu sehen: keine Aufgaben, keine Einladungen, nichts. Noch nicht einmal ein Piratenschiff war in Sicht.

Die Wohnung würde ich in knapp einer Stunde komplett geputzt haben. Die Waschmaschine lief von selbst. Den Einkauf würde ich wie immer auf den letzten Drücker, Heiligabend-Morgen, erledigt haben, und dann? Endlose Stunden fernsehen, bis die Augen viereckig sind.

Mir war im Traum auch keine Idee gekommen, wie ich denn nun weiter recherchieren sollte. Ich musste einfach auf eine Eingebung oder eine Entwicklung hoffen, die mir weitere Möglichkeiten eröffnen würde. Blieb also nur, mit offenen Augen und Ohren abzuwarten.

Wie wenig wusste ich doch von Weihnachtswundern.

Das erste Weihnachtswunder lag in meinem Postkasten. Ein kleiner Brief mit einem Anhängsel in Form eines kleinen bunten Weihnachtsengels. Seit wann kannte ich jemanden, der auf Erzgebirge-Kitsch stand?

Der Brief war von Blaschke. Während ich zu meinem Wagen ging, schnüffelte ich an dem Kuvert. Halston und Himbeere?

Über Nacht hatte es einen Temperaturanstieg gegeben, der Schnee war geschmolzen, und mein Opel lachte mich in seiner ganzen dreckigen Pracht an. Und ich fiel auf sein Lächeln herein. Der Schlüssel drehte sich im Schloss, aber die Tür ließ sich nicht bewegen. Mit einem Bein stützte ich mich am Türholm ab, zählte bis drei und riss mit einem Ruck die Tür auf. Sie gab ein schmatzendes Geräusch von sich, und 30 Zentimeter Gummidichtung baumelten im Rahmen.

Ungeschickt versuchte ich, die Gummiwurst wieder in den Türrahmen zurückzustopfen. Zu guter Letzt riss ich sie wütend ganz ab, stieg ein und startete den Motor.

Ich gönnte mir fünf Minuten, um den Wagen warmlaufen zu lassen und las derweil Blaschkes Brief. Seine Botschaft lautete: »Die Flusen sind alle vom selben Stoff, gelb, 50 % Angora, 50 % Polyacryl. Keine Hinweise auf Fragmente von Daunen oder anderen Füllstoffen.« Um das festzustellen, hatte Wilma kein Kriminallabor gebraucht. Ich las weiter: »An allen Fasern sind zusätzliche Faserreste von Kaschmir, die nicht aus den Kissen stammen; außerdem noch weiße Baumwolle. Verschiedene Haare, alle grau oder gefärbt. Bei der Probe ‚Kostnitz' sind zusätzlich Fasern einer blauen Schurwolle entdeckt worden.« Die Tabakkrümel, am ehesten der Marke *Gauloises Blau,* davon gehe er aus, seien wohl eine Verunreinigung meinerseits, da ich die Probe unsachgemäß verpackt hatte.

Na, das half mir jetzt aber enorm weiter. Blaschke schrieb weiter, er habe das Kissen, das bei Kostnitz noch rumlag, auch ins Labor gegeben. In der flauschigen Hülle hatten die Kriminaltechniker ein winziges Stück von einem abgebrochenen Fingernagel, der eindeutig Frau Kostnitz zuzuordnen war, gefunden. Der Nagellack stimmte mit dem überein, der in ihrem Bad gestanden hatte. Eines habe den Kriminaltechniker allerdings irritiert: Die Kissenfüllung steckte noch in einer Plastikfolie. Wahrscheinlich ein Fabrikationsfehler bei der Endfertigung, also beim Stopfen der Kissen. Man hatte einfach vergessen, es zu entfernen. Er wünschte mir noch frohe Weihnachten.

Na danke. Da waren die beiden großen Kriminologen aber fleißig gewesen. Warum hatte er nicht angeschellt? Blöde Frage. Weil er wahrscheinlich auch den Weihnachtsblues hatte. Und seit wann verzierte die Polizei ihre Post mit Weihnachtsengeln? Kriegte man ab Dezember mit einem Haftbefehl vielleicht auch wahlweise einen Adventskalender mitgeliefert?

Bei Pietät Sommer war es (Vorsicht, Killerjoke!) totenstill. Niemand wollte vor der Bescherung noch versterben, bis auf einen gewissen Herrn Königsbacher, 89 Jahre alt, friedlich verschieden beim

Christstollen-Essen im Kreise seiner lieben Familie. Herrn Königsbacher würden wir erst nach Weihnachten bestatten. So viel, oder so wenig, bekam ich aus Herrn Matti heraus. Der war heute noch einsilbiger als sonst, geradezu nullsilbig, falls das überhaupt möglich war. Er nahm höflich seinen Kaffee von mir entgegen, mehr aber auch nicht. Vielleicht schämte er sich, weil er mir seine Geheimnisse anvertraut hatte. Wahrscheinlicher aber war, dass er bei unserem gestrigen Gespräch so viele Worte verbraucht hatte, dass bis zum Herbst nächsten Jahres sein Worte-Budget erschöpft war.

Sommer ging Matti geflissentlich aus dem Weg. Wie es schien, hatten die beiden keinen Weihnachtskompromiss gefunden. Ich wollte Herrn Matti nicht direkt fragen, wie die Diskussion über seinen Urlaub ausgegangen war. Ich dachte mir, es könnte ihm peinlich sein. Der Tag plätscherte also mehr oder weniger ereignislos dahin. Sommer verschwand für Stunden im Lager, um für die Inventur Särge zu zählen, und Matti kam nicht aus dem Keller, weil er Herrn Königsbacher einbalsamierte. Ich genoss die Ruhe in der oberen Etage und schaute die Weihnachtspost durch. Ja, auch Bestatter schicken sich Grußkarten, auf denen »Viel Erfolg im nächsten Jahr« steht.

Der Kugelfisch hatte sein Jackett über der Stuhllehne hängen lassen. Ich schaute mir das Etikett in der Jacke an. Schurwolle. Nun ja, die allermeisten Winteranzüge für Herren waren wohl aus Schurwolle.

Bevor ich das Haus heute Morgen verlassen hatte, hatte ich mir telefonisch einen Termin bei der Versicherung *Leben & Gesundheit* geben lassen. Dieselbe Versicherung, bei der Bartholomae seine Klientel versicherte. Ich hatte dem netten Sachbearbeiter erklärt, eine Sterbeversicherung abschließen zu wollen, weil mein Chef, Herr Sommer – ich betonte das besonders –, mir dazu geraten hätte. Herr Schiller war ganz Ohr und gerne bereit, mich in der Mittagszeit zu empfangen.

Ich fuhr eine Haltestelle mit dem Bus, trank bei Herrn Schiller drei Tassen Kaffee, Marke Herztod, und war bei meiner Rückkehr zu Pietät Sommer rundum informiert und stolze Besitzerin eines Versicherungsvertrages über 25.000 Mark, wofür ich – Herr Schiller fand das besonders spaßig – von Sommer sicherlich mit einigem Glanz unter die Erde gebracht werden konnte. Dafür müsste ich pro Monat nur 18 Mark 50 berappen. Vorausgesetzt, ich würde den Vertrag alsbald unterschreiben. Ich hatte auch erfahren, zu welchen Konditionen die Versicherung an Sommer zahlen würde. Herr Schiller riet mir, mit Sommer einen Vorsorgevertrag abzuschließen. Diesen würde Sommer samt Rechnung und Sterbeurkunde, die mein Ableben bescheinigte, an den Nutznießer schicken. Dafür sollte ich eine Person meines Vertrauens als Erbe der Versicherungssumme eintragen. Falls von den 25.000 Mark nach Abzug aller Kosten etwas übrig bliebe, könnte ich damit z.B. eine karitative Einrichtung bedenken oder als Dankeschön den Nutznießer beehren, der sich schließlich um die Bestattung kümmern würde. So weit, so gut.

Mit dem Versprechen, mir den Vertrag gut durchzulesen und bald mit meiner Unterschrift zurückzuschicken, verabschiedete ich mich von Schiller und fuhr zufrieden zurück ins Büro. Herr Schiller hatte mir die Erleuchtung des Tages beschert: Die Rechnung von Sommer ging an den Nutznießer! Und der war bei unseren Verstorbenen der feine Herr Bartholomae! Fragte sich nur noch, was für Rechnungen der Herr Sommer denn an Bartholomae schickte? Eben! Genau das wusste ich nicht. Ich selbst hatte nie eine Rechnung an Bartholomae fertig gemacht. Das hatte Sommer immer selbst erledigt. Diese Rechnungen hatte ich auch im Computer nie finden können. Und ich war mir sicher, dass sich die Datei, unter irgendeinem passwortgesicherten Decknamen, im Computer versteckte. Dieses Dokument musste ich finden.

Meine Zufriedenheit über die neuen Informationen währte nicht lange. Auf meinem Schreibtisch lagen zwei CD-Boxen. Vom Cover der einen Box lächelten mich drei schwammige Männergesichter, eingerahmt von schlechtem Minipli, an. Ich las die Titel: *Die Flippers*. Und auf der großen Box stand: *Die Gold-Edition der Flippers*. Auf der Gold-Edition klebte ein gelbes Post-it mit Sommers Handschrift: Bitte Familie Königsbacher wegen der Musikwünsche anrufen.

Die Familie Königsbacher hatte also tatsächlich vor, ihren Opa mit Musik von den Flippers in die ewigen Jagdgründe zu schicken. Ein klarer Fall von »Das-muss-verhindert-werden«. Ich wählte forsch die Telefonnummer, die auf dem gelben Zettel stand. Es meldete sich eine sanfte Frauenstimme. Nachdem sie gehört hatte, wer ich war und was ich wollte, haspelte sie aufgeregt hervor, dass das mit den Flippers nicht ihre Idee gewesen war, auch nicht die Idee ihrer Familie. Nein, ganz im Gegenteil, die gesamte Königsbacher Familie hasste die Flippers.

»Ja, aber warum sollen wir das dann spielen?«, fragte ich.

»Weil Opa es so will. Er war der Vorsitzende des Fanclubs.«

»Ja dann – spielen wir es eben. Wie viele Titel sollen es denn sein?«

»Also am liebsten gar keinen, aber ich denke, zwei reichen vollkommen.«

»Und welche? Sie müssen mir schon sagen, welche.«

»Das kann ich nicht«, sagte Frau Königsbacher.

»Frau Königsbacher, Sie müssen mir schon sagen, was. Hier liegen jetzt insgesamt fünf CDs mit ich weiß nicht wie viel Stunden Musik. Die kann ich doch unmöglich durchhören.«

»Nicht? Über Weihnachten vielleicht?«, kam es flehend durch den Hörer.

»Nein, ich glaube nicht. Ich mag die Flippers ebenso wenig wie Sie. Ich mag sie sozusagen gar nicht. Um ehrlich zu sein, ich finde sie schlimmer als Heino.«

»Das kann ich verstehen. Aber Herr Sommer hat gesagt, Sie kümmern sich drum.«

Jetzt fing sie doch fast noch an zu heulen. Na ja, wenn das so ist. Um der unfruchtbaren Diskussion ein Ende zu bereiten, beteuerte ich Frau Königsbacher, dass wir uns darum kümmern würden und wünschte ihr mein Beileid und trotzdem ein frohes Fest. Frau Königsbacher verabschiedete sich mit der Warnung, dass der gesamte Flippers-Fanclub, Sektion West, an der Trauerfeier teilnehmen würde.

Ich ging mit den CDs in unser Besprechungszimmer und legte probehalber eine aus der Gold-Edition ein. Tapfer hörte ich die Wor-

te: *Roter Horizont am großen Fluss, nur wir beide im Land des Lächelns, so verträumt. Und Dein schwarzes Haar, im Abendwind. Zärtlich hast Du mein Herz verzaubert, und es schlägt wie ein Schmetterling. Lotosblume hab' ich Dich genannt, als die rote Sonne in Japan versank ...*
Aua! Das zum Thema Sextourismus.
Es war nur ein kurzer Sommer, in der Taiga liegt schon Schnee. Noch liegst Du in meinen Armen, doch Du weißt, dass ich heut' geh. Wenn die Abendglocken läuten, klingt es wie ein Abschiedslied. Moskau im Regen, Tränen im Gesicht. Wann kommst Du wieder ...
Ich versuchte es mit dem Titel »Spiel nicht mit dem Feuer«. Leider eine viel zu heitere Einleitung – und der Titel entsprach nicht gerade dem Anlass: einer Urnenbestattung. Als ich endlich bei: *Jeder Abschied kann ein neuer Anfang sein. Leben heißt, einander auch mal zu verzeihen ...* angekommen war, stand plötzlich Sommer in der Tür und summte begeistert mit. Das Trompetensolo pfiff er, als hätte er es komponiert. Ich ließ die CD laufen und ging entnervt aus dem Besprechungszimmer. Noch ein Lied und mir würde spontan das Blut aus den Ohren schießen. Mit den Worten: »Anscheinend mögen Sie die Musik. Suchen Sie doch bitte was Schönes für Herrn Königsbacher aus. Ich habe den starken Eindruck, ich könnte es versauen«, schloss ich die Tür und ließ mich auf meinen Stuhl fallen. Die Tür ging sofort wieder auf, und der Kugelfisch öffnete gerade seinen Mund, um etwas zu sagen, aber ich fuhr ihm dazwischen: »Nein. Nein und nein. Keine Lotosblumen, Malaikas, Acapulcos, Luanas, Kleine Sonjas, Kleine Evas, Weiße Rosen im Sommerwind, Santa Marias und wie sie noch alle heißen.«

Bei meiner kleinen Tirade hatte ich nicht eine Sekunde von meinem Schreibtisch aufgeblickt.

»Ich dachte, Musik könnte Ihnen Spaß machen«, sagte er kleinlaut.

»Nein, tut sie nicht. Definitiv nicht. Was ich so mitkriege, macht sie Ihnen Spaß.«

»Ach so, ja dann ... Frau ...«

Wenn er jetzt wieder meinen Namen vergessen hatte, dann ...

»Abendroth, Frau Abendroth. Kein Problem«, lenkte er ein und zog sich zur weiteren Musikauswahl diskret ins Besprechungszimmer zurück. Für meinen Geschmack nicht diskret genug. Denn bis es Zeit für mich war zu gehen, sickerte das konzentrierte Gift aus 20 Jahren Schlagerbusiness Note für Note, Wort für Wort durch die geschlossene Tür.

Als ich nach Hause kam, war der Kater immer noch nicht wieder aufgetaucht. Dafür lag das Kissen noch vor der Tür. Ich hatte an diesem Abend keinen Alkohol getrunken, und trotzdem konnte ich das Kissen nicht harmlos finden.

»Du lügst mich an, Kissen. Ich weiß es«, sagte ich, versetzte dem Kissen einen Tritt mit meinem Stiefel und ging in meine Wohnung.

Durch meinen Kopf rauschte immer und immer der Refrain von »Mitternacht in Trinidad«: *Bunte Flamingos rings um uns her. Die rote Sonne versank im Meer. Mitternacht in Trinidad und wir beide träumen. Bauen uns ein Himmelbett unter Mangobäumen. Mitternacht in Trinidad. Tanzen in den Morgen. Diese Südseemelodie vergisst man nie.*

Wie recht die Flippers doch haben. Diesen Refrain vergisst man nie. Um mich abzulenken (Luft anhalten und bis zehn zählen, um den Refrain aus meinem Kopf zu kriegen, hatte nichts gebracht), rief ich Blaschke auf seinem Handy an. Leider erwischte ich nur die Mailbox. In möglichst beiläufigem Ton sprach ich ein Dankeschön für seine Informationen aus, hinterließ mit den besten Weihnachtswünschen meine Festnetznummer und den Vorschlag, sich mit den finanziellen Verhältnissen von Bartholomae und Sommer zu befassen. Außerdem folgte ich einem Geistesblitz und bat ihn zusätzlich, mal nachzuschauen, ob Schwester Beate im Besitz eines Führerscheins sei, natürlich nur, falls das mit dem deutschen Grundgesetz vereinbar wäre.

Ich wollte Wilmas Ratschlag ausprobieren, den mit dem Unsichtbar-Machen, und ließ durchblicken, dass ich über die Feiertage verreist sein könnte.

Danach zog ich den Müllsack mit den Papierschnipseln aus dem

Reißwolf unterm Bett hervor. Da lag er dann auf dem Fußboden, aber ich konnte mich nicht entschließen, ihn zu öffnen. Mich verließ einfach der Mut, mich mit dem Konfetti meiner Exbeziehung zu befassen. Ich schob den Plastikbeutel unters Bett zurück.

Kaum hatte ich mich bettfein gemacht, überfiel mich schlagartig eine bleierne Müdigkeit. In meinem Kopf fielen die Ideen und Informationsschnipsel übereinander her und verhedderten sich dabei total. Ich griff nach dem Telefon und wählte Kostnitz' Telefonnummer. Er nahm nach dem sechsten Klingelzeichen ab, war aber, wie ich bei seinem Gelalle vermuten musste, bereits bei der fünften Flasche Mariacron. Enttäuscht legte ich auf.

Konnte Kajo nicht ein bisschen besser auf den alten Mann aufpassen? Und wenn nicht sofort dieser Refrain aus meinem Kopf verschwindet, muss ich mich leider erschießen! *Mitternacht in Trinidad und wir beide träumen. Bauen uns ein Himmelbett unter Mangobäumen. Mitternacht in Trinidad. Tanzen in den Morgen. Diese Südseemelodie vergisst man nie.*

Am nächsten Morgen stellte sich mir die Frage, wie ich Herrn Sommer jetzt begegnen sollte. Wie begrüßt man einen Chef, den man für ein kriminelles Subjekt hält?

Ich musste die Probe aufs Exempel nicht machen. Auf dem Anrufbeantworter hatte er eine Nachricht für mich hinterlassen: Heimsuchung des Büros durch den Chef erst gegen 17.30 Uhr, und das Flippers-Problem sei auch gelöst.

Wie toll, dass er mich wieder daran erinnert hatte. Um ja nicht wieder an den Refrain denken zu müssen, ging ich stracks nach unten zu Matti. Ich brachte ihn gerade eben dazu, guten Tag zu sagen, und zu einem Kaffee musste ich ihn regelrecht nötigen. Es wollte sich einfach kein Gespräch zwischen uns entwickeln. Ich hätte zu gerne gewusst, was in dem Finnen vor sich ging. Aber er ließ mir keine Chance, danach zu fragen. Als wir den Kaffee schweigend ausgetrunken hatten, ging ich wieder nach oben. Aus dem Aufbahrungsraum 2, in dem Herr Königsbacher lag, hörte ich leise die Flippers dudeln.

Endlich hatte ich alles, was noch auf meinem Schreibtisch gelegen hatte, erledigt und abgeheftet. Ich hätte jetzt nach Hause gehen können. Tat ich aber nicht, sondern ich fragte Matti, ob er auch Feierabend macht. Herr Matti verneinte mürrisch und blieb im Keller sitzen.

Weil ich oben die Türglocke hörte, konnte ich leider nicht weiter auf seinen Missmut eingehen. Ich wünschte ihm aber noch ein frohes Fest, überreichte ihm einen kleinen Stollen, den ich am Morgen in meiner Lieblingsbäckerei für ihn erstanden hatte und stiefelte wieder nach oben. Dort wartete der pitschnasse Kajo Kostnitz auf seinen Lohn. Er hatte beide Trauerfeiern mit Bravour begleitet. Sommer war wohl gleichzeitig mit ihm angekommen und lief irgendwie kopflos im Büro hin und her. Er suchte nach einem Quittungsblock, der ganz offensichtlich direkt vor seiner Nase lag.

Ich wollte mich schleunigst aus dem Staub machen, aber Sommer bat mich, noch einen Moment zu warten, er habe da noch eine kleine Aufmerksamkeit. Zu Weihnachten sozusagen. Hoffentlich keine Sterbeversicherung mit Vorsorgeplan, knirschte ich innerlich. Sommer zahlte zuerst Kajo das Geld aus. Er zählte es dreimal nach und dann noch einmal, als er es Kajo in die Hand drückte. Ohne einen Blick darauf zu werfen, steckte Kajo das Geld in seine Jackentasche. Dann holte Sommer ein eingewickeltes Etwas aus einer Plastiktüte hervor und stellte es auf meinen Schreibtisch.

»Wollten Sie nicht gerade gehen, Herr Kostnitz?«, sagte Sommer zu Kajo.

Aber Kajo stellte sich interessiert neben meinen Schreibtisch und sagte: »Nein, ein bisschen Zeit habe ich noch.«

Ich packte es aus. Und da war es: Das Grauen in Tüten, die dritte Specksteinstatue. Ebenso hässlich wie die, die noch immer nicht vom Safe gefallen war und noch hässlicher als die, die auf der alten Orgel stand. Ich bemühte meine ganze Fantasie, um herauszufinden, was der gequälte Stein darstellen sollte. Es handelte sich um ein Ding mit einem Loch im Bauch.

»Wie interessant, machen Sie die selbst?« Ich steckte meinen Finger durch das Loch. Kajo grinste.

Herr Sommer strahlte über das ganze Gesicht.

»Es freut mich, dass sie Ihnen gefällt. Ich wusste, dass Sie sich dafür interessieren, weil Sie die anderen Exponate immer sehr interessiert betrachtet haben. Ich hätte Ihnen gerne eine von denen geschenkt, aber sie gehören zu einer Serie, wissen Sie. Diese hier ...«, er warf wieder einen stolzen Blick auf den unförmigen Klotz, »... steht für sich. Verstehen Sie.«

Ich verstand, ehrlich gesagt, gar nichts und nickte nur zu seinen Ausführungen.

Dass sie mir gefällt, hatte ich nie gesagt! Aber angestarrt hatte ich die Dinger, da lag Sommer ganz richtig. Hätte er nur gewusst, warum, hätte er sein Kunstwerk bestimmt nicht mir ausgeliefert, der Speckseinstatuenhasserin par excellence.

Ich verließ, so rasch es die Höflichkeit erlaubte, das Büro, unterm Arm meine Sommersche Statue »Kugelfisch mit Loch« und setzte mich ins Auto. Wie sollte ich das Ding jetzt bloß wieder loswerden? Ich könnte die Figur als Türstopper für die Tür zur Waschküche benutzen. Wenn ich die Tür immer ordentlich dagegen krachen lasse, lebt sie nicht mehr lange ...

Kajo Kostnitz klopfte an die Scheibe. Er saß auf seinem Fahrrad. Ich kurbelte die Scheibe herunter, gerade so weit, dass es nicht reinregnen konnte.

»Frohe Weihnachten, Frau Abendroth.«

»Danke, Ihnen auch, und alles Gute für Ihren Vater.«

»Werde es ihm ausrichten. Wenn Sie wollen, können Sie morgen oder übermorgen vorbeikommen. Ich hätte nichts dagegen.«

»Und der alte Herr?«

»Ach, der knöttert sowieso rum.«

»Danke, werde es mir überlegen.«

Schwang in seinem Ton etwa Verzweiflung mit? Bevor ich ihn danach fragen konnte, radelte das Rotbäckchen in Richtung Stiepel davon. Es regnete in Strömen.

Ich startete den Wagen. Vom Beifahrersitz glotzte mich die Sommersche Hässlichkeit an. Mit was für Werkzeugen hatte er das wohl hergestellt? Wo hatte er es hergestellt? Mir wurde ganz flau, als ich mir vorstellte, wie Sommer neulich Herrn Stefano Brisani für seinen Flug nach Palermo haltbar gemacht hatte und wie er möglicherweise nebenbei einen Speckstein bearbeitete: leise »Weine nicht, kleine Eva« pfeifend, aus purer Langeweile, und zwar mit genau dem Skalpell, mit dem er eben noch Herrn Brisanis Herzschrittmacher rausgefriemelt hatte – während der Austausch von Brisanis Blut in Konservierungsmittel von Pumpen erledigt wurde.

Das Ding musste aus meinem Leben verschwinden, und zwar sofort. Ich hatte auch schon eine prima Idee. Ich wendete mit Schwung meinen Wagen und fuhr in Richtung Süden, auf die Kemnader Brücke zu. Am Wasserschloss war bei diesem Mistwetter nicht zu befürchten, irgendeiner Menschenseele zu begegnen.

Ich fuhr gar nicht erst auf den Parkplatz, sondern hielt einfach am Straßenrand direkt hinter der Brücke an. Dann suchte ich in meinem Auto zwischen leeren Zigarettenschachteln und Schokoladenpapierchen herum und fand schließlich, was ich suchte: einen schwarzen Edding. Ich malte der Figur rund um das Loch einen Fotoapparat, auf die Rückseite schrieb ich: »Fahr zu Hölle«.

Hier unten im Ruhrtal, neben der alten Wasserburg, war es ganz und gar still und dunkel, niemand würde meinen Kunstfrevel bemerken. Ein perfekter Mord mittels Wasserbestattung. Ich lief bis zur Mitte der Brücke, die über die Ruhr führte, und warf die geschändete Statue in hohem Bogen über die Brüstung in den schwarz und träge dahinfließenden Fluss.

»Ja, ruhe unsanft, mein kleiner Knipser. Verpiss dich aus meinem Gehirn, meinem Herzen, meinem Leben und am besten ganz von diesem Planeten.«

Ich kann es nicht leugnen, ich war sehr zufrieden und schaute entzückt den kleinen schwarzen Strudeln hinterher. Neben mir quietschte eine Fahrradbremse auf, und ich wäre der Statue vor Schreck beinahe gefolgt.

»Alles in Ordnung?«

Oh nee, das Rotbäckchen. Wie viel von meinem dilettantischen Voodoozauber hatte er mitbekommen? Und, wo kam er überhaupt jetzt her?

»Ja, oh ja, Kajo, alles okay. Außer dem Herzinfarkt.«

»Tschuldigung. Haben Sie gerade etwa das Kunstwerk von Sommer ins Wasser geworfen?«

»Jaaa, habe ich. Werden Sie's petzen?«

»Nein«, lachte er, »ich denke, es war Notwehr.«

»Genau, Notwehr. Danke, das war das Wort, das ich gesucht habe.«

Kajo stieg von seinem Mountainbike und stellte sich neben mich an die Brüstung. Gemeinsam schauten wir in die schwarzen Fluten, während wir immer nasser wurden. Der Regen wurde stärker. Unvermittelt sagte Kajo: »Mein Alter sagt, die Geschichte muss wohl über die Verfügungen und Versicherungen laufen. Da müsste man mal nachforschen. So'ne Art Versicherungsbetrug.«

»Sagt er das? So weit bin ich auch schon. Und was wird das jetzt? Ein Geheimauftrag vom alten Fänger an die liebe Margret?«

»Nein, nicht wirklich. Aber mein Alter nimmt das sehr ernst, was Sie da zu ihm gesagt haben. Er hat wirklich eine Nase für so was, nur hat er auch den begründeten Verdacht, dass er es nicht mehr lange machen wird. Er hat sich ausgedacht, dass er auch so eine Verfügung machen wird. Er nennt das ‚den Prozess beschleunigen'.«

»Was?«

»Er hat nicht mehr viel Zeit, sich ordentlich reinzuhängen, hat er gesagt. Also hat er sich eine Abkürzung ausgedacht.«

»Ist der verrückt geworden? Doch nicht etwa bei B & B?«

»Klar, bei wem denn sonst? Mein Vater ist ein Fuchs. Lassen Sie ihn mal machen.«

»Das mit dem Fuchs höre ich schon zum zweiten Mal. Meine Oma sagte immer: ‚Behauptungen, die man zweimal hört, werden dadurch auch nicht wahrer'.«

»Könnte von meiner Mutter sein.«

»Dann hören Sie mal drauf.«

Der Regen ging gerade in Hagel über.

»Mögen Sie Ihren Vater?«, fragte ich und spuckte in den Fluss.

»Klar. Er ist ein Guter.«

Kajo wischte sich den Regen und die Tränen aus dem Gesicht und spuckte auch in den Fluss.

»Warum spuckt man eigentlich immer von Brücken?«

»Infantiles Restsortiment im Verhaltensrepertoire«, sagte ich.

»Hm.«

»Kajo, können Sie dem alten Herrn die Idee nicht ausreden?«

»Zu spät. Im Augenblick macht Schwester Beate das Abendessen für ihn.«

»Ihr Vater lässt aber auch nichts aus.«

»Ach, ich finde die Frau okay.«

»So! Sie finden sie also okay. Kajo, denken Sie doch mal nach.«

»Die ist so harmlos wie ein Toastbrot. Ehrlich. Meine Mutter kannte die noch von der Schule. Beate hat bei ihr Geige gelernt, als Mama noch unterrichtet hat. Die hat zu meinem Vater gesagt, dass sie sich schon von Leichen verfolgt fühlt. Mir hat sie erzählt, dass meine Mutter über ihre Befürchtungen nur milde gelächelt und versprochen hat, vorerst nicht zu sterben.«

»Was für Befürchtungen denn?«

»Na ja, dass die Leute so massenhaft unter ihren Händen wegsterben. Fragen Sie meinen Vater.«

»Wie traurig für Ihre Mutter. Hat wohl nicht geklappt mit dem Nicht-Sterben.«

»Nee, hat wohl nicht geklappt.«

Jetzt wurden die Hagelkörner langsam gefährlich. Ich hörte, wie sie mit sattem Ploing auf der Motorhaube meines Wagens aufschlugen.

»Müssen Sie jetzt den ganzen Berg wieder hoch?«

»Ja.«

»Schmeißen wir das Fahrrad in den Kofferraum. Ich fahre Sie rauf.«

»Super. Danke.«

Ich klappte die Rückbank um. Mit viel Gezerre und Geziehe verstauten wir das Fahrrad im Kofferraum.

Schweigend fuhren wir die Straße wieder hoch, zurück in die Zivilisation. Wir waren beide auf der Brücke sehr nass geworden. Ich hatte die Heizung bis zum Anschlag aufgedreht. Die Scheiben beschlugen von innen. Regen und Hagel fielen so dicht, dass man die Hand kaum noch vor Augen sehen konnte. Die Scheinwerfer bohrten sich durch die Gischt, aber mein tapferer Opel schaffte es tatsächlich die Kemnader Straße hoch. Das einzig wirkliche Problem war, dass immer mehr Wasser in den Fußraum lief. Ich hätte das Dichtungsgummi aus der Tür vielleicht doch lieber nicht abreißen sollen.

»Warum sind Sie denn bei diesem Scheißwetter überhaupt den Berg runtergefahren?«

»Ich brauchte frische Luft. Das war heute erst die dritte Beerdigung meines Lebens, wissen Sie, ich bin da noch nicht so geübt. Und außerdem wollte ich wissen, was Sie da unten machen.«

»Die Neugier ist des Raben Tod.«

»Natürlich.«

»Sie müssen sich nicht über mich lustig machen, Kajo.«

»Mach ich ja nicht. Das hat meine Mama immer gesagt. Sagen Sie mal, kommt hier irgendwo Wasser rein?«

»Ja.«

Ich redete also schon wie anderer Leute Mütter.

Als wir vor dem Haus der Familie Kostnitz ankamen, blieben Kajo und ich noch im warmen Auto sitzen und sprachen über dieses und jenes. Wir konnten durch das große Fenster in das erleuchtete Wohnzimmer schauen und sahen den alten Kostnitz im warmen Schimmer der Stehlampe schlafend auf dem Sofa liegen. Eben betrat Schwester Beate den Raum. In der Hand ein gelbes Kissen. Sie ging auf den schlafenden Kostnitz zu. Ich stieß Kajo in die Seite und unterbrach damit seinen Bericht über das Studium in Wien.

»Da!«

Kajo schaute in Richtung Haus.

»Kajo, raus hier. Los, ins Haus!« Ich wollte so schnell wie möglich raus aus meinem Auto und rein ins Haus, um Schwester Beate davon abzuhalten, vor unseren Augen den alten Kostnitz mit dem Kissen zu ersticken. Kajo fasste meinen Arm und hielt mich zurück.

»Frau Abendroth, bitte. Schwester Beate ist in Ordnung.«

»Wie können Sie nur so ruhig sein? Sie ist meine einzige richtige Verdächtige.«

Kajo ließ meinen Arm los und zeigte wiehernd in Richtung Haus. Tja, jetzt konnte ich es auch sehen. Sie schob ihm liebevoll das Kissen in den Nacken und deckte den alten Herrn sorgfältig zu. Das Rollo wurde heruntergelassen. Ende der Vorstellung.

»Entschuldigung«, prustete Kajo, »aber ... wie Sie eben ... tut mir Leid. Tut mir echt Leid. Schon allein der Gedanke, dass Schwester Beate mit einem Kissen ...!«, lachte und prustete er aus vollem Hals.

»Ist es jetzt gut?! Ich hab' schon verstanden«, sagte ich.

Kajo hörte nicht auf zu lachen.

»Aber wer, glauben Sie, hat dann Ihre Mutter auf dem Gewissen? Und Frau Becker und Herrn Manowski usw., usw.? Häh? Der Weihnachtsmann vielleicht?«, kreischte ich. Kajo hörte sofort auf zu lachen.

»Sie sollen mich nicht auslachen, Kajo.«

»Na, dann sind wir ja quitt, Frau Abendroth. Aber ...«, er fing schon wieder an zu kichern.

»Ja, ja, is' ja gut«, blaffte ich. Jetzt schmollten wir beide.

Schwester Beate trat aus der Haustür. Sie öffnete ihren Schirm, der im heftigen Wind sofort wild hin und her kapriolte.

»Gleich hebt sie ab wie Mary Poppins«, wieherte Kajo wieder.

»Sagen Sie mal, haben Sie irgendwas Komisches genascht?«

»Nee, nee ... irgendwie ... ach, es ist alles so absurd.«

»Ich glaube, ich mache mal das Taxi heute. Wie ich sehe, hat sie kein Auto dabei. Und, sorry wegen gerade.«

Kajo schüttelte nur den Kopf: »Ist schon gut. Ich hätte nicht über Sie lachen sollen.«

Ich wollte die peinliche Situation am liebsten sofort vergessen. Schwester Beate kam mir daher sehr gelegen.

Sie kam auf das Auto zu. Wenn ich je auf eine Gelegenheit gewartet hatte, die verdächtige Pflegerin unverfänglich zu interviewen, dann bitte, da war sie – Schwester Beate auf dem Silbertablett. Nicht eben geschickt hielt sie den Schirm über uns und stand im Weg herum, als Kajo und ich das Rad aus dem Kofferraum zerrten. Als ob uns der halb zusammengefaltete Schirm noch irgendeinen Schutz bieten konnte, aber sie meinte es gut.

»Der alte Herr ist nicht gut drauf, Kajo. Er hat noch immer nichts gegessen. Fernsehen will er auch nicht.«

»Klar, das macht er immer so, Schwester Beate. In ein, zwei Stunden steht er wieder auf und nimmt sich die nächste Flasche zur Brust. Ist noch genug Vorrat da?«

Schwester Beate antwortete zornig: »Natürlich. Ich habe schon einen neuen Spitznamen im Supermarkt: Schnapsdrossel Beate. Weiß Ihr Vater eigentlich, was er uns antut?«

»Ich fürchte ja. Nehmen Sie es nicht persönlich. Gute Nacht und vielen Dank.«

»Dein Essen steht im Backofen, Kajo«, rief sie ihm hinterher.

Mit einem Seufzer schob er das Fahrrad auf die Garage zu, ließ es dann aber doch einfach im Regen stehen und ging ins Haus. Eine Windböe zerrte wieder an Schwester Beates Regenschirm. »Kommen Sie, ich fahre Sie nach Hause«, bot ich ihr an.

»Danke. Das nehme ich gerne an. Ich wohne aber in Gerthe, das ist am anderen Ende der Stadt.«

»Ich muss Sie ja nicht zu Fuß hintragen, oder?«

Schwester Beate ließ sich erschöpft auf den Beifahrersitz fallen und verstaute umständlich ihre Siebensachen im Fußraum.

»Oh, nicht da unten. Es ist nass im Fußraum.«

Erschrocken hob Schwester Beate sofort ihre Taschen wieder auf den Schoß und schnallte sich umständlich an.

»Haben Sie heute gar keinen Wagen vom Pflegedienst bekommen? Bei dem Sauwetter?«

»Ach herrje«, lachte sie, »ich habe doch noch nicht mal einen Führerschein.«

»Ach so! Ist das nicht alles furchtbar anstrengend, immer quer durch die Stadt und immer mit Bus und Bahn und zu Fuß?«

»Nein, ich bin das nicht anders gewohnt. Für einen Führerschein bin ich jetzt zu alt. Mein Chef versteht das auch nicht. Dauernd fragt er mich, ob ich nicht noch einen machen möchte. Ich sag' immer, einem alten Gaul bringt man keine neuen Zirkusnummern mehr bei.«

Vor Aufregung biss ich mir allerdings auf die Lippe. Vor dem Haus von Frau Becker hatte ein Wagen vom Pflegedienst gestanden. Aber mit dem war nicht Schwester Beate gekommen! Hatte jemand von B & B ganz harmlos was vorbeigebracht? Oder hatte jemand Frau Becker einen letzten, tödlichen Besuch abgestattet?

»Darf ich Sie mal was fragen?«

»Natürlich. Fragen Sie«, sagte Schwester Beate.

»Haben Sie eigentlich den Herrn Manowski gekannt?«

»Nee, hab' ich nicht. Wieso wollen Sie das wissen?«

»Och, nur so. Das war meine erste Leiche, die ich gesehen habe.«

Schwester Beate schaute mich ungläubig an, sagte dann aber ganz verständnisvoll:

»Aha. Und dann ausgerechnet Manowski. Der hatte unseren Zivi. Zu dem wollte keine von uns mehr hin. Der alte Sabberkopp. Konnte seine Finger nicht bei sich behalten.«

»Hm. Verstehe. Wie viele Leute arbeiten eigentlich bei B & B? Ich meine, wenn Sie mal mit jemandem nicht klarkommen ...«

»Tja, manchmal muss ich dann trotzdem hin. Man kann es sich nicht aussuchen. Wir sind nur zwei Festangestellte, fünf Teilzeitkräfte und ein oder manchmal auch zwei Zivis. Der Bartholomae spart, wo er kann.«

»Mögen Sie den eigentlich?«

»Mögen«, schnarrte sie, »was heißt schon mögen? Er ist mir nicht sympathisch. Immer geht's nur um Geld, Geld, Geld. Ich will für die Leute da sein und nicht für die Stechuhr. Sonst kann man den Beruf ja nicht machen. Oder?«

»Das denke ich auch. Man sieht, dass Sie ein Herz für die alten Leute haben.«

Schwester Beates Handy klingelte. Sie holte es umständlich aus ihrer großen karierten Tasche und nahm das Gespräch an. Es war Kajo, der von ihr wissen wollte, wo sie die Alkoholvorräte versteckt hielt.

»Im Kamin, Kajo. Nein, der Terrassenkamin«, sagte sie resigniert, »... ich dachte, er würde wenigstens heute durchschlafen.« Offensichtlich hatte der alte Kostnitz das nicht vor. Mit einem Seufzer steckte sie das Handy wieder ein.

»Wenn er wenigstens jetzt, wo er täglich eine Bluttransfusion kriegt, mit dem Alkohol aufhören würde.«

»Bluttransfusionen?«

»Natürlich, wegen der Blutgerinnung. Ohne die würde er aus allen Knopflöchern bluten.«

Mir entfuhr ein heiseres Röcheln. Schon die Vorstellung allein verursachte mir Übelkeit. Wie kann ein Mensch aus allen Knopflöchern bluten? Bei vollem Bewusstsein?

Ich fuhr schweigend weiter und achtete auf die Straße, die immer mehr zum Kanal wurde. An vielen Stellen konnte ich die Fahrbahnmarkierung kaum noch erkennen, und auf dem nassen Asphalt drehten die Reifen ab und zu durch, wenn ich die Straßenbahnschienen streifte.

»Er wird sterben«, seufzte Schwester Beate in das Rauschen des Regens hinein.

»Ja. Traurig.«

»Der Arzt sagt, es kann jeden Tag soweit sein.«

Schwester Beate tupfte sich die Tränen mit dem Handrücken ab. Ich langte hinüber zum Handschuhfach und öffnete es. Der Wagen geriet leicht ins Schlingern. Schwester Beate nahm sich ein Papiertaschentuch und machte umständlich die Klappe wieder zu.

»Es ist nicht nur das. Es ist der Tod seiner Frau. Er macht sich Vorwürfe.«

»Dafür ist es jetzt zu spät, oder?«

»Zum Jammern ist es immer zu spät, aber zum Verzeihen niemals.«

»Und warum haben Sie ihm das gesagt? Meinen Sie, dass ihn das tröstet?«

»Ich weiß nicht. Ich weiß nicht. Sie hatte nur noch ein bisschen Fieber, und dann komme ich vom Einkaufen, und da liegt sie tot auf ihrem Bett.«

Wie bei Frau Becker.

»Schwester Beate, es ist doch nicht Ihre Schuld – oder?«

Schwester Beate schaute mich lange an. Ich spürte es mehr, als ich es in der Dunkelheit wirklich sehen konnte.

»Sie fangen auch schon an zu glauben, dass es meine Schuld ist, nicht wahr?«, stieß sie empört hervor. »Das tun Sie doch, oder?!«

»Ich glaube nix. Ehrlich! Warum sollte ich überhaupt was glauben? Ich hab' doch nix damit zu tun!«

»Herr Bartholomae hat mich im Scherz schon Todesengel genannt. Damit scherzt man nicht, hab' ich ihm gesagt. Damit scherzt man nicht.«

Oh nee, jetzt fing sie richtig an zu schluchzen.

»Schwester Beate, bitte. Beruhigen Sie sich. Was sagten Sie, war los mit der Bestattung von Frau Becker?«, versuchte ich abzulenken. Sie wurde richtig kiebig, als sie antwortete: »Sie haben vergessen, mich einzuladen. Frau Becker hat gesagt, sie hat eine Liste geschrieben für die Bestattung. Sie hatte alles organisiert, mit Sommer zusammen, und dann werde ich einfach vergessen.«

»Aber Schwester Beate, ich hab' doch schon gesagt, dass niemand eingeladen war. So eine Verfügung gab es nicht.«

»Sie hören mir ja gar nicht zu! Und überhaupt, wo habt ihr sie denn verscharrt? Sie hat extra eine Grabstelle angeschaut. Die sollte gekauft werden. ‚Beate', hat sie zu mir gesagt, ‚ich liege dann Südseite. Dann hab ich den ganzen Tag Sonne.' Ich bin dabei gewesen. Sie wollte, dass diese Grabstelle gekauft wird.«

Sie weinte laut und hielt das Taschentuch fest in ihrer rechten Faust umklammert, »... und dann sagt der Mann auf dem Friedhof, sie liegt in irgendeinem Reihengrab! Anonym! Ich wusste noch nicht einmal, wohin mit den Blumen.«

Jetzt war ich sprachlos. Plötzlich herrschte sie mich an: »Sie können mich hier raus lassen.«

»Sind wir denn schon da?«
»Ich laufe den Rest.«
»Nein, das tun Sie nicht. Bei dem Wetter.«
»Halten Sie an. Sofort.«

Also fuhr ich bei der nächsten Gelegenheit rechts ran und sagte: »Schwester Beate – ich denke gar nicht, dass Sie ein Todesengel sind.«

Ich öffnete das Handschuhfach und drückte ihr ein neues Taschentuch in die Hand.

»Und das mit Frau Becker, das tut mir Leid. Sie hatte ganz andere Dinge in ihrem Vorsorgeplan. Ich habe es selbst gesehen. Sie wollte anonym bestattet werden. Sie nehmen sich das zu sehr zu Herzen. Frau Becker wollte Sie bestimmt nur nicht beunruhigen.«

»Nicht beunruhigen! Sie war wie eine Freundin zu mir. Warum sollte sie mir so einen Unsinn erzählen? Sie war doch nicht dement. Sie sind viel zu jung, um irgendwas zu verstehen. Stellen Sie sich doch mal vor, wie das ist. Kaum dreht man sich mal um, sterben die Leute einfach. Und dann hat man sie irgendwo verscharrt. Das ist doch ungeheuerlich!«

Wo sie Recht hatte, hatte sie Recht.

»Ich will hier aussteigen. Sofort.«

Sie raffte ihren Schirm und ihre Tasche, wand sich aus dem Sicherheitsgurt und stieg aus.

»Bitte, Schwester Beate …«

Sie knallte die Beifahrertür zu und verschwand im Regen. Völlig aufgelöst, allein und ohne Trost. Die Frau war eindeutig nervlich am Ende. Und wie Kajo schon gesagt hatte, schien sie wohl wirklich in Ordnung zu sein. Oder woran erkennt man, dass jemand die Wahrheit sagt? Heulen kann ich auch auf Kommando.

War das jetzt die Show einer Verrückten gewesen oder war das echt? Hatte Frau Becker wirklich was ganz anderes gewollt? Die geschwätzige Nachbarin hatte dasselbe gesagt. Das wäre dann wirklich eine Ungeheuerlichkeit – den letzten Willen eines Toten nicht zu respektieren.

Ich wollte noch nicht nach Hause. Sollte sich Dr. Thoma heute doch woanders den Magen verderben. Ich musste einfach unter Leute. Lebendige Leute. Ich wendete den Wagen, fuhr in die Stadt zurück und ging ins Café Madrid, um mir wenigstens einen Wodka zu genehmigen und einen Milchkaffee oder einen Milchkaffee mit Baileys. Aber nur einen. Aber wirklich nur einen.

21

Kaum im Café Madrid angekommen, bereute ich meine Entscheidung sofort. Es war rappelvoll. Der Mob tobte in Viererketten und zehn Mann hoch ausgelassen vor der Theke. Ich hatte mir zwar eben noch ein paar lebendige Leute herbeigewünscht, aber doch nicht die halbe Stadt. Trotzdem schob ich mich tapfer durch das volle Lokal und bestellte mit Kneipengebärdensprache einen Espresso und einen Wodka auf Eis. Kai-Uwe Hasselbrink war gottlob nirgends zu sehen. Ich nahm beide Getränke in Empfang und fand dann sogar noch einen freien Platz am Katzentisch in der hintersten Ecke. Die meisten Leute waren schon im Weihnachtstaumel, hatten frei und vergnügten sich bei Hochprozentigem. Am Heiligabend war es im Madrid üblich, nach 23 Uhr mit den Geschenken, die man nicht wollte, zur großen lustigen Geschenke-Umtausch-Aktion einzufallen. Das Geschenk, das ich nicht hatte haben wollen, hatte ich vor einer Stunde ganz spontan in der Ruhr versenkt. Vielleicht hätte ich es gegen was ganz Tolles tauschen können? Vor ein paar Jahren hatte ich immerhin bei einem stadtbekannten Zuhälter ein Set aus zwei potthässlichen Topflappen und drei passenden Geschirrtüchern mit Kuhmuster (Geschenk von Ex-Schwiegermutter in spe) gegen einen neutralen Obstkorb aus Stahlrohr eingetauscht.

Ich könnte es ja mal drauf ankommen lassen – was würde ich für ein Notebook bekommen? Oder eine gebrauchte Armani-Jacke? Und überhaupt hatte ich immer noch die Option, morgen Abend hier einzulaufen und fleißig Geld gegen Wodka einzutauschen.

Ich zog mein Notizbuch hervor und strich Schwester Beate aus dem Pool der Hauptverdächtigen. Maggie, rief ich mich zur Ordnung, es gibt offiziell immer noch keine Morde! Nachweisbar wäre bestenfalls ein Betrug. Bestellt 100 %, geliefert 30 %, abkassiert 100 %. Blieben immer noch 70 %, die sich jemand aus meiner nächsten Umgebung in die Tasche steckte.

Ganz in Gedanken kaute ich auf meinem 30 Dollar teuren Minenbleistift von Spalding & Bros., Fifth Avenue, herum. Ich spuckte ein paar Krümel vom Radiergummi auf den Tisch und kriegte deswegen nicht mit, wie sich das Schlachtschiff Blaschke aus der Tiefe des Raumes mit einer Flasche Corona in der Hand meinem Tisch näherte.

»Na, Miss Marple, wie stehen die Aktien?«

Ich fummelte mir hastig Radiergummikrümel von der Lippe.

»Darf ich mich setzen?«

Und schon saß er neben mir auf der Bank.

»Sie sitzen ja schon. Wie geht's? Gerade nicht auf Terroristenjagd?«

Blaschke zog nur eine Augenbraue in die Höhe und wechselte das Thema.

»Ich dachte mir, ich lade Sie zum Kaffee ein, aber zu Hause waren Sie nicht. Ihr Anrufbeantworter ist übrigens voll. Das nur nebenbei. Vor Ihrem Haus wartet eine arme, alte, nasse Katze.«

»Sie wissen ja offenbar bestens Bescheid. Was mache ich denn morgen, Herr Blaschke? Wissen Sie das auch schon?«

»Ich bin doch kein Hellseher. Ich deute Fakten. Gibt's Neuigkeiten an der Kissenfront?«

»Kein Hellseher, und einen seltenen Humor hat er auch«, stichelte ich weiter. »Tote sind wohl alles, was Sie interessiert!«

»Das sagt die Richtige.«

»Tote interessieren mich nicht wirklich. Die laufen nur einfach hinter mir her. Ich heiße übrigens Margret, und Sie?«

»Winnie.«

»Ist jetzt nicht Ihr Ernst oder? Winnie-the-Pooh.«

Ich hätte auch noch »Winnie the Poohliceman« sagen können. Hatte ich dann aber spontan als zu albern verworfen.

»Winfried Maria Pooh, um ehrlich zu sein. Sind Sie gar nicht auf Poohliceman gekommen?«

»Doch, war mir aber zu blöd.«

Er winkte nach der Bedienung.

»Chapeau! Jetzt wissen Sie schon die zweitgrößte Peinlichkeit in meinem Leben, Miss Marple.«

»Toll, dann erpresse ich Winfried Maria Pooh auf einen Kaffee und werde ob der peinlichen Enthüllung zukünftig schweigen wie ein Grab.«

»So sei es.«

»Kriege ich die größte Peinlichkeit in Ihrem Leben auch noch raus?«

»Vielleicht. Wenn Sie sich anstrengen.«

»Ist sie mehr wert als ein Kaffee?«

»Vielleicht.«

»Sie brauchen gar nicht so geheimnisvoll zu tun, meiner Freundin gehört der bedeutendste Friseursalon in Bochum. Dass Sie geschieden sind, habe ich aus der Klatschbörse bei Wilma.«

Winnie zog die rechte Augenbraue in die Höhe, sagte aber kein Wort darüber, dass ich über seine Lebensumstände so gut Bescheid wusste. Für einen Augenblick hatte ich den Eindruck, dass er ein bisschen blass um die Nase wurde. Da hatte ich den Herrn Kommissar aber mal sprachlos gemacht. Ich war sehr zufrieden mit mir.

Die Studentin, die heute an den Tischen bediente, schmachtete Winnie schamlos an, als sie uns die Getränke brachte. War ja auch kein Wunder. Der Kerl war einfach wieder perfekt angezogen, und ein perfektes Lächeln hatte er auch. Leider klingelte sein Handy, aber auch das schnippte er gekonnt lässig auf.

Während er ein paar kurze Sätze sprach, nahm ich die Gelegenheit wahr, ihn ein bisschen eingehender zu betrachten. Ich bemerkte eine lange Narbe hinter seinem linken Ohr, die er, so gut es ging, mit seinem etwas längeren rotblonden Haupthaar zu kaschieren versuchte. Narben faszinierten mich. Es fiel mir schwer, der Versuchung zu widerstehen, meinen Finger auszustrecken, die Haare an die Seite zu schieben, um die Narbe genauer zu betrachten. Alles über sieben Stiche deutet auf einen Helden hin. Vielleicht auf eine wilde Verfolgungsjagd mit einem Gangster: Der Held wird in einen Hinterhalt gelockt und mit einer Eisenstange attackiert. Vielleicht war er aber auch nur als Elfjähriger im Schwimmbad ausgerutscht? Während er sein Handy wieder in der Manteltasche verstaute, sagte er beiläufig: »Ich bin über den Lenker gegangen. Wilde Verfolgungsjagd auf Bonanza-Rädern. Ich war zwölf.«

»Was?!«

»Die Narbe, ich war zwölf. Musste im Bergmannsheil mit zehn Stichen genäht werden. Prost, Margret. Das wolltest du doch wissen. Darf ich Maggie zu dir sagen?«

»Prost Winnie. Ich habe nichts gesagt.«

»Aber gedacht.«

»Hatte ich einen starren Blick?«

»Genau, hattest du.«

Schon wieder erwischt. Gott sei Dank wechselte er das Thema. Er wollte wissen, wie tief ich mittlerweile meine Nase in die Angelegenheiten anderer Leute gesteckt hatte. Ich ignorierte die Ironie und berichtete ihm von der heftigen Reaktion von Schwester Beate auf Frau Beckers anonyme Beerdigung und von dem seltsamen Gespräch mit Kajo und, dass der alte Kostnitz mich praktisch anstiften wollte, ein bisschen »Papierkram« zu erledigen.

»Das solltest du auf gar keinen Fall tun. Wenn an der Sache wirklich was dran ist, überlass das bitte mir.«

Kaum duzten wir uns, machte er mir schon Vorschriften. Aber bitte schön, hatte ich was anderes erwartet? Zehn Stiche – Phh!

»Aber du kannst ja auch nicht einfach so bei Sommer reinspazieren und dir die Papiere anschauen. Nicht genug Verdachtsmomente für einen Durchsuchungsbefehl, wenn ich mich recht erinnere! Es sei denn, du kommst heute Nacht mit deinem Schweißgerät vorbei, und wir beiden knacken den Tresor. Inkognito und stilvoll wie die Panzerknacker, mit Strumpfmasken und schwarzen Handschuhen an und so ...«

»Gott bewahre. Noch so ein Vorschlag, und ich fange an, mich ernsthaft für Alkohol zu interessieren.«

»Aber mal wirklich ernsthaft, Herr Kommissar. Wenn ich zum Beispiel einen zweiten Vorsorgeplan von Frau Becker finden könnte, dann wäre es doch bewiesen.«

»Was bewiesen? Dass Sommer und Bartholomae Verstorbene über den Löffel barbieren?«

»Bitte?«

»Wer, Miss Marple, soll denn hier der Ankläger sein? Die einzigen Personen, die sich beschweren könnten, sind tot.«

Ich war über die Lässigkeit, mit der er über den Betrug hinwegging, schier entrüstet.

»Ja, aber das macht man doch nicht! Auch wenn jemand tot ist. Bartholomae und Sommer können sich doch nicht einfach die Kohle einstecken, die für die Beerdigung gedacht war.«

»Tun sie das denn? Du hast es noch nicht bewiesen.«

»Blahblahblah. Und was, wenn ich sogar beweisen könnte, dass sie dem Sensenmann ein bisschen auf die Sprünge helfen?«

»Und? Kannst du?«

»Nein! Wie denn auch? Seh' ich aus, als wäre ich berechtigt, 'ne Obduktion anzuordnen? Es kommt mir langsam so vor, als ob außer mir, Matti und Schwester Beate niemand ein Problem mit dem Offensichtlichen hat!«

»He, Miss Marple, das hätte ich auch. Wenn das, was du *das Offensichtliche* nennst, auch für alle sichtbar und beweisbar wäre. Korrekte Totenscheine, keine vergessenen Messer im Rücken, keine Würgemale am Hals, blahblah ... Und die einzige Leiche, die was hergegeben hätte, hat der schräge Finne aus sentimentalen Gründen unbrauchbar gemacht. Ich sage nur, wie die Dinge momentan liegen. Und noch liegt nichts wirklich vor. Dumpfe Ahnungen nützen uns nichts.«

Whow, Winnie – drah di net um, der Kommissar geht um. Um nicht laut zu werden, nippte ich am Kaffee. Aber irgendwie hatte er ja Recht. Aber irgendwie auch nicht.

»Wer kontrolliert eigentlich die Totenscheine?«

»Niemand.«

»Ach! Wenn da also steht ‚natürlicher Tod' – Unterschrift, Stempel – dann ... dann ... Klappe zu und alles erledigt?«

»Genau so. Das schönt die Statistik für den Innenminister. In Deutschland ist die Mordrate rückläufig, aber nicht, weil Mord aus der Mode gekommen ist, sondern weil man langsam dabei ist, der Rechtsmedizin den Hahn zuzudrehen – und weil sich viele Ärzte beim Ausstellen von Totenscheinen herzlich wenig Arbeit machen.«

Ich glaubte, ich hätte mich verhört oder Winnie würde einen üblen Scherz mit mir machen. Aber er sah ganz ernst aus.

»Hör mal, das ist doch ein Skandal.«

»Unsere Tierschutzgesetze werden jedenfalls penibler eingehalten. Insofern ist es skandalös. Ich glaub', ich brauch' noch ein Bier.«

Worüber machte ich mir hier eigentlich noch Sorgen? In diesem Land war ja scheint's alles erlaubt.

»Hast du dich um die finanziellen Verhältnisse von B & B und Sommer gekümmert?«, fragte ich so desinteressiert wie möglich.

»Natürlich nicht. Es gibt hier ein Bankgeheimnis. Noch sind wir nicht in einer Bananenrepublik.«

»Ja, danke. Ich frag' ja nur ... kann ich ja nicht wissen, dass das Bankgeheimnis ähnlich hoch geachtet wird wie der Tierschutz!«

»Warum denn so neugierig, Miss Marple? Hat's kein Weihnachtsgeld gegeben?«

Sehr witzig, Herr Kommissar!

»Was ich so gehört habe«, übertrieb ich, »haben die beiden wohl an der Börse ordentlich Federn gelassen.«

»Aha.«

Das klang mir aber nicht interessiert genug. Also versuchte ich, Meter zu machen, indem ich die nächste Neuigkeit auf den Tisch des Hauses legte.

»Matti ist übrigens das ominöse zweite B bei B & B. Schlimme Geschichte.«

»Weiß ich schon lange.«

Jetzt reichte es aber langsam.

»Von wem?«

»Erika Kostnitz.«

»Toll. Ich recherchiere mir hier den Wolf, und eigentlich wissen immer alle schon alles. Nur, alle scheinen das dann immer ganz belanglos zu finden. Bin ich dämlich oder was?«

»Nein. Eigentlich nicht.«

»Danke.«

Ich schlürfte meinen Kaffee und löffelte den Milchschaum. Ich hatte keine Lust mehr, mich von Blaschke in die Doofnuss-Ecke stellen zu lassen. Blaschke sagte nichts mehr, sondern schaute an die Decke. Die Party tobte mittlerweile, ein paar Leute tanzten schon eine Pogo-Polonaise zur Punkversion von *White Christmas,* und die alten Deckenlampen zitterten, dass Kai-Uwe, der aus der Küche aufgetaucht war, sofort ein anderes Musikstück auflegte: *Last Christmas* von George Michael. Ich hätte ihn auf der Stelle umbringen können. Sofort hatte ich das dringende Bedürfnis nach einem zweiten Wodka, ließ es aber lieber sein. Stattdessen steckte ich mir eine Zigarette an, weil ich wusste, dass Winnie das nicht mochte. In das Schweigen hinein sagte Blaschke plötzlich: »Ich weiß trotzdem noch was, was du nicht weißt.«

»Die Erde ist eine Scheibe!«

»Nein, ich weiß, dass Bartholomae bis vor einer Stunde hier mit einer gut aussehenden Frau gesessen und geplaudert hat.«

»Na und? Wenn sie nicht komplett alt und hinfällig war, wird sie nichts zu befürchten haben.«

»Kennst du den Namen Wilma Korff?«

»Wilma? Was, bitte? Wilma hat hier mit Bartholomae …?«

Ich musste erst mal tief Luft holen.

»Sie haben geplaudert.«

»Und du hast gelauscht?«

»Das bringt der Beruf so mit sich. Natürlich habe ich gelauscht. Bei dem Lärm mussten sie ja auch laut sprechen. Nicht wahr?«

Er trank genüsslich ein paar Schlucke Bier.

»Was haben sie denn verdammt noch mal gesagt?«

»So dieses und jenes. Deine Freundin hat sich gut gehalten. Ist das die mit dem Friseursalon?«

»Ja. Ist sie.«

»Diese Tante würde ich auch gerne mal kennen lernen. Bartholomae hat sich buchstäblich die Lippen geleckt. Nee, eigentlich hat er gesabbert.«

Er machte eine Kunstpause und schaute die fast leere Flasche Corona an. Wusste er eigentlich, dass ich gerade vor Neugier schier dahinsiechte? Endlich sprach er weiter: »Und was die Sache mit den Börsenkursen angeht: Bartholomae hat sich tatsächlich erkundigt, ob die vermögende Tante nicht auch Verluste erlitten hätte.«

»Und? Was hat Wilma geantwortet, was ihre Tante erlitten oder nicht erlitten hat?«

»Du wirst es nicht glauben, sie hat ihm gesagt, und jetzt versuche ich das mal im O-Ton hinzukriegen: ‚Also, Herr Bartholomae, nur Kinder spielen an der Börse. Meine Tante ist kein Kind! Und ich auch nicht. Ich wünsche nicht, Verluste von ihr zu erben, sondern stattliche Immobilien‘«, ahmte er Wilma auf den Punkt genau nach. Jetzt lachte Blaschke aus vollem Halse.

»Und? Was hat Bartholomae gesagt?«

»Er hat nervös gelacht. Und ihr zugestimmt. Er hat ein bisschen zugegeben, dass seine Bankberater wohl nicht so gut waren wie die von Tantchen. Keine überzeugende Vorstellung von ihm.«

»Ja, und dann?«

»Dann hat Wilma ihn gefragt, warum sein Name in der Versicherungspolice als Nutznießer auftaucht.«

»Was hat er geantwortet?«

»Er hat rumgestottert, dass er das gar nicht gesehen hätte, ein Vertrag für jemand anderen, wahrscheinlich. Ein Versehen. Dann hatte er es sehr eilig, sich zu verabschieden.«

»Die ist doch wahnsinnig.«

»Darf ich mal raten? Es gibt gar keine Tante.«

»Natürlich nicht. Wir waren bei Bartholomae, um uns mal einen Eindruck zu verschaffen. Er hat uns Infomaterial mitgegeben. Eben auch diesen Versicherungsvertrag, nach dem Wilma ihn gefragt hat. Wir haben später gesehen, dass der schon als Nutznießer in der Versicherungspolice stand. Da frag' ich mich doch, warum?«

»Und du denkst, der macht das, weil Sommer die Bestattung macht, aber nicht so, wie er soll?«

»Genau. Davon rede ich doch die ganze Zeit.«

»Ich wollte es nur noch mal hören. Noch einen Wodka?«

»Nein danke«, sagte ich, obwohl mein Gemüt gerne einen doppelten gehabt hätte.

»Schwester Beate hat übrigens keinen Führerschein.«

»Weiß ich schon lange, Winnie.«

»He, du bist nachtragend. Davon kriegt man Falten.«

»Haha!«

»Worum geht's denn jetzt schon wieder mit dem Führerschein? Darf ich das wenigstens wissen, oder ist die Recherche geheim?«

Nicht ohne Stolz berichtete ich ihm von meinem Gespräch mit der neugierigen Nachbarin von Frau Becker, die das Auto von B & B vor der Tür gesehen hatte.

»Na ja, das kann alles und nix bedeuten«, sagte Winnie.

»Genau, Herr Kommissar! Es würde wesentlich mehr Bedeutung bekommen, wenn irgendein Nachbar das Auto auch vor der Tür von Erika Kostnitz gesehen hätte. Am Tag, als sie starb.«

»Natürlich.«

»Natürlich natürlich!«

»Ich werde darüber nachdenken.«

»In der Nachbarschaft nachfragen wäre wohl sinnvoller«, ereiferte ich mich über so viel Trägheit. Winnie legte seine Hand auf meinen Arm, weil ich mittlerweile mit der halbvollen Tasse Kaffee wild in der Gegend herumfuchtelte.

»Ich habe doch gerade gesagt, ich werde darüber nachdenken.« Er zwinkerte mir zu.

»Oh, ja, verstehe. Nachdenken. Gute Idee, Monsieur Maigret.«

Winnie machte mehr und mehr einen viel zu sympathischen Eindruck auf mich. Kaum, dass ich bemerkt hatte, wie gut ich mich in seiner Gegenwart fühlte, setzte prompt mein Fluchtinstinkt ein. Ich wollte plötzlich weg aus der Kneipe, weg von ihm und dem netten Geplauder. Ich wollte zurück in meine Höhle, den Kater anjammern, der guten Fee sagen, dass sie noch nicht mit Wunsch Nummer drei hätte anfangen sollen und dann schlafen. Ach Margret, schimpfte ich mit mir selbst, jetzt lass doch mal. Der Kerl sieht gut aus. Alle Weiber in der Kneipe beneiden dich. Jetzt genieß es gefälligst.

Ich hatte leider nicht weiter zugehört, was Winnie noch so sagte und fiel ihm mitten im Satz ins Wort: »Und was sollte das mit dem Erzgebirge-Weihnachtsengel?«

»Oh, sagen wir mal, eine Nettigkeit.«

»Oh, verstehe.«

»Wirklich?«

»Na ja, Musikkassetten aufnehmen ist wohl aus der Mode gekommen.«

»Der ist übrigens nicht aus Holz.«

»Sondern?«

»Brausepulver«, sagte Winnie voller Stolz, »von der Bude.«

»Bude«, echote ich.

»Meine Oma hat einen Kiosk. Ich bin ein glückliches Kind.«

Er griff in seine Manteltasche und holte eine große Tüte Nappos heraus – die echten wohlgemerkt, in rotes oder blaues Stanniolpapier eingepackt, die, von denen einem die Plomben rausfliegen, wenn man reinbeißt. Ich nahm ein Nappo und pfiff auf die Vollständigkeit meiner Zahnfüllungen.

»Oh, und ich dachte schon, du hättest ein schräges Hobby. Du kannst es dir nicht vorstellen – Sommer hat mir heute eine amorphe Specksteinstatue geschenkt.«

Weil mir Ober- und Unterkiefer schon bedenklich zusammenklebten, klang es wie »Amoscheschpescheinschatulle«. Ich malte für Winnie auf einen Bierdeckel, was ich vor ein paar Stunden in der Ruhr versenkt hatte.

Kaum fühlte ich mich wieder besser, mit mir und Blaschkes Gegenwart, steuerte eine sehr gut aussehende Mittdreißigerin in Jeans und makellos weißem Wollpullover direkt auf uns zu. Ihr blonder Pferdeschwanz wippte. Meine Laune war sofort wieder auf dem Tiefpunkt angelangt.

»Da kommt übrigens Ihre Freundin«, schnarrte ich ihn an. Die junge Frau schmatzte Winnie einen Kuss auf beide Wangen und strahlte mich an: »Hallo, ich bin ...«

Ich übersah ihre ausgestreckte Hand, murmelte irgendwas von »Katze« und »Regen« und »nach Hause gehen«. Das junge Glück wollte ich auf gar keinen Fall stören. Winnie half mir in den Mantel, was ich aber gar nicht wollte, und so war es einem Ringkampf ähnlicher als der beabsichtigten Höflichkeit. Er reichte mir meine Tasche und flüsterte mir ins Ohr: »Sie ist nicht meine Freundin. Sie ist eine Kollegin.«

»Na und«, gab ich spitz zurück, »wer will das wissen?«

Mach-dich-unbeliebt-in-zehn-Sekunden – Maggie Abendroths Spezialdisziplin. Ich verschwand, so schnell ich konnte. Er sollte bloß meinen hochroten Kopf nicht sehen. Oh – mein –Gott! Maggie Unsouverän Abendroth, du bist kindisch!

Als ich an meinem Auto stand, stampfte ich tatsächlich vor Wut über mich selbst mit dem Fuß auf. Mein Autoschlüssel war nicht in meiner Manteltasche. Er lag noch auf dem Tisch. Ich musste zurück in die Kneipe. Dagegen war der Gang nach Canossa ein Spaziergang. Die Frau lachte gerade laut über irgendetwas, das Winnie gesagt hatte. Sie winkten beide einem Mann zu, der mit zwei Bieren in der Hand an ihren Tisch kam. Ich erreichte den Tisch und wollte nach dem Schlüssel greifen. Winnie hatte mich kommen sehen, und als ich mich herunterbeugte, wollte er mir gerade den Schlüssel reichen und beugte sich vor. Um ein Haar wären unsere Köpfe zusammengerasselt.

»Ich habe das gesehen, gerade«, flüsterte er, als unsere Köpfe nur Millimeter voneinander entfernt verharrten.

»Was gesehen? Und warum flüstern Sie mir immer ins Ohr?«

»Das mit dem Fuß. Warum trittst du dein Auto und warum trittst du die Straße und warum siezen wir uns wieder? War was mit dem Nappo nicht in Ordnung?«

»Mein Absatz ist locker. Danke für den Schlüssel. Frohes Fest.«

Regieanweisung: MAGGIE HETZT VOR DIE TÜR, REMPELT DABEI GUT AUSSEHENDE BEDIENUNG AN, DER DARAUFHIN EIN VOLLES BIERGLAS VOM TABLETT KIPPT.

CUT TO: REACTION SHOT BLASCHKE.

Wenn ich jetzt die Hände frei gehabt hätte, hätte ich sie im wahrsten Sinne des Wortes gerungen, bis Weihnachten vorbei wäre. Ich brauchte dringender denn je entweder den Schlaf des Vergessens oder noch wesentlich mehr Wodka. Ich entschied mich für den direkten Nachhauseweg – und bloß keinen Wodka mehr. Als ich allerdings in meinem Auto saß und den Pegelstand im Fußraum betrachtete, wankte mein Entschluss erheblich.

Das zweite Weihnachtswunder sah ich sofort beim Eintreffen in meine Wohnung. Mein Anrufbeantworter war wirklich voll. Es waren zu hören: die vorwurfsvolle Stimme meiner Mutter, dass ich mich schon wieder ewig nicht gemeldet hatte. Sie rief aus ihrem Dauerurlaubsort in der Türkei an, wo sie für gewöhnlich drei bis vier Monate überwinterte, deswegen war die Ansprache angenehm kurz, aber sehr laut. Ein Ferngespräch eben. Dann folgte die Stimme meines Vaters, der mir hundert Mark ankündigte, per Überweisung, und »frohes Fest, mein Kind, wir sehen uns bestimmt im neuen Jahr«. Der nächste Anruf war nur Piep, Piep, keine Nachricht und der nächste und der nächste auch. Darauf folgte eine aufgeregte Wilma, die mir von ihrem Treffen mit Bartholomae nur soviel berichtete, dass sie ihn für ein dummes Schlitzohr hielt. Geldgeil eben, ein armer Tropf, mit Pech an der Börse. Und übrigens, das mit dem Nutznießer sei ein Versehen gewesen. Danke dafür, Wilma!

Dann die Stimme eines hektischen Redakteurs einer Kölner Filmproduktionsfirma, ich möge sofort zurückrufen, egal welche Uhrzeit, private Mobilnummer folgte, es handele sich um einen Notfall. Ach was, ist ja spannend!

Ich wählte sofort die angegebene Telefonnummer. Er meldete

sich auch sofort. In der Tat, es ging um einen Brand-Job. Ob ich bis zum 31. Dezember ein Drehbuch umschreiben könne, ich sei doch bestimmt wieder nicht weggefahren, blahblah, das ganze Projekt drohe »wegzubrechen«.

Ja, so nennen die Herren Produzenten es dann, wenn ihnen der Arsch auf Grundeis geht. Drehbeginn wäre am 15. Januar. Über Geld könne er aber noch nicht sprechen, weil es eigentlich kein Budget gibt. Da müsse ich ihm vertrauen, dass er das mit dem Honorar hinkriegte. Alles wäre ganz furchtbar, und ich seine letzte Rettung. Und übrigens, das Gerücht über den verkorksten *Tatort* hätte er eh nie geglaubt.

Ich atmete ganz flach, während er seinen Sermon abließ. Anscheinend war er fertig, denn ich hörte nur noch seinen Atem. Dann hörte ich mich tatsächlich sagen: »Nein, tut mir Leid. Kann nicht. Mein Flieger nach Paradise Island geht morgen früh. Frohes Fest dann noch.«

Während er noch vor sich hin stammelte, legte ich auf.

War ich denn jetzt total bekloppt geworden? Da wären bestimmt 5000 Mark drin gewesen. Es gibt niemanden, der besser zu erpressen ist als ein Redakteur mit Rasiermesser an der Kehle am 23. Dezember, mit Drehbeginn 15. Januar. Den Telefonhörer noch in der Hand, fing ich an, am ganzen Körper zu zittern. Ruf da jetzt sofort wieder an und sag, es war ein Scherz, haha. Du bist schließlich eine Drehbuchautorin. Natürlich machst du den Job. Einen Almosenjob, okay, aber ein Job. Du wirst doch wohl aus der rechtsrum gequirlten Kacke eines unfähigen Autors wenigsten linksdrehende gequirlte Kacke machen können!

Nein, mach ich nicht, sagte die Irre in meinem Kopf. Machst du nicht – mach ich doch, oder sollen wir verhungern? Machst du nicht!

Ich weiß nicht, wie lange ich bibbernd vor Aufregung vor mich hin gestarrt hatte, aber erstens wurde mir kalt, weil ich die Tür offen gelassen hatte, und zweitens war zwischenzeitlich unbemerkt Dr. Thoma hereinmarschiert und hatte angefangen, das Chaos unterm Bett zu sortieren. Mit den Hochglanzbroschüren von B & B war er gerade fertig geworden. Der Inhalt des Müllbeutels aus dem Reißwolf lag schon verstreut in der Wohnung. Kann man so lange so total abwesend sein? Muss wohl.

Ich hatte einen Job einfach abgesagt. Und wo bitte, fliege ich morgen hin? Paradise Island? Das war's, mein Verstand hatte sich soeben in Brei aufgelöst.

»Dr. Thoma, ich brauche Kalorien.«

»Maooooo.«

»Okay, viele und fettige Kalorien.«

Interessiert starrte der Kater mich an.

»Spaghetti. Mit Sauce.«

Zufrieden versetzte er dem gelben Kissen, das er in die Wohnung geschleppt hatte, einen Uppercut. Es flog in hohem Bogen durch das Zimmer und landete mitten auf dem Tisch. Der Kater sprang hinterher und fegte es mitsamt den Zeitungen und Notizzetteln wieder auf den Boden. Bald war das Chaos in meiner Wohnung komplett.

»Ich rufe nicht zurück, Dr. Thoma. Nein, das tue ich nicht. Haha, ich bin auf Paradise Island, weißt du, das liegt in der Karibik. Da ist das Meer blau, und die Sonne scheint den ganzen Tag. Und ich bin total verrückt geworden. Ja. Das bin ich. Zu viele Leichen hier in der Gegend. Paradise Island ist toll. Keine schrecklichen Geschichten aus dem richtigen wahren echten Leben mehr. Pah! Dieses ganze Drama kotzt mich an. Echt. Ich will schwimmen, Cocktails, Sonne. Jaaaa, Herr Redakteur, das hätten Sie nicht gedacht, was? Maggie Abendroth, die Totalversagerin, wagt es, Ihnen abzusagen!«

Dr. Thoma ließ vom Kissen ab, sprang auf den Tisch und zog mit einer Kralle vorsichtig an meinem Pullover. Ich schaute in sein rundes Gesicht und seine großen Katzenaugen. Der Kater hielt meinem Blick stand. Als er dann anfing zu blinzeln, war ich zutiefst gerührt. Selbst der Kater wusste mehr über mich als ich selbst.

»Dr. Thoma, das geht wieder vorbei. Ich laber Müll, weil ich Angst habe und keiner was dagegen machen will. Ehrlich, kleiner Dickmops, das geht vorbei. Ich verspreche es.«

22

Dr. Thoma und ich hatten uns lustvoll ins Carbonara-Nirvana gemampft. Der Kater sah mit seinem dicken Bauch aus, als wären seine Beine plötzlich in den Körper gerutscht. Ich brauchte an Schlaf gar nicht zu denken. Die Carbonara hatte sich in meinem Körper in eine harte Masse von der Größe eines Medizinballes verwandelt. Ich wälzte mich hin und her, ging aufs Klo, kam wieder, warf den Kater vom Bett und schlief wieder nicht ein. Gegen drei Uhr morgens gab ich endgültig auf und stieg aus dem Bett. Dann könnte ich auch gleich anfangen aufzuräumen. Ich drehte die Heizung wieder hoch, wickelte mich in eine Wolldecke, nahm mir ein Kissen und setzte mich auf den Boden, um die Schnipsel zusammenzukratzen, die Dr. Thoma gekonnt auf meine 22 Quadratmeter verteilt hatte. Aus dem gelben Kissen, das komplett zerfetzt unter dem Küchenregal seine Ruhe gefunden hatte, hingen die Eingeweide heraus. Eine nicht unerhebliche Menge Federn lag auf dem Boden. Ich versuchte, sie wieder zurückzustopfen. Mit wenig Erfolg. Als meine Hand in dem Kissen steckte, fühlte ich etwas Seltsames: Plastikfolie. Ich fischte eine Schere vom Tisch und schnitt das Kissen ganz auf.

»Dr. Thoma, jetzt guck mal.«

Dr. Thoma lag ausgestreckt auf meinem Bett und hob nur mal kurz den Kopf an, um ihn sofort wieder gähnend in die Kissen zu betten. Soviel zur Einsatzfreude meines Mitbewohners.

Ich fragte mich ernsthaft, seit wann man ein Kissen samt Folie in eine Hülle steckt? Das war kein Materialfehler oder ein Versehen, wie die Kriminaltechniker vermutet hatten. Das war Absicht. Deshalb also kriegte man – mit dem Kissen auf dem Gesicht – sofort keine Luft mehr, folgerte ich. Das hatte Bartholomae doch mit Absicht so machen lassen. Damit es noch schneller ging. Wer stellt diese Kissen überhaupt für Bartholomae her?

In die Kissenhülle war ein Etikett eingenäht: *Co-Operative Society Ltd. Thupten Tander, Kathmandu, Nepal.* Auf der anderen Seite des

Etiketts stand: *Manufacturer & Exporter of traditional Garments, Hand-knotted Woollen Carpets.*

Leider stand auf solchen Etiketten nie eine Telefonnummer. Mich interessierte brennend, wie die Kissen an Bartholomae geliefert wurden. Mit Innenleben oder ohne? Also rief ich bei der Auslandsauskunft an. Die Firma stand leider nicht in ihrem Telefonbuch. Die nette Dame tröstete mich damit, dass man selbst in Kathmandu wahrscheinlich die Nummer nicht herausfinden würde. Soviel zur schönen neuen Welt der Global Players.

Ich sprang auf, steckte die Reste des Kissens in eine Einkaufstüte und brachte es weit weg von mir in die Waschküche. Mordwaffen raus aus meiner Wohnung. Mehr als aufgeregt fing ich an, die Papierschnipsel zu sortieren. Die, die eindeutig die Handschrift des Knipsers trugen, legte ich auf die Seite. Noch nicht. Noch nicht dran rühren. Der Rest, wie ich unschwer erkennen konnte, war Papierkram aus Sommers Büro.

Zur Beruhigung kochte ich mir einen Kaffee und sah mir die schmalen Papierstreifen genauer an. Sie waren dünn, höchstens zwei oder drei Millimeter breit, aber manchmal so geschnitten, dass ganze Zeilen zu lesen waren. Ein Streifen interessierte mich besonders. Es stand der Name Kostnitz drauf. Ich fand einen weiteren, der wohl die Kopfzeile eines Vertrages war. Es war, wie ich mich sehr gut erinnern konnte, die Kopfzeile des Vertrages zwischen Pietät Sommer und der Prusseliese über ihre Bestattungsverfügung. Wieso war die jetzt schon im Müll gelandet? Sehr interessant war allerdings, dass die abgeschnittenen Worte, die man an der Schnittkante noch erkennen konnte, nicht mit der Schreibmaschine, sondern mit blauer Tinte geschrieben waren. Es waren nur Häkchen und kleine Reste von Buchstaben. Soweit ich mich aber erinnerte, war der gesamte Vertrag, den ich bei Sommer gesehen hatte, mit der Schreibmaschine verfasst. Da war nur die Unterschrift in blauer Tinte gewesen.

Dann fand ich noch eine Kopfzeile, und zwar gehörte die zur Bestattungsverfügung von Frau Becker. Ich grabbelte weiter in den Papierspaghetti herum und fand noch einen Streifen mit dem Namen

Becker und den Anschnitt eines Wortes, das wohl »Blumenbouquets« heißen sollte.

Inmitten meiner Gedanken zum Thema Blumenbouquets musste ich wohl eingeschlafen sein. Als ich wieder wach wurde, saß Dr. Thoma in der Spüle und leckte die letzten Reste Sauce aus dem Topf. Ich fror. Kein Wunder, ich lag auf dem nackten Fußboden, den Kopf in einem Haufen Daunenfedern.

Was aber viel schlimmer war: Es war bereits taghell! Verdammt, 11.30 Uhr. Der 24. Dezember.

Ich zog mir in Windeseile Socken und Stiefel an, versuchte, so schnell es ging, die Federn aus meinen Haaren zu entfernen und warf mich in meine alte Madenjacke, Marke Arktis-Durchquerung, schnappte meinen Geldbeutel und stand 30 Minuten später tatsächlich in rosa kariertem Flanellschlafanzug, Stiefeln und Mantel beim Aldi an der Kasse. Hin und wieder befreite sich eine Daunenfeder aus meinem Haar und segelte sanft zu Boden. Je wacher ich während der ganzen Aktion wurde, desto peinlicher war mir zumute.

Zu allem Unglück roch ich irgendwo Rasierwasser, eindeutig Halston. Das konnte doch jetzt nicht wahr sein! Bestimmt eine olfaktorische Halluzination. Mit zusammengekniffenen Augen scannte ich die Schlange vor der Kasse ab, konnte aber nichts entdecken. Dann versuchte ich, über die Regale zu schauen. Dabei hüpfte ich unelegant auf und nieder. Noch mehr Federn flogen um mich herum. Die Leute hinter meinem Rücken fingen schon an zu kichern.

Meine Nase hatte mich aber nicht betrogen – weia! – da war er. Und er war nicht allein. Winnie Blaschke plus Kollegin und dem Kollegen vom Vorabend, diesmal beide in Uniform, packten gerade palettenweise Getränke auf ihren Wagen. Wie ich dem von fröhlichem Gelächter begleiteten Gespräch entnehmen konnte, bereiteten sie den Weihnachtsabend im Polizeirevier vor. Ich starrte geradeaus zur Kasse und wünschte mir sehnlichst, auf der Stelle unsichtbar zu werden. Ich betete vor mich hin: Bitte jetzt schnell ganz viele Leute hinter mich, bitte, bitte. Ich brauchte jetzt ganz dringend drei ganz dicke Leute mit zwei oder drei vollen Einkaufswagen. Noch waren drei

Leute mit proppevollen Wagen vor mir. Endlich wurden meine Gebete erhört, und eine Mama mit gefährlich hoch aufgefülltem Wagen und zwei Blagen jeweils rechts und links am Wagen hängend schob sich hinter mich. Noch zwei Wagen rappelvoll vor mir, noch einer, jetzt ich, ich, ich …!

Ich hörte die junge Kollegin sagen: »Ist das nicht deine Bekannte?«

»Wo?«

»Na da, an der Kasse. Das ist doch ihr Mantel.«

Auf Frauen konnte man sich echt verlassen. Namen sind Schall und Rauch, aber Mäntel wiedererkennen, das können sie. Endlich war ich an der Reihe, stopfte alle Sachen unsortiert in zwei Plastiktüten, zahlte, raffte meine Tüten so schnell es ging zusammen und flüchtete, ohne mich noch einmal umzuschauen, hinaus. Ich hetzte, so gut es die beiden schweren Einkaufstüten erlaubten, in Richtung Heimat. Der Spurt durch die eiskalte Winterluft raubte mir den Atem. Ich meinte schon, ein gefährliches Stechen in meiner linken Brusthälfte zu spüren.

Endlich vor der Haustür angekommen, suchte ich wieder mal nach dem Haustürschlüssel. Im selben Augenblick hörte ich den Wagen neben mir anhalten. Mein Herz rutschte mir in die Schlafanzughose. Ein Volvo. Ich hörte es genau. Ich sollte damit bei *Wetten, dass …?* auftreten. Ich höre Volvos aus allem heraus, was Geräusche macht.

»Erde, tu dich bitte, bitte auf«, aber die Erde blieb hart. Sie tat mir den Gefallen einfach nicht; lag wohl am erneut einsetzenden Frost. Ich hörte das satte Geräusch der zuschlagenden Fahrertür. Der Knipser stand vor mir und hielt mir einen Karton entgegen. Ich brachte kein Wort heraus. Was soll man auch schon sagen, wenn man im rosa karierten Flanellschlafanzug, dicker Madenjacke und Winterstiefeln an den Füßen, in jeder Hand eine Aldi-Tragetasche, bei minus fünf Grad vor seiner erbärmlichen Behausung steht? Was hätte mir da Geistreiches einfallen sollen?

»Guck mich nicht so an, Gretchen. Ich komme nicht unangemeldet. Stand alles in meinem Brief. Hier, ein paar von deinen Sachen. Hatte ich aus Versehen mitgenommen.«

Häh? Was hatte er mitgenommen? Ich verstand kein Wort. Ich verstand nur »Gretchen«, und das genügte. Noch ein Wort und mir würde roter Dampf aus den Ohren schießen.

»Wollte ich dir noch bringen, bevor du in die Karibik fliegst«, sagte er und starrte auf meine Aldi-Tüten, »all inclusive, vermute ich.«

Ich war immer noch fassungslos. Gretchen, er hatte Gretchen zu mir gesagt. Mein – nein, *sein* Kosename für mich. Der ultrageheime Kosename.

»Vergiss deine Tennisschläger nicht«, setzte er lachend nach.

Da brüllte es aus mir heraus, Heiligabend hin oder her, Weihnachtswunder hin oder her, Fest der Liebe hin oder her: »Verpiss dich! Drachenköder! Und sag der Schwuchtel von Redakteur, ich bringe ihn um, wenn ich ihn treffe! Was geht es dich oder irgendjemanden auf dieser Welt an, wo ich bin?«

Einen Moment lang starrte er mich völlig bewegungslos an. Zerspring in tausend Stücke – tu mir den Gefallen!

Er stellte den Karton vor meine Füße, stieg kopfschüttelnd in seinen Volvo, und weg war er.

Ich schaute ihm nicht hinterher. Ich schaute auf den Boden. Soeben war eine der Aldi-Tüten geplatzt. Die Wodkaflasche, die ich mir selbst zu Weihnachten geschenkt hatte, war beim Aufschlag zerborsten. Ich könnte mich jetzt noch aufs Pflaster legen und den Wodka auflecken. »On the rocks« war er ja schon.

»Oma, könnste jetzt bitte mal was dazu sagen?«, jammerte ich. Aber Oma selig schwieg. Vielleicht hatten sie im Himmel an Heiligabend gerade viel zu tun.

Vielen lieben und auch Dank, Herr Redakteur. Das hatte ich gebraucht.

Um mich nicht einem unkontrollierten Schreianfall hingeben zu müssen, fing ich an, mich und meine kleine Wohnung zu schrubben. Alles wegschrubben. Bewegung tut gut. Sauberkeit tut gut. Und überhaupt. Ich legte meine *The Best of Take That*-CD in den Ghettoblaster, stellte den Apparat auf »repeat«, drehte die Lautstärke auf und fing an zu schrubben. Ich schrubbte und wienerte, spülte und kratzte, sprühte, polierte und wischte wie eine Irre, so irre, dass Dr. Thoma das Weite suchte. Als ich damit fertig war, waren drei Stunden vergangen. Ich stellte die Musik endlich aus. Innerlich bebte ich immer noch vor Wut. Also stellte ich mich unter die heiße Dusche und heulte eine Stunde lang. Meine Haut wurde schon schrumpelig vom Wasser, aber meine Seele war fast wieder sauber. Auf alle Fälle hatte sich bei mir das dringende Bedürfnis, mich mit einer geladenen und entsicherten Kalaschnikow auf den Weg nach Köln zu machen, wieder gelegt.

Ich zog mir was Sauberes an und setzte mich mit Kaffee und Zigaretten an den kleinen Tisch. Vor mir stand das Paket, das der Knipser mir gebracht hatte. Auch ohne sie zu öffnen, wusste ich, was in der Kiste war. Die Fotosammlung einer Recherchereise nach Italien, die wir zusammen gemacht hatten, als meine Welt noch in Ordnung war. Die Fotos waren wirklich klasse, erste Sahne. Ich konnte mich noch gut erinnern. Wir hatten sogar ein Motiv, auf dem zwei Espressotassen im Vordergrund und das blaue, blaue Meer im Hintergrund zu sehen waren, als gemeinsame Weihnachtskarte verschickt. Vernazza, Cinque Terre. Vino Tinto und fettige Focaccia. Wie lange war das her? Äonen? Weltzeitalter? Oder wirklich erst ein Jahr?

Mit spitzen Fingern packte ich die kleine Kiste und trug sie, wie eine tickende Bombe, mit ausgestreckten Armen in die Waschküche. In der hinterletzten Ecke war noch Platz auf dem Regal. Das Zeug konnte jetzt meinetwegen bis zum Ende aller Tage da rumliegen und verschimmeln. Ich atmete aus. Schon wieder dicke Backen gemacht.

Zurück in meinem Zimmer, nahm ich mir die Papierstreifen aus dem Reißwolf wieder vor. Was hatte der alte Kostnitz gesagt? Wenn überhaupt was faul ist, hat es mit den Verträgen zu tun. Blumenbouquets für Frau Becker? Ich schob die Papierstreifen hin und her und her und hin, konnte aber einfach keine weiteren Schnipsel finden, die irgendwie zu identifizieren gewesen wären.

Schließlich nahm ich mir den Papierstapel, den ich von Matti bekommen hatte, vor.

Ich überflog jeden einzelnen Zettel und warf die unwichtigen Sachen auf den Boden. Eigentlich warf ich so gut wie alle Blätter auf den Boden. Es war alles unwichtig. Einladungen, Danksagungen, Werbung usw. Ich wollte schon alles in den Müll werfen, als eine kleine Visitenkarte aus dem Reststapel fiel: *Co-Operative Society, Kathmandu, Nepal.* Und eine Telefonnummer war auch darauf. Wie spät war es denn jetzt da?

In meinem Filofax fand ich eine Weltkarte, auf der diverse Zeitzonen in mikroskopisch kleiner Schrift vermerkt waren. Ich hätte eine Lupe gebraucht, um es lesen zu können. Irgendwas zwischen vier und fünf Stunden plus.

Egal, was mich dieses Gespräch jetzt kosten würde, ich wählte mich ans andere Ende der Welt und stellte mir vor, wie im Angesicht des Himalaya-Massivs in einer kleinen staubigen Fabrik in Kathmandu das Telefon klingelt. Ein brüsk hervorgestoßenes »Namasté. Hello?!«, riss mich aus meinen Everest-Träumen.

»Hello, Mr. Thupten Tander?«, stotterte ich. Einen kurzen Moment hörte ich nur ein Rauschen.

»Hello? Mr. Thupten Tander«, versuchte ich es erneut.

»I am Mr. Thupten Tander«, kam es entrüstet vom anderen Ende der Welt.

»Yes, wonderful. Hello. I am Mrs. Bartholomae, from Germany. Mr. Tander, I have some questions about the cushions«, ging ich auf mein Ziel los. Ich wollte schließlich nicht mein halbes Monatsgehalt mit Kathamandu vertelefonieren.

»What cushions?«

»The yellow cushions. You send them to Germany. You remember? Mr. Bartholomae and the yellow cushions. In Bochum, Germany!«

»Ah«, war alles, was Mr. Thupten Tander dazu zu sagen hatte. Ich hörte im Geiste den Gebührenzähler unerbittlich ticken. Mach ihm ein Angebot, um ihm auf die Sprünge zu helfen.

»I want to order more cushions. The Boss is sick – äh, in hospital. He said I must order cushions, yellow cushions. *Bie änd Bie.*«

»Oh, the yellow cushions. Mr. Bartelu. Yes. Yes. I understand. Five hundred this time?«

Tja, warum eigentlich nicht fünfhundert?

»Okay, five hundred. Wonderful. Do you …« Verflucht, was hieß denn ‚liefern' auf Englisch? »… äh … liefer them, äh ship them with the feathers inside?«

Au weia. Mein Englisch ließ sehr zu wünschen übrig. Aber anscheinend verstand Mr. Tander genug.

»Why?«

Oh, keine Füllung von Mr. Tander?

»Last time Mr. Bartelu it was too expensive. Say in Germany cheaper buy the filling«, klärte mich der Kissenlieferant auf, »too many kedschies.«

Häh? Kedschies? Bitte, was ist »kedschies«?

»Mr. Tander, sorry. What is kedschies?«

»Kedschies, kedschies! You know.«

Er bellte das ominöse Wort laut in mein Ohr.

»No, sorry. I don't understand. Sorry«, stotterte ich.

»Kedschie, kedschie!«, brüllte Mr. Tander. »KILOGRAMS! Too many KILOGRAMS!«

Oh, die Abkürzung »kg« auf Englisch, kei dschi. Jetzt endlich hatte ich ihn verstanden.

»Oh, yes. Yes. I forgot. Thank you Mr. Tander. Send the cushions. No problem.«

»Of course no problem, lady. One thousand you get a bargain of ten percent. See?«

Zehn Prozent Rabatt bei eintausend Kissenbezügen? Ich liebe Sonderangebote.

»Let's say seventeen point five percent. Okay?«

»I will lose my job, Mrs. Bartelu. Lady. But okay. Cushions will come in Germany by January in the middle of month. Frankfurt Airport Cargoterminal. I sent fax-message to confirm.«

Bevor ich mich überhaupt bei Mr. Tander bedanken konnte, hatte er aufgelegt. Ich hatte soeben ein internationales Geschäft getätigt. Da wird Bartholomae sich aber freuen, wenn er 1000 Kissenbezüge aus Kathmandu kriegt. Aber ich hatte immerhin einen prima Preis für ihn ausgehandelt. Da konnte er sich nicht beschweren. Jedenfalls hatte ich herausgefunden, dass Bartholomae diese Kissen wahrscheinlich selber stopfte, und zwar mit der Plastikhülle drum herum. Hoch zufrieden über meinen gelungenen Deal nahm ich mir wieder die Papiere vor.

Ich warf noch ein paar Preislisten eines Sanitätsgroßhandels auf den Boden und hatte plötzlich drei zusammengetackerte Seiten in der Hand, die nur nachlässig durchgerissen waren, lediglich geviertelt. Das war einfach. Zusammengeklebt ergaben sie die Kopie einer Versicherungspolice, und zwar die von Herrn Manowski. Ich erinnerte mich, dass das die erste Leiche war, an der Matti mir die Flusen gezeigt hatte. Wie hatte Schwester Beate ihn genannt? Lustgreis. Die Versicherungspolice war von 1996. Sie belief sich auf die nicht unerhebliche Summe von 35.000 Mark. Wie hatten wir den Herrn Manowski bestattet? Genau! Anonymes Gräberfeld, Erdbestattung. Und was kostet das, Maggie? Ungefähr 4000-4500 Mark. Na also – und, wie konnte es anders sein, der Nutznießer, respektive der rechtmäßige Erbe der Versicherungssumme, war Bartholomae. Ich klebte noch eine zerrissene Seite zusammen. Die war eindeutig aus dem Büro von Sommer, aus dem Vorsorgevertrag von Herrn Manowski. Es war nur eine halbe Seite, aber darauf war angekreuzt: Musik, Kaffeetrinken, Träger. Den Rest konnte ich mir denken. All das hatte Herr Manowski auf gar keinen Fall bekommen. Wenn sie auch sonst nix machen, die feinen Herren Bartholomae und Sommer, aber sie betrügen die Toten um ihre Wunsch-Bestattung.

Darüber musste ich unbedingt mit Kostnitz reden! Eines wusste ich mit Bestimmtheit, wenn auch niemand anderer diese Widerlinge anklagen wollte oder konnte: Ich würde Sommer die Bude abfackeln oder ihn verprügeln oder einmauern, Hauptsache irgendwas, was wehtat. Schwester Beate hatte Recht. Die alten Leute wurden verscharrt. Ganz richtig.

Ich beschloss, Kajos Weihnachtseinladung anzunehmen. Ich nahm die heil gebliebene Flasche Rotwein, schwang mich ins Auto und fuhr auf direktem Weg zu Kostnitz. Schwester Beate öffnete mir die Tür. Sie sah besorgt aus.

»Ist was passiert?«, fragte ich.

»Nein, fragen Sie mich nicht. Es geht nicht mehr lange gut. Kommen Sie doch rein.«

Verlegen murmelte ich: »Schwester Beate, wegen neulich. Wirklich, ich ...«

»Schon gut, Mädchen«, sagte sie und klopfte mir auf die Schulter, »schon vergessen. Sie können ja nichts dafür. Meine Nerven sind auch nicht mehr die besten.«

Nachdem sie meinen Mantel auf den Haken gehängt hatte, schob sie mich weiter ins Wohnzimmer.

Ganz so dramatisch, wie Schwester Beate es beschrieben hatte, sah es aber nicht aus. Kostnitz verköstigte soeben eine Fünf-Sterne-Flasche Cognac, während Rotbäckchen am Klavier saß und Mozart spielte.

Kostnitz begrüßte mich mit einem Lächeln: »Sie kommen zu früh. Ich bin noch nicht tot, Frau Abendroth. Wie Sie sehen.«

»Seien Sie nur weiterhin so freundlich zu mir, dann ruf' ich die Polizei«, frotzelte ich.

Er goss sich noch einen Cognac ein. Seine Hände zitterten kein bisschen. »Auch einen?«

»Nein danke, Kaffee wäre mir lieber.«

Kajo, das Rotbäckchen, hörte auf zu spielen und ging Richtung Küche.

»Tach, Frau Abendroth. Wollte mir eh grad' einen machen. Milch und Zucker?«

»Nein danke, lieber schwarz.«

»Mein Junge«, sagte Kostnitz. Er lallte nur ein ganz klein wenig. »Und was treibt Sie her, ist Ihnen langweilig? Wird gerade nicht gestorben in Bochum?«

»Ich habe frei, und das ist gut so.«

Kajo kam mit dem Kaffee zurück. »Ich geh' mal 'ne Runde laufen. Ich muss mich bewegen. Bin zum Abendessen wieder da. Tschüss.«

»Tschüss, bis gleich«, gab ich zurück.

Kajo sah traurig aus. Weihnachten fraß wohl an allen Seelen wie ein ekliges Geschwür. Mutter tot, Vater fast tot. Schon wieder stand ich mit beiden Beinen mitten in einer menschlichen Tragödie. Ich hatte aber auch ein Talent. Was suchte ich am Heiligen Abend bei wildfremden Menschen? Die Antwort war einfach: Ich kannte keine anderen.

»Sie können aber ruhig länger bleiben«, sagte Kostnitz, als hätte er meine Gedanken gelesen. Jetzt wusste ich wenigstens, von wem Winnie Blaschke den Trick hatte.

»Ach, ich denke, ich störe nur. Ich komme ein anderes Mal wieder. Kajo geht es nicht gut, Ihnen geht es nicht gut.«

»Und Ihnen geht es auch nicht gut. Ich seh' so was. Jetzt setzen Sie sich doch endlich mal hin.«

Ich hatte unschlüssig neben seinem Sessel gestanden. Er griff nach meiner Hand und zog daran, sodass ich entweder hinfallen oder mich auf die Sessellehne setzen konnte. Ich wählte die Sessellehne.

»Das geht auch wieder vorbei. Trinken Sie Ihren Kaffee. Und Sie bleiben zum Abendessen. Schwester Beate hat für eine ganze Armee eingekauft. Es gibt Lachs. Mein Rezept.«

Schwester Beate kam wie auf Stichwort ins Wohnzimmer geschossen. »Ja, bleiben Sie doch bitte. Es macht keine Umstände.«

Unter ihrem flehenden Blick schmolz mein Widerstand dahin. Also blieb ich. Zu Hause wartete ja eh keiner auf mich. Schwester Beate brachte noch ein weiteres Gedeck für den Esstisch. Kostnitz und ich schauten uns schweigend die Weihnachtsansprache des Bundespräsidenten im Fernsehen an.

Kajo kam nach einer halben Stunde völlig verschwitzt zurück. Nachdem er sich geduscht und fein gemacht hatte, setzten wir uns alle zum Essen hin. Die Unterhaltung ging um dieses und jenes. Kajo erzählte ein paar skurrile Geschichten über seine Dozenten an der Musikhochschule, Kostnitz brillierte mit Absurditäten aus seinem Pennerleben. Das Essen war köstlich. Ich hatte lange nicht mehr so gelacht. Zwischendurch klingelte das Telefon. Es war Blaschke, der vom Polizeirevier aus ein Frohes Fest wünschte.

»Arbeitet viel zu viel, der Junge«, sagte Kostnitz, kaum dass er den Hörer aufgelegt hatte.

»Das hat er wohl von dir«, sagte Kajo.

»Ich hab' ihn schließlich erzogen, was ich mit dir nicht geschafft habe. Spielst du uns noch was?«

»Klar.«

Kajo spielte wunderbar, und wir waren ein andächtig lauschendes Publikum. Nach zwei klassischen Stücken servierte er uns zum Abschluss noch eine Rock'n'Roll-Version von *White Christmas*. Schwester Beate summte im höchsten Sopran mit, Kostnitz brummte seinen Bass dazu. Ich singe grundsätzlich nicht, unter gar keinen Umständen.

Kajo verschwand auf sein Zimmer. Er wollte auf Papas Kosten noch ein paar Freunde in Wien anrufen.

Nachdem Schwester Beate Zigarren und Zigaretten zum Kaffee genehmigt hatte, lehnte sich Kostnitz genüsslich zurück und sagte ohne Vorwarnung: »Ich weiß übrigens, wie sie es machen.«

»Was machen?«

»Ich sage Ihnen nur soviel: Halten Sie sich aus der Geschichte raus.«

»Vor kurzem sollte ich doch noch den Safe bei Sommer knacken! Woher der Sinneswandel? Sagen Sie schon, vor allem, wer macht was?«

»Kindchen, das ist nix für Sie. Ehrlich. Lassen Sie die Finger davon. Ich klär' das mit Blaschke. Das ist die Polizei, wissen Sie. Und Sie, Sie sind ab morgen krank geschrieben und suchen sich nach Neujahr einen neuen Job.«

»Na toll«, sagte ich, »na toll. Ich habe auch jede Menge rausgefunden. Ich habe sogar heute mit Kathmandu telefoniert. Aber das will ja immer keiner hören.«

Ich wollte den bis jetzt gelungenen Abend nicht vermasseln, aber so ganz ohne Diskussion waren wir wohl nicht glücklich.

»Kathmandu?«, fragte er verständnislos.

»Also, ich zuerst«, preschte ich los. Kostnitz schaute mich erwartungsvoll und amüsiert an.

»Na gut, Frau Abendroth, Sie zuerst. Weil Weihnachten ist.«

Dem würde das Grinsen noch vergehen.

»Also, Bartholomae schließt mit den Leuten Versicherungen ab. So genannte Sterbeversicherungen, zur Deckung der Beerdigungskosten. Sommer macht eine Vorsorgevereinbarung. Wenn die Leute dann gestorben sind, macht er aber nicht das, was die Leute ihm in die Feder diktiert haben. Er macht nur das Billigste. Den Rest teilt er sich mit Bartholomae, weil der die Kohle von der Versicherung bekommt. Er ist der rechtmäßige Nutznießer, sprich der Erbe dieser Policen. Und: Solange es keine Angehörigen gibt, beschwert sich auch keiner. Na, was sagen Sie dazu?«

»Ich ziehe meinen Hut vor Ihnen, Margret.«

»Danke für die Blumen, aber auf was warten wir dann noch? Ich habe Papiere zu Hause, die zumindest einen Teil der Geschichte belegen. Wenn ich an den Safe rankäme, könnte ich bestimmt mehr finden.«

Ich erzählte ihm noch, was er über die Geschichte mit Matti wissen musste, von Frau Becker und was ich bei der Versicherung in Erfahrung gebracht hatte.

»Immer mit der Ruhe. Ich sagte, Sie sind ab morgen krank geschrieben. Nicht vergessen. Und wir, Blaschke und ich, kümmern uns um die Toten. Zwischen Weihnachten und Neujahr wird meine Frau exhumiert. Sonderbeschluss. Vielleicht können die Leichenfledderer von der Gerichtsmedizin doch noch was feststellen. Dann wissen wir, ob es sich nur um ein mieses Gekungel zwischen Sommer und Bartholomae oder aber um Mord handelt.«

»Sie sind ja verrückt.«

»Und Sie? Schnüffeln laienhaft hinter irgendwelchen Leuten her, ohne zu wissen, was Sie sich da einhandeln. Telefonieren mit Kathmandu, um rauszufinden, ob die Füllung mitgeliefert wird.«

»Ja und? Sie wird nicht mitgeliefert. Bartholomae macht das hier mit dem Plastik im Kissen, und zwar absichtlich. Und Sie? Darf ich mal raten? Sie haben sich wahrscheinlich schon längst Bartholomae ins Haus geladen, um so einen Vertrag zu unterschreiben. Habe ich Recht?« Er nickte.

»Und dann haben Sie sich angestellt, als wären Sie kurz vorm Exitus und haben ganz genau aufgepasst, was er Ihnen an Formularen hinschiebt.«

Wieder lachte er und nickte: »Blankoformulare. So einfach, aber so gemein.«

Plötzlich wurde er ganz ernst. »Dieses Arschloch schiebt den Leuten das einfach unter. ‚Unterschreiben Sie bitte hier, hier und hier.' Vorher redet er mit dir stundenlang über die tollste Beerdigung des Jahres, bis du leuchtende Augen kriegst. Dann unterschreibst du eine Versicherungspolice über Dreißigtausend. Dann erzählt er dir, dass du dir keine Sorgen machen musst, denn die bestellte Beerdigung wird dem lieben Herrn Sommer laut Rechnungsstellung bezahlt.«

»Meine Fresse!«, entfuhr es mir. Ich fühlte mich wie von einer Dampfwalze überfahren. Es ist eine Sache, eine Hypothese aufzustellen, eine andere, wenn sie durch Augenzeugen komplett bestätigt wird. Aus meinem Gedankenspielchen war plötzlich bitterer Ernst geworden.

»Brauchen die denn keine Zeugen für so was? Zweite Unterschrift, Willenserklärung, irgendwas?«, fragte ich Kostnitz.

»Nee. Aber Moment, Moment«, er nahm sich eine neue Zigarre aus dem Humidor und knipste das Ende ab, »das wäre bis hierher nur Betrug an einem Kunden, der sich nicht mehr wehren kann. Aber: Die beiden sauberen Herren können nicht abwarten, bis jemand von selbst geht, das denke ich mittlerweile. Da wird dann nachgeholfen. Sie hatten wahrscheinlich auch in diesem Punkt Recht.«

»Wie kommen Sie jetzt darauf?«

Genüsslich zog er an seiner Zigarre. »Also, erstens: Winnie hat gerade nicht nur angerufen, um ein frohes Fest zu wünschen. Zwei Personen haben tatsächlich einen dunkelblauen Kleinwagen vor meinem Haus gesehen. Mit der Aufschrift eines Pflegedienstes.«

»Am dem Tag als, als ...« Vor lauter Aufregung begann ich zu stottern.

Kostnitz fiel mir ins Wort: »... an dem Tag, als Erika starb. Sie sagen es. Und zweitens: Ich habe das Kissen aufgeschnitten, das Bartholomae auch mir als Werbegeschenk mitgebracht hat.«

»Ohhh«, fiel ich jetzt ihm ins Wort, »Sie meinen die Sache mit der Plastikfolie. Sehen Sie. Hab' ich doch gesagt!«

»Frau Abendroth, ich fange an, mich vor Ihnen zu fürchten.«

»Schön, tun Sie das, Herr Kostnitz. Und deswegen glauben Sie jetzt auch, dass die die alten Leutchen um die Ecke bringen?«

»Zumindest ist es eine ungewöhnliche Häufung von Zufällen. Es war mir einen Gedanken wert, das alles in einen möglichen Zusammenhang zu bringen.«

Zufrieden, aber erschöpft von seinem langen Vortrag lehnte er sich zurück. Jetzt sah er etwas blass um die Nase aus und atmete schwer. Dann sagte er: »Und wissen Sie, was das Allerdollste ist? Schwester Beate war die ganze Zeit dabei. Sie hat nicht gemerkt, was die Leute unterschreiben. Bei den vielen Zetteln hat sie auch gar nicht durchgeblickt. Wenn es um die Inhalte ging, haben Bartholomae oder Sommer immer allein mit den Alten geredet. Die alten Leute haben immer gedacht, dass alles in Ordnung ist, und Schwester Beate leider auch.«

Mir blieb der Mund offen stehen.

»Ja«, stotterte ich, »bis auf Frau Becker. Die hat Schwester Beate erzählt, was sie für ihre Beerdigung geplant hatte.«

Im Türrahmen stand plötzlich Schwester Beate und drückte sich ein Taschentuch auf den Mund.

»Ja«, stieß sie hervor, »der Bartholomae hat das einfach so gemacht. In was bin ich da nur reingeraten? Ich schäme mich so. Die alten Leute haben mir vertraut. Ich habe mit ihnen über diese Verträge und so gesprochen, wie sinnvoll die sind und alles.«

Dann rannte sie mit hochrotem Kopf zurück in die Küche. Kostnitz hob hilflos die Hände und ließ sie auf seine Schenkel zurückfallen. Dabei verteilte er einen Ascheregen von seiner Zigarre auf Teppich und Sofa.

»Die beruhigt sich wieder. Jetzt sagen Sie mal, wie sind Sie drauf gekommen?«

Ich sah ihn verwirrt an.

»Ich? Wieso ich?«

»Na, Sie haben doch fast dasselbe gesagt wie ich. Wie sind Sie drauf gekommen?«

»Erschlagen Sie mich ruhig, Herr Kostnitz. Ich glaube, ich habe es geträumt. Mein Kater hat in meinem Traum Blankoexemplare abgestempelt, damit ich ihn ins Katzenkrematorium bringen kann. Genau! Und dann habe ich ein paar Schnipsel aus einem Reißwolf sortiert und noch was zusammengeklebt, was ich von Matti bekommen habe. Außerdem habe ich 'ne Tante erfunden, die es gar nicht gibt. Und nach Kathmandu telefoniert. Dabei hab' ich übrigens unter falschem Namen 1000 Kissenhüllen mit Rabatt bestellt. Ist das strafbar?«

»Und Sie nennen mich einen Verrückten? Mein lieber Herr Gesangsverein.«

Jetzt mussten wir beide lachen. Ich berichtete noch von der Tinte auf dem Vertrag seiner Frau. Bei der Erwähnung von Erika wurde er etwas blass. Er seufzte: »Tja, Erika und ihr Montblanc-Füller. Hatte ich ihr zur Hochzeit geschenkt.«

Wir schauten beide gleichzeitig zu dem kleinen Sekretär. Da lag der alte schöne Füller.

Kostnitz brach das Schweigen und sagte aufmunternd: »Wissen Sie, dass an Ihnen eine Miss Marple verloren gegangen ist?«

»Vorsicht, Herr Kostnitz, Miss Marple war eine fiese, neugierige und herrische alte Dame.«

»Was nicht ist, kann ja noch werden.«

Schwester Beate machte sich in der Küche klappernd mit dem Geschirr zu schaffen, Kostnitz paffte zufrieden seine Zigarre. Ich trollte ich mich in Richtung Küche, um beim Abwasch zu helfen. Schwester Beate ließ sich gerne helfen, denn die Küche sah aus, als wäre eine Bombe eingeschlagen. Einträchtig beseitigten wir das Chaos.

»Der Alte wollte den Lachs unbedingt selber füllen. Sehen Sie mal, was er angerichtet hat.«

»Es ist nicht zu übersehen. War er eigentlich schon immer so?«

»Immer. Mit dem Kopf durch die Wand, stur bis zum Gehtnichtmehr«, gab sie zurück.

»Sagen Sie mal, Schwester Beate, können Sie mir sagen, wie es wirklich um ihn steht? Wie krank ist er wirklich?«

Sie hielt inne und stützte sich mit tropfnassen Händen am Rand der Spüle auf.

»Ich habe seine Leberwerte gesehen, Frau Abendroth. Um ehrlich zu sein – es kann jeden Tag vorbei sein.«

Mit dem nassen Handrücken, von dem noch der Schaum abtropfte, wischte sie sich über die Stirn und schniefte laut.

»Entschuldigung. Ich hatte das nicht so eingeschätzt.«

Schwester Beate drehte sich abrupt zu mir um und verschränkte energisch ihre Arme vor ihrer ausladenden Brust. Ärgerlich sagte sie: »Ja, fragen Sie ihn doch mal! Er sagt immer nur, er ist nicht krank. Hauptsache, der Cognac läuft ordentlich durch. Er lacht mich immer aus. ‚Schwester Beate, solange der Durchlauferhitzer noch funktioniert, kratzt mich nichts mehr.‘ Stellen Sie sich das mal vor – so eine Unvernunft! Ich könnte den Kerl umbringen!«

Sie drehte sich wieder um, knallte den Wischlappen ins Spülwasser und fuhr fort: »Seine Frau hatte es auch nie leicht mit ihm.« Wütend schrubbte sie in der Kasserolle herum. »Aber er war immer irgendwie ... doch ein Guter. Deshalb hat sie sich nie scheiden lassen. Nur der Alkohol, wenn er nur die Finger vom Alkohol lassen könnte!«

»Warum trinkt er so viel? Ist damals was passiert?«

»Passiert? Natürlich ist was passiert. Er wurde vorzeitig pensioniert, aus gesundheitlichen Gründen. *Das* ist passiert. Er trinkt schon immer regelmäßig seinen Cognac, mal mehr, mal weniger. Hat Erika jedenfalls erzählt. Aber er hat es immer irgendwie im Griff gehabt all die Jahre«, schimpfte sie und schlug mit dem nassen Lappen wieder ins Spülwasser, dass der Schaum spritzte. »Aber kaum war seine Verabschiedungsfeier vorbei, war er jeden Abend volltrunken. Erika war verzweifelt. Dann, vor drei Jahren, ist er von einer Sauftour einfach nicht mehr nach Hause gekommen. Von Blaschke wusste Erika, dass er nicht tot ist. Der Winnie hat das ganze Ruhrgebiet nach ihm abgesucht. Mein Gott, hat Erika sich Sorgen gemacht! Dann hat er ihn eines Tages am Bahnhof in Dortmund sternhagelvoll aufgefunden. Aber er wollte nicht zurück. Da wusste sie wenigstens, dass er nicht tot ist. Der Winnie Blaschke hatte ein Auge auf ihn, die ganze Zeit. Da war sie beruhigt. Was sollte sie sonst auch tun?«

Schwester Beate stand an der Spüle, ihre Arme hingen kraftlos herunter, und der Spülschaum tropfte auf den Küchenfußboden. In meiner Hilflosigkeit reichte ich ihr die Rolle mit Küchenpapier und sagte: »Setzen Sie sich mal hin, Schwester Beate, und legen Sie die Füße hoch. Ich mach' den Rest allein«, und hoffte, dass der Gutmensch Blaschke noch mal auftauchen würde. Das wünschte ich mir aber nur ganz heimlich. So heimlich, dass ich es selbst eigentlich gar nicht wissen durfte.

Als ich ins Wohnzimmer zurückkam, war Kostnitz eingeschlafen. Kajo saß mit Kopfhörern vorm Fernseher und verfolgte ein klassisches Konzert auf 3Sat. Er spielte auf einem Holzbrett mit einer echten Klaviertastatur lautlos mit. Schwester Beate thronte neben Kostnitz auf der Couch und las in einem Magazin. Ich fragte sie, ob ich sie nach Hause fahren sollte und sie willigte ein. Aber erst, nachdem Kajo versprochen hatte, dass er beim alten Herrn den Rest der Nacht Wache halten und aufpassen würde, dass er heute unter drei Litern Cognac blieb.

Kostnitz schlief tief und fest und bekam gar nicht mit, dass wir uns von Kajo verabschiedeten. Der bedankte sich rührend, dass wir beide den Abend mit ihnen verbracht hatten. Als wir in der offenen Haustür herumdrucksten, hatten wir alle drei Tränen in den Augen.

Ich fuhr mit Schwester Beate davon.

»Wird er Dummheiten machen?«, fragte ich sie, als wir nach einer Viertelstunde vor ihrer Haustür hielten.

»Natürlich wird er das. Aber ich werde die ganze Zeit dort sein. Er ist im Augenblick mein einziger Pflegefall.«

»Passen Sie gut auf. Und kein Wort zu Bartholomae. Gute Nacht.«

»Das werde ich. Aber diesem Gauner von Bartholomae werde ich Manieren beibringen.«

»Tun Sie das nicht. Um Himmels Willen. Ich sagte doch gerade, es wäre besser, Sie gehen ihm aus dem Weg. Sie machen die drei kleinen Affen, bis Winnie und Kostnitz soweit sind. Kann ja nicht mehr lange dauern. Sobald Kostnitz mit Winnie telefoniert hat, sind die beiden feinen Herren reif.«

»Aber ich bin so wütend, dass ich dem den Hals umdrehen könnte.«

»Schwester Beate, bitte. Versprechen Sie es!«

Sie verabschiedete sich von mir und winkte mir von der Haustür aus zu. Ich winkte zurück und wartete, bis sich die Tür hinter ihr geschlossen hatte. Hoffentlich würde sie ihren Mund halten.

Und Friede auf Erden und den Menschen ein Wohlgefallen. Jetzt hatte ich wirklich Angst. Nicht nur so ein bisschen. Nein, einen ganz großen Haufen Angst.

23

Ja, und wie ich Angst hatte. Aber was sollte ich denn jetzt tun? Ich sollte mich krank melden ... ja, spinnt denn der Herr Ex-Kommissar? Nur, andererseits war ich jetzt wohl wirklich aus dem Rennen. Kostnitz würde Winnie anrufen, die beiden würden die Fakten zusammenlegen, und von da an hatte die Polizei einen offiziellen Auftrag. Bis auf Bartholomae, Sommer und Weizmann waren jetzt alle in Sicherheit.

Ich würde mich auf gar keinen Fall krank melden, nahm ich mir vor. Jetzt hatte ich die Story direkt vor meiner Nase und wollte unbedingt dabei sein, wenn Winnie und Kollegen den Laden auseinander nehmen. Kaum wurde mir klar, dass ich dabei geholfen hatte, ein Kapitalverbrechen aufzuklären, schlug meine Fantasie Purzelbäume: Heute schlaf' ich, morgen brau' ich und übermorgen hol' ich der Königin ihr Kind!

Sommer und Bartholomae ahnten ja noch nicht einmal, dass sich jemand für sie interessierte. Vielleicht könnte ich es doch noch schaffen, vor der Polizei an die Konten im Computer ranzukommen. Vielleicht könnte ich einen Moment abpassen, wenn Sommer nicht im Büro war. Und wenn er doch käme, müsste ich einfach nur die Nerven behalten und so tun, als wäre nichts, als hätte ich nur was im Büro vergessen. Das Flickenschildt'sche Steingesicht, das Wilma und ich seit Kindertagen geübt hatten, würde mir dabei helfen.

Alles klar, Maggie, spinn weiter. In meiner Fantasie sah ich mich schon mit einem fünfseitigen Artikel im *Stern* brillieren und als Gast bei *Menschen des Jahres* lässig mit Günther Jauch plaudern. Ich wollte unbedingt wieder im Geschäft sein. Und um eines wollte ich Kostnitz noch bitten: Ich wollte unbedingt bei der Exhumierung von Erika Kostnitz dabei sein.

Wenn ich nur Herrn Matti finden könnte. Vielleicht saß er ja gerade im Büro bei Pietät Sommer. Ich schaute auf die Uhr. Es war schon kurz vor Mitternacht. Das musste wohl doch bis morgen warten. Mit diesem Gedanken schlief ich mal wieder in voller Montur auf dem Bett ein.

Ich fand Herrn Matti am nächsten Tag natürlich nicht. Als ich bei Pietät Sommer anrief, meldete sich nur Sommer persönlich. Schnell legte ich wieder auf, ohne etwas zu sagen.

Ich hätte Herrn Matti so gerne alles erzählt. Also fuhr ich zu seiner Wohnung, klingelte mehrmals, aber er öffnete nicht. Von Mattis Haustür aus konnte ich das Licht bei Pietät Sommer brennen sehen. Sommer war also immer noch da und wahrscheinlich dabei, seine doppelte Buchführung zu frisieren. Ein bisschen hatte ich gehofft, vor der Tür von Pietät Sommer schlecht getarnte Beobachter aus Winnies Truppe zu erspähen. Entweder war niemand hier, oder sie waren gut getarnte Beobachter.

Hoffentlich passte Winnie auf Kostnitz auf. Schließlich hatte der mit seiner Unterschrift unter dem Vorsorgeplan und der Versicherungspolice praktisch eine schriftliche Einladung an Bartholomae und Sommer erteilt. Aber würden sie es wagen, ihre Show abzuziehen, obwohl allen bekannt war, dass Kostnitz nicht ohne Verwandte und Freunde war? So blöde konnte doch keiner sein.

Wieder zu Hause angekommen, saß ich unentschlossen an meinem Tisch und starrte auf das Mäuerchen. Ich musste dringend was gegen das Wasser im Fußraum meines Autos unternehmen. Wenigstens muss es ablaufen, dachte ich. Aus meiner Werkzeugkiste wählte ich den größten Nagel, den ich finden konnte, holte den großen Hammer aus der Waschküche und schritt zur Tat. Der Boden meines Wagens war schon leicht angerostet. Es genügten zwei Hammerschläge, und der Abfluss war eingerichtet. Die Aktion hatte genau fünf Minuten gedauert und mich kein bisschen abgelenkt.

In meine Wohnung zurückgekehrt, legte ich die Füße auf die Heizung und wählte wieder die Telefonnummer von Pietät Sommer. Diesmal sprang der Anrufbeantworter an. Ich war wie elektrisiert. Sollte ich jetzt hinfahren oder nicht?

Wilma nahm mir fürs Erste die Entscheidung ab. Sie rief an, um zu fragen, ob sie mich nicht doch noch nach Winterberg locken könne. Sie würde mich auch am Bahnhof abholen. Es sei herrlich im Schnee. Die Leute gut drauf, alle in Flirtlaune, und überhaupt hatte sie zehn Einladungen zu Silvesterpartys. Nee, wollte ich alles nicht. Stattdessen schimpfte ich mit ihr wegen ihres heimlichen Treffens mit Herrn Bartholomae. Sie meinte nur, da sei doch nichts dabei gewesen. Sie habe ihn sich einfach nur genauer ansehen wollen, und dazu musste sie ihn doch wohl persönlich treffen – oder etwa nicht? Alleine! Mit mir zusammen ginge das ja nicht. Auf diese fadenscheinige Begründung gab ich keine Antwort. Und, was bitte schön, hatte sie »ohne mich« noch herausgefunden? Dass er sturzlangweilig und nur am Geschäft interessiert sei. Wie schon gesagt. Er hatte was Geldgieriges und war in Wilmas Augen obendrein ein Loser. Und er habe Spinnenfinger, bemerkte Wilma noch. Spinnenfinger wie Harald Schmidt, bäh, irgendwie fies. Ihr war er in jedem Falle suspekt. Ich musste sie jetzt ein bisschen einweihen, verriet ihr aber nur das Allernötigste und kündigte stolz an, dass sie Herrn Bartholomae für die nächsten Jahre sowieso wegen Knastaufenthaltes aus ihrer Liste streichen könne.

»Wie schauerlich, Maggie. Uhh, er hat mir noch nicht mal den Kaffee ausgegeben.«

»Na bitte. Darüber kannst du eigentlich froh sein. Und stell dir mal vor, was der Geizkragen erst für Augen macht, wenn er 1000 gelbe Kissenbezüge geliefert kriegt.«

»Du gehst doch hoffentlich jetzt nicht mehr zur Arbeit? Komm doch bitte nach Winterberg und lass das die beiden Profis erledigen! Am Ende landest du noch selbst im Sarg.«

»Natürlich gehe ich nicht mehr da hin«, log ich voll Inbrunst, »Ich nehme mir bis auf weiteres meine Jahresgrippe. In ein paar Tagen hat Winnie den Fall schon längst gelöst. Ich will nur das Ende der Geschichte nicht verpassen. Wer weiß, vielleicht kriege ich die Story sogar verkauft. Stell dir das mal vor. Wäre doch einfach genial.«

»Mach keinen Unsinn und halt dir lieber Winnie warm.«

Sie betonte den Vornamen und kicherte.

»Nein, mach' ich nicht.«

»Dann mach' ich es.«

»Ja, okay, ich überlege es mir noch mal. Also, frohes Fest, und grüß deine Eltern von mir.«

»Wenn du ihn nicht willst, nehme ich ihn. Verlass dich drauf.«

»Danke für dein Angebot. Ich werde drüber nachdenken. Ich kann erst ein Urteil abgeben, wenn ich seine Wohnung gesehen habe.«

»Stell dir mal vor, der wohnt in Eiche rustikal. Wie morbide.«

»Bei meinem Glück! Würde mich auch nicht mehr schocken, wenn er noch bei Mama wohnt.«

»Maggie, so was sagt man nicht. So was darf man noch nicht mal denken.«

Was Winnie anging, platzte Wilma geradezu vor Neugierde. Wenn ich nicht aufpasste, würde sie am Ende noch zurückkommen, um mir dabei zu helfen, mehr Details aus Blaschkes Leben herauszufinden! Das konnte ich aber gerade überhaupt nicht gebrauchen. Ich wusste doch genau, wie das enden würde: Nach einer Stunde mit Wilma würde Winnie alle peinlichen Details aus meinem Leben wissen. Wir verabschiedeten uns voneinander mit allen Floskeln, die wir als Kinder immer gehasst hatten: Steck immer ein Taschentuch ein, vergiss deine Handschuhe nicht, mach dir die Schuhe zu, lass dich nicht von fremden Männern ansprechen, und wenn dir einer einen Lolli verspricht, handele ihn auf zwei hoch, und dann renne so schnell weg, wie du kannst!

Ein bisschen frische Luft, dachte ich, könnte sehr hilfreich sein, den Denkprozess auf Touren zu bringen. Ich musste jetzt klug sein und durfte nichts überstürzen. Vielleicht war meine Idee, auf eigene Faust bei Sommer rumzuschnüffeln, wirklich nur eine übliche Abendroth'sche Schnapsidee. Was, wenn ich dadurch die gesamte Polizeiarbeit zunichte machte? Da hätte Winnie aber mal wirklich Grund, sauer zu sein. Wo er mir sowieso dauernd vorwarf, ich sei ein blindes Huhn auf Recherche.

Ich trat aus der Tür und sah den Kater. Er lauerte unter meinem Auto, aber sein Hintern guckte noch hervor und seine Schwanzspitze zuckte verdächtig. Er meditierte offensichtlich das Wasser an, das aus dem Unterboden meines Autos tropfte. Vorsichtig und so leise es ging, schlich ich mich an. Dann zog ich sanft an seiner Schwanzspitze, und er unterbrach seine Meditation abrupt, seine Pfote mit ausgefahrenen Krallen schoss unter dem Auto hervor, aber ich war schneller. Dr. Thoma schaute mich verdattert an, als hätte ich ihn bei etwas Unanständigem erwischt. Hatte ich ja auch – er war so vertieft in sein Spiel mit den Wassertropfen gewesen, dass er mich nicht hatte kommen hören. Ich kraulte ihn kurz hinter den Ohren und lud ihn ein mitzugehen, ganz so, als hätte ich seinen schwachen Moment gar nicht mitbekommen. Und das Vieh folgte mir tatsächlich.

Während ich um den zugefrorenen See im Stadtpark herumlief und dabei langsam einschneite, den hinterdrein tapsenden Kater im Schlepptau, überlegte ich noch mal ernsthaft, wie ich es angehen sollte.

Ich wollte so mutig sein wie damals, als ich die Geschichte mit den verkauften Frauen aus Asien recherchiert hatte. Oder war ich da nur blöd, unbedarft und unendlich naiv gewesen? Wahrscheinlich. Damals hätte mich das BKA fast aus dem Verkehr gezogen. Zu meiner eigenen Sicherheit. Ich musste lächeln. Das war über zehn Jahre her. Was war nur aus mir geworden?

Ich suchte nach meinen Zigaretten, dabei erwischte ich den kleinen bunten Engel. Brausepulver. Winnie hatte eine Oma, die in ihrem Kiosk Brauseengel verkaufte. Ich hätte ihn fragen sollen, wo der Kiosk ist. Wilma wäre nicht so fahrlässig mit den Fakten umgegangen. Wenn die was wissen wollte, kriegte sie es auch raus. Vorsichtig leckte ich den Engel an. Tatsächlich, prickelig himbeerig. Na dann. Ich schob mir den ganzen Engel in den Mund.

Nach der vierten Runde um den zugefrorenen Stadtparkteich hatte ich rosa Brauseschaum vor dem Mund, aber mein Entschluss stand fest: Sollte ich bis Montag von Kostnitz oder Winnie nichts gehört haben, würde ich wieder ins Büro gehen, und dann würde ich irgendwie den Safe aufkriegen oder den Computer knacken.

So wie die Specksteinfiguren aussahen, die Sommer fabrizierte, konnte ich davon ausgehen, dass sein Fantasiequotient gegen null tendierte, genauso wie sein Witzquotient. Das Codewort musste einfach zu knacken sein, und die Zahlenkombination für den Safe klebte bestimmt in einer seiner Schubladen. Ich musste nur gründlich suchen.

Als ich nach Hause kam, hatte ich einen Anruf von Blaschke auf meinem Anrufbeantworter. Während ich das Band abhörte, kontrollierte ich im Badezimmerspiegel meine himbeerrote Zunge. »Schade, dass du nicht mit mir spazieren gehst, sondern mit deinem Kater. Ich melde mich morgen noch mal. Und bitte, hör auf den Alten und sei krank. Nach deinem Ausflug im Schlafanzug sollte eine Grippe kein Problem sein. Wundert mich sowieso, dass du nach dem Lachsgericht von Kostnitz keine Lebensmittelvergiftung hast. Wie war der Brauseengel?«

Ja, Herrgott nochmal, kriegte der Kerl denn alles mit? Ich rief ihn sofort zurück, aber es meldete sich nur die Mailbox. Ich wünschte ihm ein frohes Fest und dankte für den Anruf und seine guten Ratschläge.

Wie gerne hätte ich jetzt mit ihm über den Fall gesprochen. Ganz entre nous. Vielleicht in seiner Wohnung? Es hätte mir auch gar nichts ausgemacht, noch mal loszufahren. Das auf die Mailbox zu sprechen, verkniff ich mir allerdings.

Leider konnte ich Kostnitz auch nicht erreichen. Ich hätte mich gerne noch mal bei ihm bedankt und ihn gefragt, was die Polizei als Nächstes unternehmen würde. Niemand ging ans Telefon.

Den Rest des freien Tages verbrachte ich mit allen möglichen Dingen. Ich wollte mich unbedingt bewegen, nicht zu Hause sein und grübeln. Also machte ich mich auf in die City, um Kai-Uwe Hasselbrink den ersten Weihnachtsfeiertag zu verderben.

Den zweiten Weihnachtsfeiertag verbrachte ich wie geplant vor dem Fernseher. Nach drei Spielfilmen hintereinander stieg Dr. Thoma erschöpft aus. Kein Fleischsalat der Welt konnte ihn dazu überreden, sich mit mir noch einen vierten Film anzugucken. Immer noch keine Nachrichten. Weder von Kostnitz noch von Winnie. Ich fand die Warterei mehr als unergiebig, und dass beide nicht zu erreichen waren, machte mich fast verrückt.

Am nächsten Tag hielt ich es zu Hause nicht mehr aus und ging in die Stadt – Sonderangebote checken.

Beim chinesischen Großhändler kaufte ich ein paar Chinakracher für die Silvesternacht. Ohne Knallerei geht gar nix. Das musste einfach sein. Die 100 Mark, die mein Vater mir geschickt hatte, investierte ich in einen warmen, altroséfarbenen Tweedrock Größe 38 und einen passenden Pullover. Zu meiner grenzenlosen Überraschung spannte der Rock überhaupt nicht, was mich fast dazu verleitet hätte, noch mehr Sachen zum Anziehen zu kaufen. Aber ich blieb hart gegen mich selbst. Keine neuen Sachen, denn ab nächster Woche, das war mir völlig klar, würde ich dann wohl wieder arbeitslos sein. Und bis die Honorare für meine Bombenstory fließen würden, musste ich ja irgendwie zurechtkommen. Als ich den Laden mit nur zwei Teilen verließ, kam ich mir unheimlich diszipliniert vor und kaufte mir stattdessen eine Tüte fettgebackener Krapfen.

Zu Hause stellte ich enttäuscht fest, dass Winnie und Kostnitz immer noch nicht angerufen hatten. Diesmal hinterließ ich auf Winnies Mailbox wirklich eine Bitte um Rückruf. Bei Kostnitz erreichte ich wieder niemanden. Verdammt, wenn das so weiterging, würde ich das Ende der Geschichte total verpassen. Mir blieb nichts anderes übrig, als abzuwarten, wann die beiden Herren sich geneigt zeigen würden, mir mal was zu erzählen. Und das, nachdem Herr Matti und ich den Stein überhaupt erst ins Rollen gebracht hatten. Ich fand, ich hatte ein Recht auf das Ende der Geschichte.

Während ich auf die Rückrufe wartete, verspeiste ich drei Krapfen in fünf Minuten und dachte mir Passwörter aus, die Sommer verwendet haben könnte. Auf Nachrichten wartete ich an diesem Abend wieder mal vergeblich.

Nach einem netten, ruhigen Fernsehabend und einer guten Nacht mit ausreichend Schlaf war ich bereit, meine neue Figur und meinen neuen Rock zum Brunch ins Café Madrid auszuführen. Von Kai-Uwe Hasselbrink und seinen dämlichen Fragen war weit und breit nichts zu sehen und zu hören, was mich sehr froh stimmte. Zwischen Milchkaffee und belegten Brötchen bastelte ich also ungestört weiter an der Passwortliste. Ich schrieb einfach alles auf, was mit dem Thema Tod zu tun hatte: Bestattung, Balsamieren, Thanatos, Embalming, Grabstein, usw. Würde Herr Sommer »Styx« als Passwort benutzen? Ich strich es wieder aus. Darauf würde der nie kommen, genauso wenig wie auf Orkus, Hel oder Anubis. Ich war ziemlich stolz auf mein Kreuzworträtselwissen.

Wann immer die Tür vom Café aufging, hoffte ich, Blaschke würde hereinkommen. Tat er aber nicht, was ich schade fand, denn ich brannte auf Neuigkeiten.

Am Nachmittag war ich mit meinen Ergebnissen auf meiner Passwortliste sehr zufrieden und nicht mehr davon abzuhalten, mich ins Büro von Pietät Sommer zu begeben. Wer wollte denn noch länger warten? Kostnitz und Winnie hatten ihre Chance gehabt. Ich hatte mittlerweile den dringenden Verdacht, dass die beiden mich ganz bewusst nicht auf dem Laufenden hielten. Die edlen Ritter hatten sich wohl darauf geeinigt, die Prinzessin in ihrem Turm zu lassen, während sie den Drachen für sich allein beanspruchten. Ich wurde langsam sauer auf die beiden.

Ich wählte die Nummer von Pietät Sommer. Der Anrufbeantworter meldete sich. Na also. Sommer war nicht da. Wozu hatte ich einen Schlüssel? Und wenn er doch da war, würde ich wieder umkehren. Vielleicht könnte ich auch bei Herrn Matti noch mal anklingeln. Schließlich wurden Sommer und Bartholomae mittlerweile von der Polizei überwacht. Was sollte uns schon passieren? Außerdem: Jetzt waren wir schon so weit gekommen, jetzt wollte ich unbedingt auch noch den Rest.

Kaum hatte ich diesen Gedanken zu Ende gedacht, klingelte mein Telefon. Es war Sommer, der mich bat, mit Herrn Matti eine Leiche abzuholen. Er entschuldigte sich salbungsvoll und wortreich für die Ungelegenheiten, die er mir an meinem freien Tag bereiten müsse. Aber es ginge leider nicht anders, ob ich bitte ausnahmsweise mitfahren könne? Die Leiche befinde sich im Erdgeschoß. Der Abtransport würde uns keine Schwierigkeiten machen. In fünf Minuten wäre Matti bei mir, um mich abzuholen. Ich musste mich sehr zurückhalten, um nicht vor Freude juchzend zuzusagen.

Das lief doch gerade wie geschmiert. Wenn wir die Leiche abgeholt hatten, und Sommer war offensichtlich nicht im Büro, konnte Matti Schmiere stehen, während ich mich an den Dateien vergreifen und das Büro durchsuchen würde.

Ich kann es nicht anders beschreiben, aber zum ersten Mal seit langem fühlte ich mich wieder ein bisschen lebendig.

24

Mir blieb keine Zeit mehr, mich in entsprechend dezente Bestatterkluft zu werfen. Ich befand, der Rock in gedecktem Altrosa sei seriös genug. Ich warf meine Arktisjacke über und wartete auf dem Bürgersteig ungeduldig auf Herrn Mattis Ankunft.

Meine Geduld wurde nicht übermäßig strapaziert, denn schon nach ein paar Minuten hielt der schwarze Leichenwagen am Straßenrand.

»Hatten Sie ein schönes Fest, Frau Margret?«

»Und wie, Herr Matti. Ich habe Superneuigkeiten! Gut, dass wir uns heute schon treffen. Was haben Sie so gemacht?«

»Nichts. Ich war bei Sommer und habe mich um Chemikalien und Arbeitsmaterial gekümmert. Erzählen Sie Ihre Neuigkeiten, bitte.« Und ich berichtete, was ich am Weihnachtsabend mit dem alten Kostnitz bei ihm zu Hause erlebt und besprochen hatte – in allen Einzelheiten und in den lebhaftesten Farben: von den Blankoformularen, dem Kissen und den Schnipseln, die ich gefunden hatte. Auch von Kostnitz' Nachbarn, die ein Auto mit der Aufschrift *B & B* vor der Tür gesehen hatten am Tag, als Erika gestorben war. Mein persönliches Highlight gab ich als Krönung obendrauf: die bevorstehende Exhumierung von Erika Kostnitz.

Falls es ein Wort für »noch schweigsamer als eine Parkuhr« gibt, würde ich es gerne wissen. Ich hatte Zustimmung, Hurrarufe, Schulterklopfen oder ähnlich euphorische Bekundungen erwartet. Aber kaum hatte ich meinen Bericht beendet, hatte ich eher den Eindruck, Matti habe aufgehört zu atmen. Eigentlich war es noch schlimmer. Ich konnte ihn noch nicht einmal mehr denken hören. Ein paar Straßen weiter wurde mir sein Schweigen unheimlich. Ich hatte doch nichts Falsches gesagt – ich hatte den Fall gelöst.

»Wo fahren wir überhaupt hin?«

Matti murmelte nur leise: »Nicht gut. Nicht gut.«

Und dann bemerkte ich es selbst. Wir fuhren in Richtung Stiepel. Soeben bogen wir am Schauspielhaus nach Süden auf die Königsallee ein.

»Oh nein, Herr Matti. Sagen Sie mir, dass es nicht wahr ist.«

»Doch, leider, Frau Abendroth.«

»Herr Matti, ich kann das nicht. Ich will da jetzt nicht hin.«

Mein Magen setzte zum Salto an.

Ich wollte ums Verrecken da nicht hin. Nicht in Kostnitz' Haus. Ich wollte den alten Fänger nicht tot im Bett sehen. Ich wollte ihn überhaupt nicht tot sehen, egal wo.

Alles Gezeter nutzte mir wenig. Wir hielten vor dem Haus der Familie Kostnitz.

»Doch, Frau Abendroth. Wir müssen das tun«, sagte er.

Meine Knie zitterten. Meine Hände auch. Ich war vor lauter Aufregung kaum in der Lage, die Autotür zu öffnen.

Eben hatte Matti den Zündschlüssel abgezogen, da flog die Haustür auf und ein höchst lebendiger Kostnitz forderte uns mit einer Zigarre in der Hand heftig winkend auf, ins Haus zu kommen. Offenbar war er sogar nüchtern. Er führte uns, ohne ein Wort zu sagen, sofort ins Wohnzimmer. Mir blieb keine Zeit, mich über den lebendigen Kostnitz zu freuen, denn auf der Couch, auf der wir an Heiligabend noch zusammen gesessen hatten, lag Schwester Beate und atmete nicht mehr. Sie lag aber nicht friedlich da wie eine im Schlaf sanft verschiedene Person. An ihrem linken Fuß steckte noch der weiße Gesundheitsschlappen, der rechte lag weit von der Couch entfernt unter dem Flügel. Schwester Beate hätte sich nie und nimmer mit den Schlappen auf die Couch gelegt. Ihre pastellgelbe Strickjacke war auch irgendwie verdreht, und ihre Haare waren in Unordnung. Der weiße Kittel war über ihre Knie hochgeschoben, und man konnte die tief in die Wade einschneidenden Stützkniestrümpfe sehen.

Kostnitz polterte los: »Wir bleiben alle ruhig!«

Seine Stimme holte mich unsanft in die Gegenwart zurück. Na toll. Niemand machte Anstalten, hier rumzutanzen oder wie im Film hysterisch rumzuschreien außer ihm. Vielmehr hatte ich das Gefühl, nie mehr wieder ein Wort sagen zu können. Ich flehte den Himmel an, mir eine Ohnmacht zu schicken, dann müsste ich mir das hier alles nicht ansehen. Die Ereignisse der letzten halben Stunde wollten alle nicht so schnell in mein kleines Hirn passen. Ich wünschte mir, jemand hätte eine plausible Erklärung dafür, die nicht wehtat. Warum war jetzt niemand hier, um mir die Hand zu halten?

Ich versuchte, mit Herrn Matti Blickkontakt herzustellen, aber er schaute auf Schwester Beate.

»Darf ich?«, fragte er Kostnitz.

»Sie dürfen. Aber nichts verändern! Falls Sie nachschauen wollen, ob sie Einblutungen an den Augenbindehäuten hat – ja, hat sie. Sehr winzig, aber sie sind zu sehen.«

Herr Matti zog sich Gummihandschuhe an und schaute Schwester Beate in die Augen: »Ja, Sie haben Recht.«

»Ein Arzt ist unterwegs«, sagte Kostnitz.

»Ist sie wirklich tot?«, fragte ich.

»Natürlich ist sie tot! Frau Abendroth!«, schnauzte Kostnitz.

Bevor ich zurückschnauzen konnte, sagte Matti: »Was denken Sie, Herr Kostnitz, was passiert ist?«

»Schätze, sie hatte sich aufs Sofa gesetzt, um sich ein bisschen auszuruhen. Sehen Sie, die Kaffeetasse. Umgekippt. Jedenfalls, ich war draußen, ein bisschen die Beine vertreten. An der Sternwarte habe ich ein paar alte Nachbarn getroffen und länger gequatscht, als ich eigentlich wollte. Kajo ist heute Morgen nach Essen gefahren, ein paar Freunde besuchen. Ich weiß nicht, wann er wieder hier ist. Als ich zurückkam, lag sie da. Dreimal dürfen Sie raten, was aus diesem Haus entfernt wurde.«

»Das Kissen, das Sie von Bartholomae bekommen haben«, sagte Matti.

»Genau.«

»Mir ist schlecht«, würgte ich hervor.

»Ich hole Ihnen ein Glas Wasser«, sagte Herr Matti.

»Sie holen gar nichts. Das hier ist ein Tatort.«

»Wie Sie meinen.« Matti seufzte: »Ich könnte eine Flasche Wasser für Frau Abendroth aus dem Auto holen.«

»Danke Matti, es geht schon.«

Das war gelogen. Meine Beine zitterten, und ich war kurz davor, mich in den Sessel fallen zu lassen, erinnerte mich aber daran, dass das hier ein Tatort war und blieb tapfer stehen.

Kostnitz fuchtelte mit seiner brennenden Zigarre in der Luft herum. Die Asche verteilte sich auf dem Teppichboden – soviel zum Thema Tatort! – während er darüber dozierte, was hier womöglich in seiner Abwesenheit passiert war.

»Gehen wir davon aus, dass Bartholomae Schlüssel für alle Wohnungen hat. Bartholomae oder Sommer, einer von beiden kommt heute hier rein, sucht mich, findet aber Schwester Beate. Die sitzt auf dem Sofa, und anstatt den Mund zu halten, stellt sie den Eindringling zur Rede. Das war ihr Todesurteil. Sie wird mit dem Kissen erstickt.«

»Wenn wir das so genau wissen, dann sollten wir jetzt wirklich die Polizei anrufen«, schlug ich vor.

Kostnitz hatte ein Leuchten in den Augen, als er sagte: »Ich will alle Beteiligten in einem Sack. Schätze, dass Weizmann auch mit drinsteckt. Herr Sommer war so freundlich, mir anzubieten, für einen Arzt zu sorgen, der den Totenschein ausstellt. Wo ich doch so schlecht zurecht bin. Wie fürsorglich von ihm. Weizmann wird hier bestimmt gleich auftauchen und einen Herzanfall bescheinigen.«

»Wo ist Blaschke?«, fragte ich. Mir dämmerte, dass Kostnitz Winnie womöglich noch über gar nichts informiert hatte, und schlimmer noch: Kostnitz gefiel sich zunehmend in seiner Paraderolle als der große Fänger. Aber das hier war zu ernst, um ein Spielchen daraus zu machen.

»Beschäftigt, leider«, antwortete er auf meine Frage. »Razzien in Bochumer Moscheen. Schwachsinn! Als ob die Al Quaida im Unicenter rumhockt und Ausweise auf Farbkopierern fälscht.«

»Herr Kostnitz, sagen Sie mir jetzt bitte nicht, dass Sie Winnie nichts über unser Gespräch gesagt haben!«

Ich hätte genauso gut mit dem Steinway-Flügel reden können. Kostnitz antwortete mir nicht einmal darauf, sondern schob mich in die Küche, wo er mir befahl, mich still zu verhalten, bis Dr. Weizmann seine Arbeit erledigt hatte. Er musste jeden Moment hier auftauchen.

Ich öffnete die Durchreiche ein wenig. Wenn ich schon in diese Turbulenzen geraten war, wollte ich wenigstens wissen, wie es weiterging. Ich flehte Matti stumm durch die Durchreiche an, dass wir telefonieren sollten. Matti schüttelte nur stoisch den Kopf und dreht sich wieder zu Kostnitz um.

Es kam, wie von Kostnitz prophezeit, Dr. Weizmann höchstpersönlich. Diesmal relativ nüchtern, schaute er unschlüssig zwischen den sterblichen Überresten von Schwester Beate und dem quicklebendigen Kostnitz hin und her. Matti nickte er nur zu. Weizmann war heute alles andere als der lustige Partyschreck von neulich. Letztendlich entschied er sich für einen Blick auf die Verblichene, fühlte kurz den Puls und füllte hastig den Totenschein aus. Ich wettete mit mir selber, dass er »Herzversagen« hingeschrieben hatte.

Weizmann hatte es sehr eilig, das Haus wieder zu verlassen. Er nuschelte sich ein paar Beileidsbekundungen in den Schal und war sehr schnell wieder draußen.

Ich schob vorsichtig die Gardine am Küchenfenster auseinander und schaute hinaus. Weizmann stieg in einen Wagen mit der Aufschrift *Pflegedienst B & B*. Bartholomae saß am Steuer.

Ich teilte Kostnitz meine Beobachtung mit.

»Das wollte ich wissen«, sagte er.

Aus einer Schublade im Küchenschrank holte Kostnitz Tiefkühlbeutel, die wir über Schwester Beates Hände stülpten, damit eventuelle Spuren unter ihren Fingernägeln erhalten blieben. Ab da kam ich mir vor wie eine Figur in einem schlechten Film, die gerade zum Abschuss freigegeben wurde. Matti spielte das Spiel mit, und ich konnte nichts tun. Ich wollte gerne das Drehbuch ändern, am liebsten sofort Blaschke anrufen, aber der Ablauf der Ereignisse überrollte mich geradezu. Kostnitz drängte uns, die Leiche von Schwester Beate endlich wegzubringen.

Wir verluden die Tote in den Leichenwagen, während Kostnitz ungeduldig daneben stand.

»Was wollen Sie denn jetzt unternehmen? Warum rufen wir nicht die Polizei?«, versuchte ich es noch mal.

»Weil ich die Polizei bin«, flüsterte er mir ins Ohr.

»Hören Sie doch auf zu flüstern. Wissen Sie eigentlich noch, was Sie tun?«

»Ja, weiß ich genau. Und weil ich das weiß, will ich, dass die drei Herrschaften denken, dass alles zu ihrer Zufriedenheit läuft. Und Sie, Sie sollten doch heute krank geschrieben sein! Warum sind Sie überhaupt hier?«, blaffte er mich an.

»Ich bin nicht krank, im Gegensatz zu einigen anderen Leuten hier! Und Schwester Beate, die ist tot!«, protestierte ich.

Kostnitz setzte sich neben mich auf die vordere Sitzbank. »Was verstehen Sie denn schon von Polizeiarbeit?«

»Dass die Polizei zumindest dabei ist, wenn die Polizei Polizeiarbeit verrichtet, Herrgott nochmal!«

»Wird sie ja auch. Ich will einen Blick in die Computer werfen, das ist alles. Dann können die Jungs den Rest erledigen. Regen Sie sich doch nicht so auf!« Kostnitz paffte seine Zigarre und nebelte das Auto voll. Er sah sehr zufrieden dabei aus.

Matti war während der ganzen Fahrt zum Büro still.

»Herr Matti, wo ist Sommer?«

»Er hat mir nur gesagt, dass er kurzfristig verhindert ist. Er hat nicht gesagt, wo er ist.«

Matti hatte sich mir zugewandt und sah mich mit versteinertem Gesicht an. Dann drehte er seinen Kopf ruckartig nach vorne und starrte wieder geradeaus. Nach ein paar Minuten erreichten wir die Hofeinfahrt von Pietät Sommer. Kostnitz öffnete die Beifahrertür, kaum dass der Wagen angehalten hatte. Er schwankte ein wenig, als er auf seinen Beinen stand. Trotzdem ignorierte er Mattis angebotene Hand.

Wir schoben die Bahre mit Schwester Beate in den Kühlraum. Kostnitz musste sich an der Wand abstützen, als er uns langsam folgte.

Von Sommer keine Spur. Aus dem Aufbahrungsraum hörte ich, dass die Flippers immer noch dudelten. Bevor Matti mich aufhalten konnte, stürmte ich in den Aufbahrungsraum und stoppte die Musik. Im Gänsemarsch gingen wir die Wendeltreppe hinauf. Der alte Kostnitz ließ sich erschöpft auf den nächstbesten Stuhl fallen.

»Sind Sie sicher, dass Sie nicht ins Krankenhaus gehören, Herr Kostnitz?«

Er schaute mich wütend an. Sein Gesicht war gelbgrün. »Todsicher! Machen Sie endlich den Computer an. Wir haben heute noch einiges vor.«

Mit zitternden Händen startete ich den Computer auf Sommers Schreibtisch. Schon das dritte Codewort von meiner Liste passte. »Thanatos« war das Sesam-öffne-Dich.

Und wenige Augenblicke später hatten wir die Beweise schwarz auf weiß. Hier waren sie, die Rechnungen von Sommer an Bartholomae. Die echten und die frisierten. So frisiert, dass aus den Versicherungen kaum ein Pfennig übrig blieb. Auch die korrekten Eingänge waren verzeichnet. Vor allem fand ich eine Liste mit penibel bis auf den letzten Pfennig notierten Geldbeträgen, die Sommer von Bartholomae bekommen hatte und noch erwartete. Demnach stand Bartholomae bei Sommer mit 35.000 Mark in der Kreide. Ich traute meinen Augen nicht: Das erste Datum war aus dem Jahr 1998. Unfassbar!

Ich fand noch eine weitere Datei mit dem Namen »Vorsorge«, die sich mit dem Passwort »Embalming« öffnen ließ. Darin waren die eingescannten Vorsorgeverträge abgelegt. Die ursprünglichen und die, die nachträglich von Sommer ausgefüllt worden waren. Unter jedem Vorgang war akribisch die Gewinnspanne aufgelistet.

Ich für meinen Teil hatte genug gesehen, und erschöpft war ich auch.

Keine Angehörigen, keine Fragen. Nur im Falle von Frau Kostnitz hatten Bartholomae und Sommer sich zu früh gefreut. Mir wurde so speiübel, wie mir noch nicht einmal speiübel gewesen war, als die Nachtfähre von Belgien nach England in einen Sturm mit Windstärke zwölf geraten war.

»Meine Güte, das gibt es doch alles gar nicht«, stammelte ich. Kostnitz hatte den Telefonhörer in der Hand, um, wie er ankündigte, »seine Jungs« anzurufen. Leider kam er nicht mehr dazu. Sommers Auto bog soeben in die Einfahrt ein. Ohne ein Wort zu sagen, stürmte Herr Matti schnurstracks die Treppe hinunter. Ich hatte natürlich die ganze Zeit laut vorgelesen, was ich in den Dateien gefunden hatte, und Matti hatte konzentriert zugehört. Gleich würde Sommer die Schiebetür vom Lieferanteneingang aufmachen. Wie ich mir an drei Fingern ausrechnen konnte, lief er Sommer nicht entgegen, um ihm frohe Weihnachten zu wünschen.

Kostnitz rief: »Herr Matti, was machen Sie denn?«

Ich sprang auf und rannte hinter Matti her. Kostnitz folgte mir schnaufend.

»Matti, bitte, bleiben Sie stehen, das regelt die Polizei!«, rief ich.

»Nein, das regele ich«, fauchte er mich an, als wir fast gleichzeitig die Tür zum Arbeitsraum erreichten. Er packte mich und umklammerte meinen Arm so fest wie ein Schraubstock.

»Aua! Herr Matti, was ist denn in Sie gefahren?«

Kostnitz wankte mit letzter Kraft auf uns zu, um mir zu helfen. Er hatte wohl auch endlich kapiert, auf was das hier hinauslief. Wäre er doch bloß oben geblieben und hätte Winnie angerufen.

Matti schob mich zielstrebig auf das Kühlhaus zu. Kostnitz stolperte hinterher.

»Ich kriege die Schweine. Ich kriege sie!«

»Nein, Matti, tun Sie es nicht!«

»Ich kann nicht lesen und nicht schreiben, aber ich bin ein Mann von Ehre. Niemand hintergeht mich. Niemand macht mich zu einem Komplizen!«

»Matti, versauen Sie doch nicht Ihr Leben wegen dieser Idioten.« Er hielt immer noch meinen Arm fest umklammert, mit der anderen öffnete er die Kühlraumtür.

»Oh!«, entfuhr es mir, denn die Lieferantentür öffnete sich, und Sommer schaute uns drei irritiert an. Matti schrie ihm ein paar unfreundlich klingende Sätze auf Finnisch entgegen. Obwohl Sommer sicherlich kein Wort verstanden hatte, überwand er seine Irritation sehr schnell. Egal, um was es sich handelte, er wollte auf keinen Fall dabei sein. Ohne noch ein Wort zu sagen, machte er auf dem Absatz kehrt und spurtete zu seinem Wagen. Matti stieß Kostnitz und mich im selben Moment in den Kühlraum. Kostnitz stolperte rückwärts und riss mich mit.

»Es tut mir Leid«, sagte Matti und warf die Tür zu.

Der Riegel wurde vorgeschoben, und dumpf kam es von der anderen Seite der Tür: »Es tut mir Leid. Den Rest des Weges gehe ich allein, Frau Margret«

Ich für meinen Teil wäre gerne vorher gefragt worden.

25

Auf den kalten Fliesen liegend – Kostnitz lag halb auf mir drauf – trat ich gegen die Tür.

»Matti, verdammt, Matti, machen Sie die Tür auf!«

»Es tut mir Leid«, kam erneut die Antwort dumpf von draußen. Dann nichts mehr. Nur die Kühlung summte leise. Mein Herz schlug mir bis zum Hals. Dies war ein Kühlhaus älteren Baujahres, was bedeutete, dass man die Tür nicht von innen aufmachen konnte. Wir saßen in der Falle.

Während Kostnitz und ich fluchend unsere Gliedmaßen auseinander dividierten, konnte ich ganz leise einen aufheulenden Motor hören. Ein paar Sekunden später, nicht mehr ganz so leise, folgten ein Schrei und ein dumpfer Aufprall.

»Kostnitz, verdammt noch mal!«, fluchte ich in die Dunkelheit.

»Ja, ja, schon gut. Ich habe wohl einen Fehler gemacht.«

»Einen Fehler? Ich komme mindestens auf drei bis fünf!«

»Seien Sie nicht so streng mit mir. Ich hatte erst eine halbe Flasche Cognac heute.«

»Verdammt, verdammt, Kostnitz. Was sind Sie auch hier noch so arschcool?! Schwester Beate ist tot, tot, tot! ‚Ich hatte nur eine halbe Flasche Cognac'«, äffte ich ihn nach. »Was haben Sie eigentlich angerichtet, als Sie noch nüchtern waren? He?!«

Kostnitz gab mir keine Antwort. Stattdessen stöhnte er leise. Wahrscheinlich hatte er wieder Schmerzen. Trotzdem war ich noch nicht fertig mit ihm. »Sie haben uns hier was eingebrockt. Mensch, warum bloß diese Machoscheiße?«

»Was soll ich sagen, Mädchen, ich dachte, ich hätte es im Griff.«

»Herrgott nochmal!«

Trotz der Kälte im Kühlraum dampfte ich buchstäblich vor Wut. Aufgebracht und heulend trat ich um mich und schrie: »Wenn das mal nicht unsere berühmten letzten Worte waren, mein Lieber!«

»Aua, Sie tun mir weh. Beruhigen Sie sich doch. Winnie wird mich suchen. Kajo wird mich suchen. Nur Herr Matti, der sucht jetzt Sommer und Bartholomae. Ich fürchte, der macht die beiden platt. Wie es sich angehört hat, hat er den Sommer schon erwischt.« Unglaublich, aber ich hörte Kostnitz leise kichern. Ich hatte aufgehört, um mich zu treten. Der erste Schock war vorbei. Jetzt raste mein Herz vor Angst. Ich war soeben in das Stadium von Angst und Verzweiflung eingetreten, in dem ich Munchs *Der Schrei* vollkommen und wahrhaftig verstand. Es nützte mir nur nichts mehr.

Meine Stimme überschlug sich, als ich Kostnitz attackierte: »Worauf Sie sich verlassen können! Dr. Weizmann wird er auch noch konsultieren. Herr Matti ist sehr gründlich bei allem, was er tut. Meine Güte, er wollte die Feiertage nicht freinehmen, weil er dachte, er könnte weitere Morde verhindern! Und jetzt macht er gerade die größte Dummheit seines Lebens. Wir hätten das verhindern müssen!«, brüllte ich.

»Ich hätte das verhindern müssen. Ich, ich hätte tot auf der Couch liegen sollen«, stöhnte er.

Auf dieses hirnrissige Männerpathos wollte ich ihm keine Antwort geben. Ich umklammerte meine Knie in der Hoffnung, in dieser absurden Situation so etwas wie einen klaren Gedanken zu fassen.

Die Dunkelheit umschloss uns vollständig. Nach meinem Tobsuchtsanfall traute ich mich jetzt kaum noch, mich zu rühren. Wen kümmerte jetzt noch die Restlebenszeit von Bartholomae oder gar von Weizmann? Den Kugelfisch konnte man von der Liste wohl schon streichen. Offenbar hatte er es hinter sich. Und wir?

Kostnitz atmete wieder sehr kurz und hastig. Ich hätte ihn nicht so anbrüllen, sondern lieber darum beten sollen, dass seine Leber noch ein Weilchen durchhalten möge. Ich ließ meine Knie los, weil sie höllisch wehtaten. Hatte ich mir doch tatsächlich, ohne es zu merken, selbst ins Bein gebissen. Ich wischte die Spucke von meinem Rock und tastete mich zur Bahre vor, hielt mich an dem eiskalten Stahlrahmen fest und richtete mich langsam auf. Das Erste, was ich ertastete, war die Leiche von Schwester Beate im Transportsack. Mich gruselte es gewaltig, hatte ich mich doch gerade erst mühsam an Tote bei Tageslicht gewöhnt. Vorsichtig schob ich mich an der Wand entlang und knallte mit dem Ellbogen an den Metallschrank für Chemikalien. Falsche Richtung. Also wieder zurück in die andere Richtung.

»Kostnitz, leben Sie noch?«

»Ein bisschen.«

Ich stolperte über seine Beine, erwischte aber Gott sei Dank noch den Lichtschalter, während ich lang hinschlug. Endlich, Licht! Ich betastete mein Kinn. Es blutete, aber die Zähne waren noch drin.

Das konnte ja noch heiter werden. Ich sah mir Kostnitz genau an. Seine Gesichtshaut war ganz gelb. Seine Augen halb geschlossen, blutunterlaufen. Aus seiner Nase tropfte Blut. Aber er grinste mich an.

»Geht es Ihnen nicht gut, Herr Kostnitz?«

»Natürlich nicht. Ich sterbe. Und Sie bluten am Kinn.«

Während er sprach, quoll Blut aus seinem Mund.

»Und Sie bluten überall. Oh, nein ... Sie wollen jetzt doch wohl nicht sterben.«

»Ich fürchte, ich kann es nicht verhindern.«

Plötzlich krümmte er sich vor Schmerz zusammen. Dummer alter Mann, wolltest noch mal richtig auf den Putz hauen, aber statt die Kostnitz'sche Fangquote auf den letzten Metern seines Lebens noch mal aufzupolieren, starb er mir unter den Händen weg. Mit aller Kraft schob und zerrte ich an Kostnitz herum, bis er halbwegs bequem an die Wand gelehnt sitzen konnte. Es gab hier weder eine Decke noch sonst irgendwas, womit ich ihn hätte warm halten können. Und dann das ganze Blut. Ich fand in meiner Jackentasche ein gebrauchtes Papiertaschentuch und versuchte, das Blut, das aus seiner Nase troff, aufzuhalten. Es half nicht viel. In null Komma nix war das Taschentuch blutdurchtränkt, und es tropfte unaufhaltsam immer weiter.

Ich zog meine Jacke aus und legte sie ihm um. Jetzt konnte ich vor Kälte und Angst meine Zähne nicht mehr im Zaum halten. Sie klapperten unaufhörlich. Mein Handy! Fehlanzeige, Maggie, du hast seit Monaten kein Handy mehr.

»He, Kostnitz, haben Sie ein Handy?«

Er knurrte: »Nie gehabt, Scheißdinger. Kommen Sie her zum alten Mann, ich wärme Sie. Heute Morgen hatte ich immerhin noch 39,5.«

Mit dem Ärmel meiner Jacke wischte er sich durchs Gesicht.

Kaum hatte er seinen Arm um mich gelegt, wimmerte ich wenig heldenhaft: »Was machen wir denn jetzt?«

»Abwarten, Mädchen. Erst friert man, dann schläft man ein und dann stirbt man im Schlaf.«

»Kostnitz!«, kreischte ich entsetzt.

»So isses aber, wenn man erfriert. Ganz okay, sagt der Rechtsmediziner. Besser, als von gelben Kissen erstickt zu werden. Oder bei lebendigem Leib zu verbluten, wenn man seine Scheißleber in zu viel Cognac gebadet hat.«

»Nein«, jammerte ich, »ich bring Sie um, wenn Sie mich jetzt im Stich lassen.«

Als Antwort legte er seinen Kopf auf meine Schulter. So kauerten wir uns zusammen, während mir die Kälte bis in die Knochen kroch.

»Winnie wird uns finden, bestimmt. Machen Sie sich schon mal warme Gedanken. Er ist ein guter Junge. Und hoffen wir, dass Matti die Herren Bartholomae und Weizmann nicht so schnell in die Finger kriegt.«

»Das hoffe ich auch. Der arme Matti hat das alles nicht gewollt. Er war doch nur der stille Teilhaber, aber er hat nicht gewusst, von was.«

»Sie werden ihn wirklich mögen. Er hat ein Auge auf Sie geworfen.«

»Wer? Herr Matti?«

»Der bestimmt auch, aber ich spreche von Winnie. Ich kenne doch diesen Blick an ihm … und …«

Und weiter? Kostnitz war mitten im Satz weggedämmert. Ich hatte einfach keine Kraft mehr, dem Alten Vorwürfe zu machen. Sollte er doch reden, was er wollte. Hauptsache, er redete überhaupt.

»Herr Kostnitz. Bitte nicht sterben.«

Er machte die Augen wieder auf.

»Warum nicht? Ich habe alles aufgeschrieben, steckt unter meinem Nierenwärmer. Können Sie dann nehmen, wenn ich gestorben bin.«

Während er sprach, quoll ein ganzer Schwall Blut aus seinem Mund hervor.

»He, lassen Sie das«, würgte ich. »Sie machen mich wahnsinnig.«

»Ihr beiden werdet gut zusammenpassen. Ich schlafe ein bisschen. Cognac gibt's ja keinen. Grüßen Sie Kajo von mir. Mein guter Junge.«

Kostnitz hustete und spuckte wieder Blut. Selbst ich, absoluter medizinischer Laie, wusste, dass es zu Ende ging. Seine Leber hatte ihre Arbeit für immer niedergelegt. Wie es aussah, war seine Blutgerinnung auf null, und ich würde in wenigen Minuten mutterseelenallein sein.

»Er spielt so gut. Das erzähl' ich meiner Prusseliese«, flüsterte er. Er atmete noch dreimal und dann ganz lange aus und dann gar nicht mehr.

So ging also Sterben. Obwohl ich es mit eigenen Augen sah, wollte ich es nicht glauben. Ich wollte ihm gut zureden und flüsterte: »Kostnitz, wachen Sie bitte, bitte wieder auf. Bitte.«

Aber der alte Kostnitz hatte alles gesagt, was es zu sagen gab und schwebte jetzt wahrscheinlich schon durch einen langen Tunnel dem Licht entgegen, an dessen Ende die Prusseliese in Knallorange an der Himmelsorgel saß und ihn mit einem schmissigen Tango empfing. *Adios Noniño* – Gute Reise, Kostnitz.

Da saß ich nun mit zwei Leichen im Kühlraum. Auch dies ein echtes Weihnachtswunder. Gut, ich kannte die beiden Toten, sie würden mir zombietechnisch nichts tun. Ich rückte keinen Millimeter von Kostnitz weg. Noch war er halbwegs warm. Ob er die Prusseliese schon sehen konnte?

Ich hatte keine Uhr dabei und konnte nicht mal ahnen, wie lange ich da an eine Leiche gekuschelt vor mich hin geflennt hatte. Gefühlte Temperatur: minus 80 Grad. Meine Hände waren schon blau angelaufen. Das, was mal der Fänger Kostnitz gewesen war, gab jetzt blubbernde Geräusche von sich. Es hatte den Anschein, als ob sich sein Körper von innen her schon zu Lebzeiten aufgelöst hatte. Genau so, wie Schwester Beate es mir an Weihnachten vorausgesagt hatte.

Das war gruselig. Ich wollte das nicht sehen, und hören wollte ich es schon gar nicht. Aber das Licht auszumachen, wäre noch gruseliger gewesen. Alles Jammern half nichts. Ich schickte ein Stoßgebet in Richtung Oma. Dann pellte ich unter großer Anstrengung Kostnitz' Leiche aus meiner blutverschmierten Jacke und zog sie mir wieder an. Wenn ich die letzte Überlebende in diesem Kühlhaus war, dann wollte ich das noch eine Weile lang, bis zu meiner hoffentlich baldigen Rettung, auch bleiben. Ich drückte ihm ganz vorsichtig die Augen zu. Obwohl ich versuchte, auf die Augenlider so wenig Druck wie nur möglich auszuüben, konnte ich nicht verhindern, dass zwei Rinnsale Blut aus seinen Augen quollen und ihm die Wangen herunter liefen. Angeekelt wischte ich mir die Hände an meiner Jacke ab. Da ich nichts anderes finden konnte, löste ich zitternd seine Krawatte und band ihm damit das Kinn hoch. Dabei schlotterte ich dermaßen, dass ich Minuten brauchte, um einen Knoten zu binden.

Jetzt lehnte Kostnitz da an der Kühlhauswand und sah mit der Schleife auf dem Kopf absurd albern aus. Schwester Beate blubberte nicht, was ich ihr sehr zugute hielt. Ich schnürte mir die Kapuze meiner Jacke zu und bildete mir ein, nichts mehr zu hören. Was hätte ich jetzt für die Flippers gegeben!

Als ich in den Jackentaschen nach meinen Handschuhen suchte, fand ich in einer der vielen Innentaschen Streichhölzer und eine uralte Packung Camel ohne Filter. Ein letzter Gruß von meinem Ex. Unter diesen Umständen wollte ich nicht wählerisch sein.

Vielleicht sollte ich ein Feuer machen? Ich könnte versuchen, Kostnitz zu flambieren. Er war ja praktisch in Cognac getränkt. Aber dann würde ich ersticken. Nicht gut. Kraftlos rutschte ich an der Wand herunter in die Hocke. Ich rauchte meine letzten drei Zigaretten nacheinander weg. Dann muss ich wohl eingeschlafen sein.

Ich wachte plötzlich auf, weil ich von draußen ein dumpfes Geräusch hörte. Jemand machte sich an der Tür zum Kühlhaus zu schaffen. Herr Matti, endlich! Was wollte ich gleich noch mal? Genau, den Kerl umbringen, weil er mich hier einfach hilflos zurückgelassen hatte, der Kälte ausgeliefert, ohne Hilfe für Kostnitz. Plötzlich wurde es ganz still. Nichts rührte sich mehr an der Tür.

Ich kann mir bis heute nicht erklären, warum ich plötzlich tat, was ich tat. Nennen wir es eine Eingebung zur richtigen Zeit. Ich sprang auf, so schnell es meine steifen Glieder zuließen, löschte das Licht, krabbelte auf allen Vieren in der Finsternis zu Kostnitz' Leiche zurück und setzte mich, so gut es ging, in seinen Windschatten, auch wenn mir das äußerst unangenehm war.

Die Tür öffnete sich langsam. Ich wusste sofort, dass es nicht Matti war. Der hätte gerufen oder meinen Namen gesagt. Ein bisschen Licht fiel durch den Türspalt, und ich erkannte die Statur von Bartholomae. Er tastete nach dem Lichtschalter.

Was sollte ich denn jetzt bloß machen? Um Himmels Willen! Mein Herz raste vor Angst im Galopp. Der kleine Keilriemen eierte ganz gewaltig, und ich befürchtete, dass Bartholomae das Bum Bum Bum und das quietschige Schleifgeräusch hören könnte. Ich versuchte, ganz flach zu atmen und die Augen halb geschlossen zu halten. Was suchte Bartholomae hier? Und wo um alles in der Welt war Matti abgeblieben? Der müsste doch eigentlich hinter ihm her sein.

Da Bartholomae den Lichtschalter auf Anhieb nicht finden konnte, öffnete er die Tür ganz. Das war gut für mich, die ich neben Kostnitz kauerte, denn wir saßen sozusagen im Schatten der Tür. Bartholomae warf keinen einzigen Blick in unsere Richtung oder auf die Leiche von Schwester Beate, sondern rollte zielstrebig ihre Bahre einfach beiseite und fing an, den Schrank, in dem verschiedene Chemikalien lagerten, an die Seite zu schieben. Der alte Metallschrank war schwer, und seine Füße machten auf den Fliesen ein kreischendes Geräusch wie Kreide auf einer Schiefertafel. Er schob den Schrank gut einen Meter von der Wand weg und tastete dann die Wand ab. Ich hörte eine Kachel zu Boden scheppern.

Im ungünstigsten aller Momente meldete sich meine Blase. Ich wäre am liebsten hinausgerannt aufs Klo, und nach mir die Sintflut. Die bahnte sich sowieso schon in meinem Unterleib an. Dass ich Todesangst hatte, machte es nur noch schlimmer. Bartholomae kam wieder hinter dem Schrank hervor. Er griff in die Innentasche seines Mantels, zog einen Umschlag hervor, öffnete ihn und holte einen dicken Packen Geldscheine heraus.

Meine Beine zitterten, und ich konnte das Geschlotter nicht unter Kontrolle bringen. Der Stoff meiner Jacke raschelte. Ertappt und erschrocken guckte er in unsere Richtung. Ich schloss die Augen und hoffte inständig, unheimlich tot auszusehen. Jetzt kamen seine Schritte auf mich zu. Ich konnte schon sein Rasierwasser riechen. Meine Nase identifizierte den Duft von Jil Sander for Men. Auf was man alles achtet, wenn man den Tod vor Augen hat! Nicht atmen, Margret, nicht atmen. Ich spürte, wie er Kostnitz anschubste. Dann schlug er mir ins Gesicht. Ich war mit den Nerven am Ende und machte die Augen auf.

»Ah, sieh an, Frau Abendroth«, sprach er mit dieser lang nachhallenden, sonoren Stimme. Ich brachte kein Wort heraus. Unsanft packte er den Kragen meiner Jacke und zog mich daran hoch.

»Was wird das denn hier für 'ne Totenwache?«

»Herr Matti kommt gleich wieder«, stammelte ich, so wie wir früher auf dem Schulhof gedroht hatten, mein großer Bruder kommt gleich, und dann verhaut er Dich!

»Oho! Herr Matti kommt gleich wieder«, ahmte er mich höhnisch nach. »Und dann passiert was?«

Ich wusste vor Angst nicht mehr, was ich tun oder sagen sollte und stotterte: »Noch ein Mord.«

Er riss mich so brutal hoch, dass unsere Nasen sich fast berührten. Ich konnte seinen Atem riechen und auf seinem Gesicht ablesen, dass er soeben dabei war zu verstehen, um was es hier ging. Er schubste mich plötzlich so heftig von sich, dass ich neben der Leiche von Kostnitz auf dem harten Fliesenboden aufschlug. Dann setzte er sofort nach. »Was? Was haben Sie ...«, schrie er und fing wieder an, mich zu schütteln.

»Wir wissen alles«, stammelte ich, »Lassen Sie mich los!«

Ich fühlte, wie über meine eigene schlechte Vorstellung rasende Wut in mir hochstieg, zog meine Knie an und trat zu. Angst hin oder her, anstatt hier rumzueiern, sollte ich mich lieber wehren. Falls Bartholomae die alten Leute umgebracht hatte, dann würde er auch keine Skrupel haben, mich umzubringen. Ob er wohl schon das Fax aus Kathmandu bekommen hatte?

Ich erwischte ihn leider nur am Knie und nicht zwischen den Beinen. Er ließ sich einfach auf mich fallen, sodass ich mich nicht mehr bewegen konnte.

Schon hatte er seine Hände an meinem Hals. Okay, das wird es dann wohl gewesen sein. Ich versuchte, zu treten und zu kratzen, aber er war einfach stärker. Ich zappelte wie ein Fisch am Haken, ohne damit allerdings nennenswerten Eindruck auf Bartholomae zu machen. Meine Arme und Beine hörten mit dem immer kraftloseren Gezappel auf, und ich sank langsam in ein tiefes schwarzes Loch. Ach, so fühlt sich das also an, dachte ich noch. Gar nicht so schlimm. Warte auf mich, Kostnitz, warte. Ich glitt in eine große Stille hinein.

Beinahe empört, weil ich aus dem Mare Tranquilitatis unsanft wieder hervorgeholt wurde, machte ich die Augen auf. Schon wieder schlug mir jemand ins Gesicht. Diesmal war es Matti. Seine Augen blitzten mich an.

»Ah, gut, Frau Margret«, war alles, was er sagte. Diese Augen. Sah so der Irrsinn aus? Blankpoliert und strahlend blau. Wie ein finnischer See, dachte ich. Bartholomae lag zu meiner Verwunderung ausgestreckt neben mir. Er atmete noch. Matti beugte sich über den leblosen Mann, unverständliches Zeug auf Finnisch brummelnd. Matti hatte eine dicke Platzwunde auf der Stirn, aus der er heftig blutete. Er sah aus wie der Racheengel in Person.

»Matti«, krächzte ich.

»Alles gut, alles gut«, sagte er immer wieder. Aber es war gar nicht gut. Ganz und gar nicht. Matti packte Bartholomae an den Füßen und schleifte ihn aus dem Kühlraum. Dann wuchtete er den schweren Mann auf den Metalltisch, auf dem er sonst die Leichen wusch und versorgte. Den Umschlag mit dem Geld warf er einfach in die Mülltonne. Auf allen Vieren versuchte ich, die Tür zu erreichen.

»Matti, was machen Sie denn da?«

»Ich schicke ihn in die Hölle, Frau Margret. Sommer erwartet ihn schon.«

Oh mein Gott, jetzt sah ich auch, was er vorhatte! Er holte eine Flasche mit Einbalsamierungslösung, ein paar Schläuche und ein Skalpell.

»Matti, nein! Er lebt doch noch!«

Matti fesselte den bewusstlosen Bartholomae an die Bahre. Seine Bewegungen waren dabei ruhig und sehr routiniert. Er riss Bartholomaes Kragen auf und inspizierte die Schlüsselbeinvene. Jetzt würde er gleich das Skalpell ansetzen. Mir war so übel, dass ich dachte, mich jeden Moment übergeben zu müssen.

»Matti, nicht! Bitte!«, schrie ich aus Leibeskräften.

Er schaute mich an, als hätte er mich sein Lebtag noch nicht gesehen und machte einfach die Kühlraumtür vor meiner Nase zu.

»Nein, nein, nein!«, wimmerte ich vor mich hin. Aber Herr Matti hörte mich nicht mehr. Verzweifelt warf ich mich mit letzter Kraft gegen die Tür. Wenn ich erst die Pumpe hören würde, wäre Bartholomae tot. Nicht, dass ich den Kerl gerne lebend gesehen hätte, ganz und gar nicht. Ich wollte einfach nicht, dass Matti so etwas Schreckliches tat. Wenn doch bloß irgendjemand bitte endlich kommen würde!

Ich weiß nicht, wie lange ich auf dem Boden gesessen hatte. Mir wurden die Arme steif, weil ich mir die ganze Zeit die Ohren zuhielt. Ganz langsam nahm ich die Hände herunter. Ich hörte gar nichts. Keine Pumpe, einfach nichts.

Ich lauschte angestrengt an der Tür, aber es blieb still. Zu still. Die Kühlung lief nicht mehr.

Ich hatte Bartholomaes Exekution verschlafen. Matti war wohl abgehauen und hatte als letzte Freundlichkeit für mich die Kühlung abgestellt.

Ich machte das Licht im Kühlraum wieder an und fand unter der Bahre, auf der Schwester Beate lag, einen nicht ganz so weit heruntergerauchten Zigarettenstummel. Schlotternd versuchte ich, ihn anzuzünden. Obwohl kalte Zigarettenstummel total übel schmecken, war das jetzt besser als nichts. Ich würde das hier sowieso nicht überleben.

Der Rauch kratzte höllisch im Hals. Mein Kehlkopf war hart und wund, so als hätte ich versucht, einen viel zu großen Bissen herunterzuschlingen. Ich tastete vorsichtig meinen Hals ab. Es tat weh. Ich fing wieder an zu weinen, vielleicht verringerte das wenigstens den Druck auf meine Blase. Bevor ich mir die Finger verbrannte, ließ ich die qualmende Kippe fallen und trat voller Wut fluchend darauf herum.

Der arme Matti hatte alles kaputtgemacht. Sein ganzes Leben endgültig kaputtgemacht, wegen dieser drei miesen Kreaturen Sommer, Bartholomae und Weizmann. Sollen sie doch in der Hölle schmoren!

Mitten in meine Überlegungen hinein klingelte plötzlich leise ein Handy. Das kam definitiv nicht von draußen. Elektrisiert rappelte ich mich hoch und legte ein Ohr auf den Leichensack von Schwester Beate. Und richtig, es klingelte aus Schwester Beate. Ich riss hektisch die Klettverschlüsse des Leichensacks auf. Es dauerte länger als eine Schrecksekunde, bis ich begriff, dass das Handy in der Tasche ihrer Strickjacke war. Ungeschickt tasteten meine klammen Finger an ihrem kalten Arm vorbei. Endlich kriegte ich das Handy zu fassen. In dem Moment hörte das Klingeln auf.

Jetzt keine Panik, Maggie. Anruflisten aufrufen. Na endlich. Beim dritten Versuch, dieses kleine Teufelsding zu bändigen, hatte ich den passenden Knopf gefunden. Nicht angenommene Anrufe aufrufen. Wiederwahl. Ja! Ich hörte ein Freizeichen. Geh ran, geh ran, egal, wer du bist. Jemand hob am anderen Ende ab. Ich hätte vor Glück schreien können. Es war Kajo, ganz leise. Kaum Empfang. Ich kletterte mit zitternden Knien auf die Leichenbahre. Ich schrie immer wieder: »Nicht auflegen, nicht auflegen!«

Mit einer Hand stützte ich mich am Chemikalienschrank ab und versuchte, eine menschliche Antenne zu bilden. Jetzt hatte ich einen Strich mehr Empfang. Durch sämtliche Funklöcher der Welt schrie ich um Hilfe. Als Kajo endlich verstanden hatte, wo ich war, war ich so erschöpft, dass ich von der Bahre rutschte.

Ich schaute auf die Uhr im Handy-Display. Insgesamt waren jetzt vier Stunden vergangen, seit ich samt Kostnitz durch die Tür geschubst worden war. Gefühlter Blasendruck: 22 Atu. Und ich, Maggie Abendroth, 37 Jahre alt, vermutlich gerade dabei, mein letztes Weihnachten zu verbringen, habe nichts Besseres im Sinn, als nach

Zigaretten zu schmachten. Wurde ich jetzt verrückt? Vermutlich das Beste, was mir in so einer Situation passieren konnte.

Ich hämmerte wieder gegen die Tür, aber nichts tat sich. Kostnitz hatte aufgehört zu blubbern. Ich kroch zu ihm hin und tastete seine Taschen ab. Warum kam ich auf das Naheliegendste immer zuletzt? Natürlich hatte er Zigarren und ein Feuerzeug in der Tasche. Meine Freude währte nicht lange. Von draußen hörte ich plötzlich einen markerschütternden Schrei.

Oh nein, Matti war doch noch da. Offensichtlich begann jetzt erst Bartholomaes qualvoller Tod, den er bei vollem Bewusstsein erleben durfte. Wahrscheinlich hatte Matti extra so lange gewartet, bis Bartholomae wieder zu sich gekommen war, damit er auch wirklich mitkriegte, dass er sterben musste. Mit meiner Rechten umklammerte ich die Zigarren und das Feuerzeug.

Ich wusste nicht mehr, was ich tun, denken oder glauben sollte, als sich die Tür des Kühlhauses langsam öffnete und Herr Matti mit hängenden Schultern vor mir stand. Das Schreien von Bartholomae war in ein leises Wimmern übergegangen.

»Frau Margret, ich kann das nicht tun. Ich kann das nicht.«

Ich rappelte mich hoch, wollte Matti am liebsten zu seiner Schwäche gratulieren und gleichzeitig aus dem Kühlhaus fliehen, aber meine Beine spielten nicht mit, und so fiel ich ihm taumelnd in die Arme. Matti fing mich auf und führte mich aus dem Kühlraum. Ich sah Bartholomae auf dem Stahltisch liegen. Er zerrte an den Gurten. Ich wich seinem Blick aus, so gut ich konnte. Da keine andere Sitzgelegenheit vorhanden war als ein offener Sarg auf einem Rollwagen, hob Matti mich hoch und setzte mich sanft hinein. Ich ließ die Beine über den Rand hängen.

»Herr Matti, ich bin froh, ich bin so froh …«, stammelte ich.

»Dieser Irre will mich umbringen, tun Sie doch endlich was!«, schrie Bartholomae dazwischen.

Matti drehte sich um und schaute den Mann auf der Bahre an. Ich griff nach Mattis Hand und zog sanft, aber bestimmt an seinem Arm. Er sollte bloß nicht auf die Idee kommen, es doch zu tun.

»Matti, Herr Matti«, flüsterte ich, »helfen Sie mir bitte mal hoch. Bitte.«

Er schlug die Hände vor sein Gesicht und setzte sich neben mich in den Sarg.

»Frau Margret, Sommer ist tot. Wissen Sie das? Das war ich. Und den Weizmann, den habe ich nicht … gefunden. Und jetzt kann ich nicht mehr … Frau Margret, was soll ich …?«

»Binden Sie mich verdammt noch mal los! Hilfe! Hilfe!«, schrie Bartholomae.

»Ja, Herr Matti. Das mit Sommer war bestimmt ein Unfall. Und jetzt ist es vorbei. Sie müssen nichts mehr tun.«

Ich strengte mich an, Bartholomae zu ignorieren.

»Nein, war es nicht. Kein Unfall«, sagte Matti

»Das glaube ich Ihnen nicht.«

»He, alte Schlampe, worauf wartest du noch?«

Bartholomae ging mir langsam gehörig auf die Nerven.

»Halten Sie die Klappe, Bartholomae. Halten Sie einfach die Klappe, oder *ich* mache aus Ihnen eine Leiche! Und ich bin sehr ungeschickt mit dem Skalpell!«, schrie ich.

Herr Matti stand plötzlich wieder auf seinen Füßen. Durch den Schwung rollte ich mit dem Sarg von Matti weg und krachte gegen einen Metallspind. Matti schaute mich mit dem traurigsten Blick an, den ich je an einem Menschen gesehen hatte.

»Frau Margret, denken Sie bitte nichts Schlechtes von mir.«

Dann drehte er sich um und ging hinaus.

Da saß ich nun in einem mit weißem Satin ausgeschlagenen Sarg, meine Blase würde in spätestens drei Sekunden platzen, und ich war unfähig, mich zu bewegen, um Matti hinterherzulaufen und ihn davon abzuhalten, sich selbst etwas anzutun. Denn das, so war ich mir sicher, hatte er wohl vor. Maggie Abendroth, es ist vorbei. Mit Matti, mit dir, mit der ganzen Welt. Dies ist ein Alptraum, der niemals mehr aufhören wird. Und als wollte Matti meine Sicht der Dinge bestätigen, hörte ich, wie er den großen Transporter anließ.

»Tu doch endlich was!«, schrie die vernünftige Stimme in meinem Kopf.

Und ich, ich tat einfach das, was vor meiner Nase war. Ich zündete mir eine von Kostnitz' schrecklich stinkenden Zigarren Marke *Krummer Hund* an, die ich immer noch fest umklammert hielt, und inhalierte tief. Alles um mich herum drehte sich und wurde schwarz.

Wär' ich doch bloß mit Wilma nach Winterberg gefahren. Erst friert man, dann schläft man, dann stirbt man.

Alles halb so wild, Mädchen.

26

Ich stellte zu meiner großen Überraschung fest, dass ich doch nicht bis Punkt drei von Kostnitz' morbidem Abzählreim gekommen war, denn offensichtlich lebte ich noch – hätte ich sonst warme Hände und Füße? Oder war einem im Himmel sowieso immer warm? Würden alle Engel wirklich so aussehen wie George Clooney und Rupert Everett, wie Wilma immer behauptete?

Ich meinte, eine Stimme zu hören und dämmerte sofort wieder weg.

Als ich mich das zweite Mal aus dem Tiefschlaf halbwegs an die Oberfläche gearbeitet hatte, roch ich den Duft von Halston, überlagert von einer scharfen Kopfnote Salmiak. Für einen Moment packte mich die Panik. War ich noch im Kühlraum?

Ich öffnete tapfer meine Augen und sah zu meiner Erleichterung nicht die Leiche von Kostnitz neben mir, sondern ein leeres Krankenhausbett. Ich war also im Krankenhaus, in Sicherheit. Am Fußende stand Winnie Blaschke und sah mich fragend an, fast so wie ein Kellner, der gespannt auf die nächste Bestellung seines verehrten Gastes wartet.

Ich wollte mich im Bett aufrichten, aber mir wurde sofort schwindelig.

»Willkommen zurück im Leben, Miss Marple.«

Ich ließ den Kopf wieder ins Kissen sinken. Nach Karussellfahren war mir ganz und gar nicht. Winnie kam an die Bettseite, schob mir ein Kissen in den Rücken und reichte mir ein Glas Wasser, das ich gierig in einem Zug austrank. Das Zimmer drehte sich immer noch ein bisschen.

»Was?«, krächzte ich.

»Pssst, der Doktor sagt, du sollst nicht sprechen.«

»Winnie ... Was ist passiert?«

»Ruh dich doch erst mal aus.«

Ich ließ einen herzzerreißenden Hustenanfall folgen.

»Ich bin wach!«

Winnie kapitulierte und setzte sich auf die Bettkante.

»Aber nur ganz kurz. Also, Sommer ist tot.«

»Weiß ich. Hat Matti wirklich ...?«

»Hat er. Matti hat ihn mit dem großen Transporter im Hof an die Wand gequetscht. Wir haben die Leiche erst gar nicht gesehen. Matti hat ihn im wahrsten Sinne des Wortes an die Wand genagelt. Sei froh, dass du im Kühlhaus warst und das nicht mit ansehen musstest.«

»Plattfisch«, murmelte ich.

»Was?«

»Ach nix. Und weiter?«

Das Kühlhaus. Der tote Kostnitz. Jetzt fiel mir alles wieder ein. Ich hob meine Bettdecke an und schaute an mir herunter.

»Suchst du was?«, fragte Blaschke.

»Nee. Ich wollt nur mal ...«

... gucken, ob ich untenrum trocken bin, hätte ich wahrheitsgemäß sagen können. War mir aber dann doch peinlich.

»Es war alles noch da, als wir dich gefunden haben. Hat der Arzt gesagt.«

»Aha. Dann bin ich ja beruhigt.«

»Ich weniger.«

»Warum?«

»Weil ich gedacht habe, du wärst tot. Wir haben dich in einem Sarg gefunden.«

»Ich? Im Sarg?«

Daran konnte ich mich beim besten Willen nicht mehr erinnern.

»Oh ja. Mit einer brennenden Zigarre in der Hand.«

»Ich hoffe, davon gibt es keine Tatortfotos.«

»Nein, wir mussten dich schleunigst da rausholen, die Deko hatte schon angefangen zu kokeln.«

Das klang wirklich nicht so, als sollte man es als Maggie Abendroths Heldentaten in der Zeitung veröffentlichen. Ich wechselte das Thema: »Matti? Was ist mit Matti passiert? Er hat sich doch nichts angetan?«

»Wir haben ihn in dem großen Transporter gefunden. Der Motor lief, aber er war unfähig, auch nur zu sprechen oder irgendetwas anderes zu tun.«

»Armer Matti.«

»Er hat mir richtig Leid getan. So ein anständiger Mann, und dann so was.«

»Und er hat gar nichts gesagt?«

»Nichts bis jetzt. Er hat sich von den Kollegen friedlich abführen lassen. Seitdem spricht er kein Wort. Im Gegensatz zu Bartholomae. Der hat alles gestanden.«

»Ich wette, der hatte viel zu erzählen.«

»Blieb ihm auch nichts anderes übrig. Wir haben ihn erst vom Tisch abgeschnallt, als er fix und alle war.«

Ich bekam einen heftigen Hustenanfall. Winnie reichte mir ein Glas Wasser und sagte: »Ich glaube, das reicht für heute.«

Er wollte aufstehen, aber ich hielt ihn zurück. Der konnte mich doch jetzt nicht halb informiert hier hängen lassen!

»Also gut, Miss Marple: Er hat gestanden, die Drecksarbeit gemacht zu haben. Er ist mit einem Nachschlüssel bei den alten Leuten aufgekreuzt und hat sie erstickt. Vorzugsweise während Schwester Beate mal eben beim Einkaufen war oder in der Waschküche. Sommer hat die Buchhaltung erledigt und das Bequatschen der Kundschaft. Die haben gedacht, Herr Matti wäre zu blöd, um irgendwas mitzukriegen. Die fanden dich übrigens auch einfältig genug, um ihnen nicht in die Quere zu kommen. Bartholomae hat gesagt, dass Sommer dich eingestellt hat, weil du von nix eine Ahnung hattest.«

»So kann man sich täuschen«, krächzte ich zufrieden.

Winnie fragte ganz unvermittelt: »Was bist du eigentlich wirklich von Beruf?«

»Weiß ich auch nicht. Eigentlich Drehbuchautorin. Ist aber 'ne lange Geschichte.«

Ich wollte über das Thema jetzt garantiert nicht sprechen und zupfte an meiner Bettdecke herum: »Was passiert denn jetzt mit Matti?«

»Was schreibst du denn so? Doch nicht etwa Krimis?«

»Nee, würde mir im Traum nicht einfallen. Ist ja auch unwichtig.«

Winnie schaute mich wieder mit dieser hochgezogenen Augenbraue und diesem spöttischen Grinsen an. Ich kriegte eine heiße Birne. Mein Gesicht war bestimmt so rot wie ein Himbeerlolli.

»Was ist mit Matti?«, quengelte ich.

Netterweise ritt er nicht weiter auf dem Thema Berufswahl herum und sagte: »Er ist natürlich in U-Haft. Es wird wohl auf Totschlag hinauslaufen. Immerhin hat er einen Menschen getötet. Aber ich denke, in diesem Fall werden der Affekt und die übrigen Umstände für ihn sprechen. Was er mit Bartholomae vorhatte ... wer kann das mit Sicherheit sagen?«

»Also, das kann ich dir sagen: Wenn Matti nicht gewesen wäre, hätten die immer weiter gemacht, und ... wenn Matti nicht gewesen wäre, hätte Bartholomae mich erwürgt. Er hat mir das Leben gerettet. Irgendwie musste er den Mistkerl ja aufhalten. Da hat er ihn eben festgebunden.«

»Deine Aussage wird vor Gericht sehr wichtig sein. Wir hatten zunächst die Theorie, dass Matti dich gewürgt hat.«

»So ein Quatsch! Habt ihr keine Fingerabdrücke von meinem Hals genommen?«

Blaschke lachte schallend.

»Ich wette, du schreibst doch Krimis! So ein Mist kommt in jedem Fernsehkrimi vor. Nein, wir haben keine Fingerabdrücke von deinem Hals. Deine Aussage wird reichen.«
»Wie viele Morde hat Bartholomae denn nun gestanden?«
»35, so ungefähr. Er wusste es nicht mehr so genau. Er meinte, wir sollten in Sommers Computer nachschauen.«
»Unglaublich, dieses arrogante, skrupellose Stück Dreck! Und Weizmann?«
»Ach, der? Den holen unsere spanischen Kollegen gerade aus seiner Finca auf Mallorca. Aber solange der den Mund hält, können wir ihm außer Blödheit und Fehldiagnosen gar nichts nachweisen. Wahrscheinlich hat er sein Geld bar ausgezahlt bekommen. Auf seinen Konten ist jedenfalls alles okay«, erwiderte Winnie Blaschke leicht resigniert.

Ich konnte mir gut vorstellen, dass Winnie jetzt viel lieber beim Einsatz auf Mallorca wäre, um Weizmann bei strahlendem Sonnenschein ein Geständnis aus den Rippen zu boxen. War bestimmt spannender als ein Krankenbesuch bei mir.

»Den braunen Umschlag ...«, setzte er an.
»Was ist damit?«, hakte ich sofort nach. So viel herrenloses Geld in einem braunen Umschlag! Ich könnte ins Schwärmen geraten.
»Haben die Kollegen von der Spurensicherung natürlich auch gefunden.«
»Wie schade.«
»Du hattest übrigens Recht mit deiner Vermutung. Sommer und Bartholomae hatten Pech an der Börse.«
Ich nickte zufrieden: »Siehst du, manche Dinge weiß man einfach.«
»Miss Marple ... Wie kommst du bloß immer auf solche Ideen?«
»Gefährliches Halbwissen, gepaart mit einem offenen Ohr für die Gespräche an der Kasse bei Aldi.«
Winnie starrte aus dem Fenster. Draußen hing eine dicke Nebelsuppe, und die wenigen Äste, die man noch erkennen konnte, hatten Eisverzierungen. Ein typischer Blitzeistag. Ich stellte mir Winnie

Blaschke als Polizei-Eskimo vor, der mit einem Polizeihundeschlitten durch Bochum sauste. Der Prinz auf einem Hundeschlitten war doch mal 'ne denkbare Variante zu »Prinz auf weißem Pferd«.

Dann sprach er endlich weiter: »Hätten sie einfach nur geduldig abgewartet, bis die Alten von selbst starben, hätten sie noch lange so weitermachen können, ohne groß aufzufallen. Aber um 1998-99 herum sind sie gierig geworden und haben angefangen nachzuhelfen.«

»Warum wollten sie denn Erika unbedingt verbrennen?«

»Bartholomae hat zu Protokoll gegeben, dass sie in Panik geraten sind, als sie erfahren hatten, dass sie nicht alleinstehend war. Schwester Beate hatte Bartholomae halt erzählt, was auch Erika immer allen Leuten erzählt hatte, dass sie eben allein lebte. Natürlich wusste Schwester Beate von Kostnitz und so, aber das wollte sie Bartholomae nicht auf die Nase binden, weil sie Erika eben persönlich kannte und ihre Privatsphäre schützen wollte.« Also war der Mord an ihr das Resultat einer gut gemeinten Fehlinformation. Oh je.

»Sie wollten sie einfach rückstandslos entsorgen, bevor jemand Fragen stellen würde. Kostnitz tauchte aber schneller auf, als sie dachten. Sie konnten ja nicht ahnen, dass Schwester Beate mich sofort anrufen würde, damit ich den Alten nach Hause hole.«

»Was für ein übles Gesocks. Dann wusstest du also die ganze Zeit, dass Schwester Beate okay ist?«

»Ja. Ich hatte jedenfalls den Eindruck.«

Na super! Und mich lassen die Herren die ganze Zeit blöd über Schwester Beate rumschwadronieren.

»Aber – um ehrlich zu sein – so ganz sicher war ich mir nicht«, sagte er leise.

»Wo warst du eigentlich die ganze Zeit, während wir im Kühlhaus waren?«

»Wir haben Erika exhumiert. Ich wollte Kostnitz nicht sagen, dass wir es jetzt schon machen. Das ist kein Spaziergang. Ich wollte es ihm ersparen.«

Winnie schluckte. Der Tod von Erika und vom alten Kostnitz ging ihm wohl sehr nahe. Nervös machte er einen Mantelknopf immer wieder auf und zu. Vorsichtig legte ich ihm meine Hand auf den Arm. Zugegeben – es war mir etwas peinlich, dass er gerade so fassungslos war. Er würde doch wohl nicht anfangen zu weinen? Ich hätte jetzt gerne etwas Kluges gesagt, aber mir fiel nichts ein. Also wartete ich ab, bis er weitersprach.

»Ich habe in Essen auf die ersten Ergebnisse von den Kollegen aus der Gerichtsmedizin gewartet. Erika ist wirklich erstickt worden. Sie hat sich offensichtlich gewehrt. Einige Fingernägel waren beschädigt, und ihr kleiner Finger an der rechten Hand war gebrochen. Auf weitere Laborergebnisse warten wir noch. Ich wollte gerade zu Kostnitz fahren, da hatte ich schon drei Nachrichten von Kajo auf der Mailbox. Als ich bei Sommer ankam, waren die Kollegen schon vor Ort.«

»Kajo verdient einen Orden.«

»Finde ich auch. Er hat alles alarmiert, was ging«, stimmte Winnie mir zu.

»Hast du geahnt, dass Kostnitz so einen Bock schießt?«

»Ich dachte, ich hätte ihn unter Kontrolle.«

»Aha!«

Ich räusperte mich wieder. Winnie goss mir Wasser nach und reichte mir das Glas. Dabei schaute er mich fragend an, sagte aber kein Wort. Wir hatten beide das Glas umklammert. Dabei berührten sich unsere Finger. Einen Moment lang hoffte ich, er würde mich küssen. Stattdessen fragte er ganz leise: »Wie ist der Alte gestorben?«

Dann ließ er das Glas los. Ich hielt es nicht richtig fest und ein Teil schwappte aus dem Glas ins Bett und auf mein Krankenhausnachthemd. Gerade genug, um wieder in die Realität zu schwimmen.

»Äh, also, es war ... wie ... also, Winnie ... er ist verblutet. Es war furchtbar anzusehen. Aber Kostnitz war ganz klar. Er hatte keine Schmerzen, ehrlich. Er hat gesagt: ‚Erst friert man, dann schläft man, dann stirbt man, alles nicht so wild.' So ein verrückter Kerl.«

»Das klingt nach einem gnädigen Ende.«

Winnie stand vom Bett auf, ging zum Fenster und starrte in den Nebel.

»Ja. Es war ein schnelles Ende. Er hat sich auf seine Frau gefreut.«

Winnie fuhr sich mit beiden Händen durch seinen Haarschopf. Ich sah, dass seine Hände zitterten.

Ich hatte das Bild im Kopf, wie das Blut aus Kostnitz geblubbert war und er trotzdem immer noch seine Witzchen machte. Um diese Bilder zu verscheuchen, sagte ich nach einer ganzen Weile: »Dann hatte der alte Kostnitz am Ende doch Recht. Ich bin krank geschrieben und ich bin wieder arbeitslos.«

Winnie verschränkte die Arme vor seiner Brust. Er drehte sich wieder zu mir um und lächelte mich gequält an.

»Ich hatte sowieso nicht den Eindruck, dass dir der Job gefällt.«
»Gut beobachtet, Monsieur Maigret.«
»Ich habe hier übrigens eine Vorladung für dich. Wir brauchen deine Zeugenaussage. Es reicht, wenn du am ersten Werktag im neuen Jahr auf dem Revier erscheinst.«

Er legte mir einen Briefumschlag in die Hände.

»Toll, ich hätte lieber einen Interviewtermin bei Günther Jauch.«
»Immer schön langsam. Sie sollten besser wieder schlafen, Miss Marple.«

Ich sollte vor allem Winnie jetzt lieber gehen lassen. Stattdessen maulte ich herum: »Du wolltest mir ja nicht glauben. Niemand wollte mir glauben.«

»Doch, hab' ich. Nur, ich wollte ... also, wir wollten, dass du dich da raushältst. Aber genauso gut hätte ich versuchen können, deiner Katze das Singen beizubringen.«

»Oh! Dr. Thoma. Sag mal, könntest du ihn vielleicht füttern? Es reicht, ihm was vor das Fenster zu stellen. Und junk ihn nicht mit Sheba an. Er ist billige Sachen gewöhnt.«

Winnie verabschiedete sich schnell und versprach, sich darum zu kümmern. Ich bedankte mich höflich für seinen Besuch. Kaum hatte er die Tür hinter sich zugemacht, fiel ich wieder in Tiefschlaf.

Und wie ich schlief! Ich schlief und schlief. Ab und zu träumte ich von gelben Kissen, die sich träge, wie riesige Vögel, in den Himmel erhoben und verschwanden. Und ich träumte von Finnland. Von endlosen Wäldern und Seen und einem Haufen Rentiere, die alle Matti verblüffend ähnlich sahen.

Als ich wieder aufwachte, fühlte ich mich beinahe fit. Ich sah mich im Zimmer um, aber da war niemand, mit dem ich jetzt ein Schwätzchen hätte halten können. Das Bett neben mir war immer noch frei. Ich klingelte nach der Krankenschwester, weil ich einen Mordshunger hatte. Sie eilte freudig mit einem Teller Haferbrei und der frohen Botschaft herbei, dass ich für meinen schmerzenden, geschwollenen Hals auch noch ein Eis bekommen könnte. Nein, ich wollte weder pampigen Brei noch ein matschiges Eis. Ich wollte Nudeln. Ein wenig beleidigt schob sie mit ihrem Tablett davon, mit dem nur widerwillig gegebenen Versprechen, mir wenigstens einen Kaffee zu besorgen. Sie ließ keinen Zweifel aufkommen, für wie schädlich sie den Kaffee hielt. Wenn sie gewusst hätte, dass ich eigentlich noch eine Zigarette hatte bestellen wollen, hätte sie mich bestimmt sofort an die Ärzte verpetzt.

Kaum war sie weg, kam überraschend Blaschke ins Zimmer gerauscht. Er hielt mir eine Plastiktüte entgegen, die verheißungsvoll mit *La Cavernetta* beschriftet war. Wenn wirklich drin war, was drauf stand, dann war heute definitiv mein Glückstag.

»Monsieur Maigret! Welcher Tag ist heute?«

Mit ausgestreckten Armen nahm ich die warme Tüte in Empfang.

»Der 30. Dezember.«

»Meine Güte, so spät schon.«

Ich riss die Verpackung der Nudeln auf und schaute ihn dankbar an. Carbonara! Welch ein Duft! Und ein Becher Milchkaffee. Und eine Packung Gauloises. Dass er daran gedacht hatte, obwohl er selbst gar nicht rauchte! Jetzt strahlte ich über alle Backen.

»Danke. Vielen Dank.«

Mir lief schon das Wasser im Mund zusammen. Noch war ich unschlüssig, womit ich anfangen sollte. Kaffee und Zigaretten oder Nudeln? Winnie lächelte mich an. Aber froh sah er nicht aus.

»Was ist los?«, fragte ich ihn.

»Iss erst mal.«

»Wie – iss erst mal? Was ist denn?«

Die rote Lampe in meinem Kopf fing an zu leuchten. »Sag es endlich, Winnie!«

»Also gut. Ich habe dich gewarnt, Miss Marple, und es tut mir schrecklich Leid.«

»Ist was mit Matti?«

»Nein, es ist nichts mit Matti. Dem geht es gut. Es ist ... also ... deine Wohnung steht unter Wasser. Die Heizungsanlage war wohl ausgefallen, und in der Waschküche ist wegen dem plötzlichen Temperatursturz ein Wasserrohr geplatzt. Das jedenfalls sagt die Feuerwehr.«

»Was?!« Beinahe wäre mir der Becher mit dem Milchkaffee aus der Hand gefallen. »Der Kater, der Kater, was ist mit Dr. Thoma?«

»Weiß ich leider nicht. Gefunden haben wir ihn jedenfalls nicht in der Wohnung. Weder die Feuerwehr noch sonst jemand hat ihn gesehen.«

War das jetzt gut oder schlecht?

»Wie viel Wasser ist in meiner Wohnung? Was heißt überhaupt Wasserrohrbruch? Was heißt Heizung ausgefallen?«

»Hmm. Du kannst jetzt wahrscheinlich für die nächste Olympiade deine Doppelaxel am Küchentisch üben.«

Sollte das jetzt etwa komisch sein? Winnie Blaschke macht einen Witz?

Ich konnte die Tränen nicht mehr zurückhalten und schluchzte: »Das ist nicht witzig, Herr Kommissar!«

Winnie zuckte zusammen. »Ich wollte doch nur ... also ...«

»Einen Witz machen! Ja, amüsieren Sie sich ruhig über mein Elend. Danke, Herr Kommissar. Ich habe nicht gelacht.«

Er reichte mir ein Taschentuch und nahm mir vorsichtshalber die Nudeln und den Kaffee wieder aus den Händen. Mir war sowieso der Appetit vergangen. Er blieb neben meinem Bett sitzen und sah mir beim Heulen zu.

»Es ist besser, wenn du jetzt gehst«, schluchzte ich.

»Soll ich morgen wiederkommen?«

Ehrlich gesagt, mir war es egal. Meinetwegen könnte sich für morgen der Kaiser von China ansagen. Es hätte mich nicht interessiert. Ich wollte niemanden mehr sehen. Nie mehr in meinem ganzen Leben wollte ich irgendjemanden sehen. Er wartete noch einen Augenblick an der Tür.

»Kann ich irgendwas tun?«

Ich schüttelte den Kopf und heulte: »Niemand kann jetzt was tun.«

Damit hatte ich ihn endgültig vertrieben. Er schloss leise die Tür hinter sich.

Vor meinem geistigen Auge sah ich eine Riesenflutwelle in mein Zimmer schwappen.

TOTALE: Bett, Tisch und Stühle schwimmen tanzend durch die Fluten ...

Cut to: THERMOMETER NAH: die Quecksilbersäule sinkt ...

Cut to: KAMERAFAHRT: Tiefgefrorenes Mobiliar in Form einer chaotischen Installation.

(SOUNDEFFEKT: Knistern und Knacken berstender Eismassen)

FADE TO BLACK

Alles ist hin, hatte Winnie gesagt. Dann musste ich wohl davon ausgehen, jetzt völlig besitzlos zu sein: keine Armani-Jacke, keine Wohnung, keine Schuhe, keine Beweismaterialien, nix mehr.

Muss ich schon wieder mein ganzes Leben auf Anfang spulen? Ich hatte doch gerade erst ... Wo sollte ich denn jetzt bleiben? Zu meiner Mutter ziehen? Zu meinem Vater? Mit einer Plastiktüte kalter Nudeln in der Obdachlosenbleibe einlaufen? Hat Dr. Thoma die Sintflut überlebt, oder hatten sie seine Leiche nur nicht gefunden? Die Vorstellung, Dr. Thoma in ein paar Tagen als kleine, halbangetaute Ötzi-Leiche im Keller zu finden, verursachte mir Übelkeit.

Von einem gewaltigen Schüttelfrost gepackt, tat mir plötzlich jeder einzelne Knochen im Leib weh. Um mich abzureagieren, krabbelte ich aus dem Bett und lief aufgeregt im Zimmer herum. Dabei umwehte das Krankenhaushemdchen meinen nackten Hintern.

Schließlich blieb ich wimmernd und vor mich hin schaukelnd mit dem Becher Milchkaffee in der Hand auf der Bettkante sitzen. Die Nudeln ließ ich trotzig stehen. Ich könnte mit dem Verhungern auch sofort anfangen.

Als die Krankenschwester endlich mit dem bestellten Kaffee kam, hing ich als fleischgewordene Hoffnungslosigkeit auf der Bettkante. Sie fragte mitfühlend, ob ich eine Schlaftablette oder eine Beruhigungstablette oder am besten gleich beides haben wolle. Für dieses unmoralische Angebot kriegte sie meinen Rasiermesserblick. Vielleicht habe ich sogar geknurrt. Ich kann mich nicht mehr erinnern. Jedenfalls ließ sie den Kaffee da und verschwand eilig, ohne sich nochmal bei mir blicken zu lassen.

Nach einer durchwimmerten Nacht, während der ich ohne Skrupel die ganze Schachtel Zigaretten im Krankenzimmer aufgeraucht hatte, entließ ich mich am nächsten Morgen selbst aus dem Krankenhaus. Ich unterschrieb alle Formulare, ohne hinzusehen, nahm meine Tasche, und weil ich so wütend war, verschmähte ich sogar das Frühstück.

Nachdem die Krankenschwestern entdeckt hatten, dass ich den Spucknapf als Aschenbecher zweckentfremdet hatte, ließen sie keinen Zweifel daran aufkommen, wie froh sie waren, mich nicht noch eine Nacht beherbergen zu müssen. Ich wollte nur noch raus, weg, irgendwas, egal wohin. Ich wollte keine freundlichst angebotenen Pillen, ich wollte mein Leben zurück. Netterweise hatten die fürsorglichen Schwestern meine Kleidung, die ich im Kühlhaus getragen hatte, zwischenzeitlich in die Reinigung gebracht, sodass ich jetzt wenigstens in sauberen Sachen auf der Straße stand. Meine Oma hätte ihre reine Freude daran gehabt. Egal, wie arm man ist, Hauptsache sauber und ordentlich! Bis auf das riesige Brandloch im Ärmel meiner Madenjacke sah ich auch ganz ordentlich aus. Wie gerne hätte ich jetzt dem Verantwortlichen für das Drehbuch meines Lebens den Marsch geblasen! Aber kaum stand ich auf der Straße, bereute ich sofort meinen starrsinnigen Entschluss, gegen den Rat der Ärzte das Krankenhaus vorzeitig zu verlassen. Windgeschwindigkeit 120 km/h, gefühlte Temperatur minus 40 Grad. In null Komma nix liefen meine Hände blau an. Ich steckte sie tief in meine Manteltaschen und stieß auf eine Papiertüte. Ich tastete ein bisschen daran herum und identifizierte eindeutig Brauseengel. Ich holte die Tüte aus der Tasche. Drei kleine Brauseengel von Winnie Blaschke!

»Und jetzt?!«, blaffte ich das unschuldige Zuckerwerk an. »Wo soll ich jetzt hin, und zwar schnell?«

Die Engel blieben stumm. Also schob ich mir den grünen in den Mund.

»Waldmeister, sprich zu mir, bitte.«

Während sich der grüne Geschmack schäumend in meinem Mund verteilte, fiel mir tatsächlich endlich ein, wohin ich gehen könnte.

Ich trabte zum Café Madrid. Gottlob begegnete ich auf dem Weg dorthin keiner mir bekannten Seele, und das Schicksal meinte es weiterhin gut mit mir. Als ich eintrat, war das Café gähnend leer, und Kai-Uwe tat mir den Gefallen, mir keinen guten Rutsch zu wünschen.

Stattdessen stellte er mir den Kaffee hin und sagte stolz: »Ej, du bist in der BILD-Zeitung.« Eifrig schob er mir die Zeitung von gestern hin. Ich erkannte ein verranztes, unscharfes Foto von einer Gestalt auf einer Krankenhaustrage. Im Hintergrund den schemenhaften Umriss von Matti, flankiert von zwei grünen Uniformen. Das Foto war untertitelt mit *Margret A. aus B. in letzter Sekunde vor irrem Amokläufer gerettet.*

Ich versuchte, hinter vorgehaltener Hand einen Kaffee-Waldmeister-Rülpser zu unterdrücken.

Die Schlagzeile des Artikels lautete: *Blutige Mordserie in Bochumer Bestattungsinstitut;* die Unterzeile ging weiter mit: *Eine grausige Entdeckung machte gestern die Bochumer Polizei unter der Leitung von Hauptkommissar Winfried Blaschke im Kühlhaus von ...*

»Toll!«, brachte ich schwach hervor und schob die Zeitung wieder zurück. Ich hatte kein Bedürfnis weiterzulesen. Die hatten es noch nicht mal für nötig befunden, mir im Krankenhaus die Bude einzurennen. Ich hatte es zu einem Fünfzeiler gebracht. Bravo, Maggie! Kai-Uwe lehnte lässig an der Theke und wartete, ob ich nicht doch noch was zu erzählen hatte.

»Hasselbrink, tu mir'n Gefallen und glotz mich nich' so an. Zieh mir lieber 'ne Gauloises.«

Beleidigt stolzierte er, ohne mich eines Blickes zu würdigen, in die Küche.

Ich zog mir selbst eine neue Schachtel Zigaretten aus dem Automaten und paffte drei Kaffees lang schweigend vor mich hin. Kai-Uwe blieb in der Küche und sah tatenlos zu, wie ich mich an seiner Kaffeemaschine bediente. Dann endlich kam mir ein praktischer Gedanke: Wilma – ich musste Wilma anrufen. Ein Schlafplatz musste her. Ich blätterte in meinem Filofax nach der Telefonnummer in Winterberg.

Selbst als ich hinter der Theke das Telefon hervorholte, rührte sich Kai-Uwe nicht vom Fleck. Ich erreichte Wilma sofort. Und mein alter Schulfreund hatte sofort etwas an der Theke zu erledigen. Ich konnte deutlich sehen, wie sein rechtes Ohr auf Dumbogröße anschwoll, während er alle Aufmerksamkeit auf das Stapeln von Bierdeckeln verwendete.

Es war der 31. Dezember, und meine Freundin verwarf sofort ihre Partypläne und versprach, umgehend nach Bochum zu kommen. In ein paar Stunden würde sie da sein. Meine Wilma! Ich hatte ihr nur gesagt, dass alles ganz fürchterlich ausgegangen war. Da hatte sie gar nicht weiter gefragt. Natürlich konnte ich bei ihr wohnen. Kein Problem.

Ich fragte Kai-Uwe, ob ich bitte noch mal telefonieren dürfte. Natürlich durfte ich. Schließlich wollte er ja lauschen, ob ich nicht doch ein paar Einzelheiten rauslassen würde. Ich zählte bis drei, wählte tapfer und erreichte Winnie Blaschke auf dem Handy. Ich fragte ihn ohne lange Vorrede, ob er ein bisschen Zeit für mich erübrigen könnte. Er konnte und er wollte.

Wenig später hielt ein altes, dunkelbraunes Saab Cabriolet vor dem Café, und Winnie winkte mir zu. Ich legte Kai-Uwe das Geld für die Kaffees abgezählt auf den Tresen und ging zur Tür.

»Der taugt auch nix, Gretchen«, feixte Kai-Uwe Hasselbrink hinter mir her.

»Hauptsache, du weißt, was du taugst, Dr. Hasselbrink«, patzte ich zurück und ließ die Tür krachend zufallen.

Im Auto erwartete mich eine Überraschung. Winnie drückte mir eine Plastiktüte in die Hand.

»Schau nach, Mrs. Marple«, forderte er mich auf, »Frohe Weihnachten.«

Ich öffnete die Tüte, und mich lachte ein dunkelroter Wollpullover, Größe XXL an. Ich starrte auf das Etikett, das war kein Wollpullover, sondern ein »Whowpullover« – von Gaultier.

»Winnie, was soll denn das? Der ist doch sündteuer.«

»Ich dachte, den kannst du vielleicht gebrauchen. Mir ist er zu klein. Ein Fehlkauf meiner Oma. Macht dir hoffentlich nichts aus.«

»Oh, danke.«

Ein smarter Hinweis darauf, was mich in meiner Wohnung erwarten würde?

»Mit anderen Worten, das ist jetzt mein Zweitpullover?«

»Gefällt er dir?«

Während wir zu den Überresten meiner Bleibe fuhren, zog ich den Pullover sofort über und ignorierte Winnies polizeiliche Anordnung, mich endlich anzuschnallen.

»Und wie er mir gefällt! Er geht mir auch nur bis zum Knie.«

Und weil Winnie sich nicht wehren konnte, drückte ich ihm einen Schmatzer auf die Wange. Den blöden Doppelaxel-Witz hatte ich ihm sowieso schon verziehen. Der hätte auch von mir sein können.

Als wir vor meiner Haustür angekommen waren, rief ich zuerst nach dem Kater, aber von Dr. Thoma war weit und breit keine Spur zu sehen. Schließlich stieg ich über das Mäuerchen und drückte meine Nase an der eisblumenverzierten Fensterscheibe platt. Vergeblich. Es war nichts zu erkennen.

»Gehen wir rein«, schlug ich tapfer vor und rieb mir die kalte Nase.

»Wirklich?«

»Wirklich.«

Als wir die Treppe hinuntergingen, konnte ich die erste Katastrophe schon sehen. Meine Wohnungstür war so gut wie nicht mehr existent. Durch das Wasser war das Furnier bis zur halben Höhe in Wellen gelegt. Die Feuerwehr hatte die halbe Tür zerhackt, um überhaupt in die Wohnung zu kommen und hatte sie dann offen gelassen. Die untere Hälfte war festgefroren, die obere hing halb aus der Angel gebrochen in der Luft. Die Feuerwehr machte bei Gefahr in Verzug echt keine Gefangenen.

Ich traute meinen Augen nicht: Der gesamte Keller war eine Eisbahn. Die Heizung lief immer noch nicht. Winnie und ich stützten uns gegenseitig, und so schlidderten wir im Paarlauf geduckt durch meinen Eispalast.

Der Anblick der Wohnung trieb mir die Tränen in die Augen. Der Schrank war umgefallen und lag mit den Türen nach unten im Eis. Ich legte mich flach hin und konnte unter der Eisdecke verschwommen mein Notebook erkennen. Da würde kein Datendoktor mehr was rausholen.

»Was ist?«, fragte Winnie irritiert, vermutlich, weil ich gerade dabei war, mit dem Ärmel meines neuen Pullovers das Eis glatt zu polieren.

»Da ... da ist mein Leben drin. Ich brauche einen Eispickel.«

»Nein, du brauchst ein neues Notebook.«

Lachend zog er an meinem Arm und half mir aufzustehen.

»Aber ...«, mir blieben die Worte im Halse stecken. Das Regal mit dem Fernseher war auch umgefallen, und das Gerät steckte zur Hälfte im Eis. Maggie, das war's dann wohl mit der Kunst.

Noch war ich von keiner gnädigen Ohnmacht befallen worden, und wie man so schön sagt: Das ganze Ausmaß der Katastrophe wartete darauf, von mir erfasst zu werden. Einen kapitalen Schreianfall konnte ich später immer noch kriegen.

Gemeinsam schlidderten wir hinüber in die Waschküche. Auch hier hatte das Wasser ganze Arbeit geleistet. Wir konnten das in Kopfhöhe fachgerecht geflickte Wasserrohr sehen. Die Waschmaschine war bis hoch zum Bullauge eingefroren. Das umherspritzende Wasser hatte alle meine Sachen im Regal komplett durchtränkt. Ich zog das Fotoalbum als Eisklotz aus dem Regal. Meine Armani-Jacke konnte von alleine stehen. Die Schuhe steckten wie kleine, gekenterte Boote im Eis fest. Nichts würde mehr zu gebrauchen sein.

»Wieso hat denn keiner gemerkt, dass die Heizung ausgefallen ist?«, fragte ich Winnie.

»Es war und ist niemand im Haus. Wahrscheinlich sind alle über Weihnachten weggefahren. Die Leute aus dem Haus gegenüber kamen vorgestern Abend spät nach Hause und haben ein ungewöhnliches Rauschen gehört und die Feuerwehr alarmiert. Da war es dann schon zu spät. Da war nichts mehr zu retten.«

Ich hatte genug vom »Ausmaß der Katastrophe« gesehen und wollte nur noch raus. Zuvor aber skatete ich noch mal zurück in mein Küchenwohnschlafzimmer und hatte Glück: Die kleine Bialetti war nur ein wenig auf der Herdplatte festgefroren. Mit einem heftigen Ruck löste ich die Kanne von der Platte. Dann öffnete ich den Geschirrschrank, und da war sie – die Prinz-Charles-Tasse mit den Henkelohren. Triumphierend hielt ich Winnie beide Trophäen entgegen. Der schüttelte lachend den Kopf und reichte mir seinen Arm.

Wir schafften es, ohne Genickbruch wieder die Kellertreppe zu erreichen. Winnie hatte doch Recht gehabt – mit ein bisschen Übung könnten wir bei der Winterolympiade beim Eistanz der Senioren eine Medaille holen. Auf allen Vieren krabbelten wir die Kellertreppe hoch.

In meinem Postkasten lag ein Brief meines Vermieters mit der dringenden Aufforderung, mich umgehend mit ihm in Verbindung zu setzen. Blaschke und ich setzten uns aufs Mäuerchen. Ich lieh mir sein Handy und machte den Anruf. Mein Vermieter war äußerst besorgt und schlug mir vor, alles nach Neujahr zu besprechen. Er hatte den Schaden seiner Versicherung schon gemeldet. Mir würden alle Sachen anstandslos ersetzt werden. Ich sollte ihm eine Liste meiner Sachwerte machen. Auch versprach er mir, während der Renovierungszeit ein Hotelzimmer zu bezahlen, was ich aber dankend ablehnte. Ich musste ihm mehrfach versichern, dass ich lieber bei einer Freundin wohnen wollte. Das durfte bloß Wilma nie erfahren. Die hätte selbstverständlich auf ein Hotel mit mehreren Sternen bestanden.

Als alles besprochen war, wünschten wir uns noch ein frohes neues Jahr. Was sollten wir auch sonst machen?

»Siehst du«, sagte Winnie, »du bekommst alles ersetzt.«

Ich gab ihm keine Antwort. Ja, ich würde Sachwerte zurückbekommen, aber alles, was ich jemals geschrieben hatte, befand sich in meinem Laptop und in der Diskettenbox. Beides wurde gerade von kleinen Eiskristall-Piranhas zerfressen. Ich hatte die Beweise meines ehemaligen Könnens für immer verloren. Das alles war jetzt futsch. Punkt und aus. Ehrlich gesagt hatte ich die arge Befürchtung, dass mein Kopf explodieren würde, wenn ich auch nur eine Sekunde weiter darüber nachdenken müsste. Vor allem darüber, warum ich nicht die 50 Mark Jahresgebühr für ein Schließfach bei der Bank investiert hatte, um die Datenträger dort sicher unterzubringen. Ich musste mir vorwerfen, mindestens 50 Prozent Maggie-Verstand beim Umzug in Köln gelassen zu haben. Das hatte ich jetzt davon.

Ich fragte Winnie, ob er noch Zeit hätte, mit mir zum Familiengrab von Kostnitz zu fahren.

»Die beiden sind aber noch nicht da.«

»Weiß ich doch. Trotzdem«, gab ich lahm zurück. Natürlich waren sie noch nicht bestattet worden. Beide Leichen lagen artig beschriftet in den Kühlschubladen des Rechtsmedizinischen Institutes. Die Beerdigung würde erst im neuen Jahr stattfinden. Ich stand aber jetzt lieber auf dem Friedhof als in der Rechtsmedizin. Von Kühlhäusern hatte ich vorerst die Nase gestrichen voll.

Winnie und ich sprachen beide nur das Nötigste, will heißen, bis zum Friedhof kein Wort mehr. Es hing etwas in der Luft, und ich hatte den Eindruck, dass es an mir war, dieses Etwas aus der Luft zu fischen und auf den Tisch zu legen. Was würde denn jetzt aus uns beiden werden? War ich verliebt? War er verliebt? Immerhin hatte er mir bereits Brauseengel und einen Pullover geschenkt. Die Situation verlangte nach Aufklärung. Das war diese typische Du-wir-müssen-mal-reden-Situation. Es fing wieder an zu schneien.

Wir standen stumm vor dem leeren Grab der Eheleute Kostnitz. Dass die beiden sich doch noch wiedergefunden hatten, wenngleich auch unter letalen Umständen, tröstete mich ein wenig. Irgendwann hatten Winnie und ich lange genug vor dem leeren Grab gestanden und schweigend Löcher in die Luft gestarrt, und mir wollte einfach nicht einfallen, wie ich das Gespräch mit ihm beginnen sollte. Das Letzte, was ich noch gebrauchen konnte, war eine Abfuhr. Aber manchmal merkt man einfach genau, wann es Zeit ist. Und ist dieser Zeitpunkt einmal überschritten, ohne dass man was geklärt hat, klärt man es niemals mehr.

Ich war fest entschlossen, endlich mal die richtige Ausfahrt zu nehmen. Ich war schon fast wieder in Luftnot, weil ich vor lauter Nervosität meine Backen aufgeblasen und die Luft angehalten hatte. Endlich rang ich mich dazu durch, weiterzuatmen und Winnie zu fragen, was er denn heute Abend so vorhätte.

»Nichts, eigentlich«, sagte er desinteressiert.

Aha, sehr abendfüllendes Programm, Herr Blaschke.

»Was heißt *eigentlich*?«, hakte ich nach.

»Nur so, eigentlich nichts. Ich habe mich mit Kajo verabredet. Wir fahren mit einer Flasche Schampus auf den Tippelsberg.«

»Aha.«

Der Tippelsberg! Die höchste Erhebung in Bochum, eine ehemalige Müllkippe. Traumhafter Ort, um Silvester zu feiern. Vorausgesetzt, man liebt die laute Gegenwart von einer Horde bekloppter Leute im Rotkäppchensekt-Rausch und kreischende Musik aus scheppernden Ghettoblastern. Auch so eine ausgemacht skurrile Bochumer Tradition.

Ich war enttäuscht, dass er mich nicht gefragt hatte, ob ich mitkommen wollte.

»Kajo fährt nach der Bestattung wieder nach Wien. Irgendwann in den nächsten Tagen. Ich soll dich übrigens herzlich grüßen.«

Ich schluckte meine Enttäuschung herunter.
»Geht es ihm einigermaßen?«
»Ja.«
»Und dir? Winnie Blaschke, wie geht es dir?«
»Ganz okay.«
»*Eigentlich*, vermute ich mal«, insistierte ich wieder.
»Jep, *eigentlich*. Und dir, Miss Marple?«
»Gar nicht. Mir geht es gar nicht. Es gibt auch gar nichts mehr in meinem Leben, um das es gehen könnte.«

Mir war, als würde plötzlich aus meinem Überdruckkessel der Korken rausfliegen.

»Ich hab' kein Haus, kein Äffchen und kein Pferd. Ich habe nichts mehr. Haha! Mein Gehirn ist tiefgekühlt worden, jemand hat versucht, mich zu erwürgen, woran dieser alte, betrunkene Ex-Bulle einen erheblichen Anteil dran hat. Ich habe für einen Mann gearbeitet, der Leute umgebracht hat, um mehr Geld zu verdienen. Ein liebenswerter Mensch ist wegen dieser miesen … miesen, ach ich weiß nicht was … Drecksäcke zu einem Mörder geworden!«

Winnie hob beschwichtigend die Hände.

»Ich bin noch nicht fertig, Herr Kommissar!«, brüllte ich ihn an. »Ich habe zu viel erlebt in den letzten Wochen. Meine Wohnung ist ein unbewohnbarer Eispalast. Leichen pflasterten meinen Weg. Und jetzt? Jetzt habe ich nur noch diesen Rock und diese Jacke und diese Tasche, und ich habe noch genau, wenn ich mich recht erinnere, 135 Mark auf dem Konto. Und noch acht Jahre und sechs Monate Kredit vor mir. Meine ganze Arbeit aus zehn Jahren meiner so genannten Fernsehkarriere ist vernichtet und … und … und ich kann gar nichts mehr schreiben! Und! Nicht zu vergessen! Ich habe einen neuen roten Pullover! Aber nicht irgendeinen roten Pullover! Nein! Einen von Gaultier! Ich kann von mir behaupten, die am teuersten angezogene Obdachlose von Bochum zu sein!«

Winnie sah mich mit seinen grünen Augen ruhig an und sagte gar nichts. Seine Sommersprossen hatten allerdings etwas an Farbe verloren.

»Und … und …«, ich stieß mit meinem Zeigefinger im Rhythmus meiner Worte in seine Brust, »und … ich habe das dumme Gefühl, ich müsste dir irgendwas sagen. Speziell dir was sagen. Aber ich weiß nicht, was.«

»Dann sag doch nix.«

Er wich vor meinem pieksenden Zeigefinger einen halben Meter zurück.

»Harchchch! Scheiße!«

Ich warf hilflos beide Arme in die Luft, machte auf dem Absatz kehrt und lief in Richtung Friedhofstor. Jetzt war doch echt alles egal. Wollte der Kerl denn einfach nicht verstehen? Füttert meine Katze, fährt mich in der Gegend rum, schenkt mir einen Pullover, und die einzige Antwort ist: Dann sag doch nix. Ich könnte explodieren!

»Warte«, hörte ich ihn rufen.

Na endlich! Ich drehte mich um und ging rückwärts weiter.

»Worauf denn? Auf noch einen guten Ratschlag vom Herrn Kommissar?«

»Jetzt hör doch mal zu.«

Ich blieb stehen. Winnie ebenfalls. Wir standen uns auf dem Friedhofsweg gegenüber – wie zwei Cowboys beim Showdown in Dead Man City. Lächerlich. Ich fragte mich, wer wohl zuerst den Colt ziehen würde. Wir taten es jedenfalls so gut wie gleichzeitig. Wir fingen beide an mit: »Der alte Kostnitz hat gesagt …«

»Was gesagt?«, bellte ich ihn an. »Dass ich ein Auge auf dich geworfen habe? Ha, ha. Guter Witz vom alten Mann. Mir hat er nämlich dasselbe über dich gesagt.«

Peng!

Winnie schaute betreten zu Boden. Da würden wir heute keine Antwort finden, mein Lieber.

»Und? Hast du, Maggie?«

»Und du? Hast du?«

Peng! Peng!

Tolle Gegenfragenstrategie, Frau Abendroth! Sind wir hier bei den Vereinten Nationen oder was? Winnie schaute mir plötzlich direkt in die Augen und kam auf mich zu.

»Jetzt komm mal her, Miss Marple.« Er umarmte mich ganz fest und flüsterte mir ins Ohr: »Der alte Kostnitz war alles Mögliche, aber kein Prophet. Das Einzige, was ich dir anbieten kann, ist, dein bester Kumpel zu sein. Und das meine ich ganz ernst.«

Peng!

Und weil ich noch nicht blutend am Boden lag, fügte er noch hinzu: »Ich finde dich sehr lustig und sehr mutig und sehr nett.«

Bauchschuss!

Also gab es doch jemand anderen in seinem Leben! Enttäuschung schmeckt nach Rohrreiniger. Ehrlich.

Ich wollte mich von ihm losmachen, aber er ließ es nicht zu. »Nein, nein, zuhören bitte. Maggie! Ich bin schwul, und bevor hier noch irgendeine Bombe platzt, sag' ich es lieber gleich. Du wolltest ja unbedingt wissen, was die zweite große Peinlichkeit in meinem Leben ist. Peinlich an der Sache ist, dass ich es erst gemerkt habe, als ich schon verheiratet war.«

Peng! Herzschuss!

Bitte, hör auf zu reden, Winnie Blaschke, mir strömt gleich das Blut aus den Ohren.

Er tat mir den Gefallen leider nicht. Ganz im Gegenteil. Er justierte seine Stimme auf Samtpfotenniveau, als er weitersprach: »Miss Marple, ich habe gerade zwei meiner besten Freunde verloren. Ich brauche dringend wenigstens einen neuen besten Freund.«

Er hatte mich so fest im Griff, dass ich mich nicht von der Stelle rühren konnte. Wenn er mich losgelassen hätte, wäre ich sowieso umgefallen. Drei Herzschüsse + ein Bauchschuss = Das-überlebt-kein-Schwein, und ich schon gar nicht.

Wir standen einige Minuten schweigend einfach so da. An mir zog der Winnie-Blaschke-Film vorbei: Kamelhaarmantel, passende Socken, Halston, grüner Schal, ausnehmend gute Manieren, einfühlsam, konversationstauglich, humorvoll – und ich hatte nie gefragt, ob er auf zwei Fingern pfeifen oder einen Ball werfen kann. Mensch, Maggie, das hättest du dir denken können! Spätestens beim Pullover. Oder allerspätestens bei Kai-Uwe Hasselbrinks dämlichem Kommentar. Ich wollte jetzt wenigstens so tun, als hätten wir nur mit Platzpatronen geschossen. Alles andere würde peinlich werden. »Okay, neuer Freund! Danke, für das Angebot. Ich verstehe.«

Und jetzt bitte die Tapferkeitsmedaille.

Hätten wir das also auch besprochen. Aus den kleinen Schneeflocken waren inzwischen Riesenflocken geworden. Der Himmel hatte sich unnatürlich gelbgrau verfärbt, und aus der Ferne grollte Donner heran.

Winnie ließ mich einfach nicht los.

»Und, hattest du dich ein bisschen verknallt?«, flüsterte er in mein Ohr.

»Oh, du arroganter, aufgeblasener Kleinstadt-Cop!«, wollte ich sagen, aber stattdessen rutschte mir ein kleinlautes »Ja« heraus.

»Ach, schlaue, kleine Maggie. Dachte, du hättest es längst gemerkt.«

»Lässt du mich mal bitte los? Winnie!«

»Warum?«

»Weil ich gerade Mordgelüste kriege, du arroganter Pinsel!«

Er ließ mich abrupt los. Ich konnte in seinem Gesicht genau lesen, dass er kurz davor war, einen Lachkoller zu kriegen. Aber ich wollte lieber drohstarren und knurren und darauf warten, wer zuerst den Blick senken müsste. Die ersten Blitze kündigten ein Unwetter an. Sekundenlang zuckte keiner von uns beiden auch nur mit dem kleinsten Muskel. Eine Sturmböe drückte eine Schneewolke auf uns hernieder. Wir starrten weiter, als sei nichts geschehen. Beim zweiten Donnerkrachen, das einen Weltuntergang ankündigte, reichten wir uns schließlich höflich die Hand. Wobei ich hier betonen muss, dass Winnie mir seine Hand zuerst hinschob. Vier zu drei für mich!

»Freunde?«, fragte Winnie.

»Freunde!«, bestätigte ich. »Fangen wir jetzt an zu heulen?«

»Wir können machen, was wir wollen«, schniefte er. Ich wischte ihm eine Träne vom Kinn. Er überreichte mir ein Taschentuch, bevor ich mir mit dem Pulloverärmel, der allein schon mehr kostete als eine Monatsmiete, die Nase abwischen konnte. Zu zweit flennt es sich doch gleich viel gediegener.

Ich sagte: »Hör mal, neuer Freund, wie wäre es, wenn du Kajo heute Abend zu Wilma mitbringst? Wir machen eine Flasche auf und ziehen später noch durch die Stadt und hauen meine letzten 135 Mark auf den Kopp.«

»67,50 Euro.«

»Mir doch egal. Jedenfalls – du musst mir helfen, Wilma die ganze Geschichte zu erzählen. Und ich möchte Kajo gerne noch sehen.«

»Gute Idee. Wir kommen. Und guck mich nie wieder so an.«

»Angst gehabt, großer Mann?«

Winnie gab mir keine Antwort. Er nahm seinen grünen Schal ab und wickelte ihn mir um den Hals. Zufrieden registrierte ich aus den Augenwinkeln das D & G-Etikett.

Dann langte er mit seiner Rechten in meine Jackentasche und holte die Brauseengel hervor.

»Also, wenn ich das hier eher gesehen hätte …«, hielt ich ihm das Dolce & Gabbana-Etikett entgegen.

»Was dann?« Lächelnd stopfte er mir den blauen und sich den roten Brauseengel in den Mund.

»Das ist so schwul, Blaschke.«

Er schob mich eilig in Richtung Friedhofstor.

»Warte ab, bis du mich im Sommer in meinem Matrosen-Outfit von Gaultier siehst.«

»Prahl hier nich' rum.« Ich lachte, bis mir die Luft wegblieb. Das allerdings wollte ich wirklich gerne sehen.

Mittlerweile war ein richtiger Blizzard ausgebrochen. Innerhalb von Minuten lag der Schnee 20 cm hoch. Wir mussten uns beeilen, wenn wir überhaupt das Auto wiederfinden wollten.

»Und jetzt, jetzt möchte ich mit dir Herrn Matti im Knast besuchen. Geht das?«, schäumte ich in Blau.

»Dem Kommissör ist nix zu schwör. Versuchen wir es«, blubberte er in Rot zurück.

27

Der rauschenden Party nach zu urteilen, die wir in Wilmas Wohnung in der Silvesternacht veranstalteten, konnte das neue Jahr nur gut werden. Wir hatten nach allen Regeln der Kunst die bösen Geister vertrieben. Allerdings auch Wilmas Putzfrau, die, als sie am übernächsten Tag der allgemeinen Verwüstung ansichtig wurde, auf dem Absatz kehrt machte und nimmermehr gesehen wurde.

Als Kajo hörte, was in meiner Wohnung passiert war, bot er mir sofort an, im Haus seiner Eltern zu wohnen, zumindest so lange, bis er in den nächsten Semesterferien aus Wien wegkonnte. Dann wollte er sich um alles kümmern und Entscheidungen treffen. Ich freute mich jetzt schon darauf, wie meine Fantasie in einem Haus, in dem zwei Morde geschehen waren, Amok laufen würde. Allerdings hatte Wilma bei Kajos Angebot dezent, aber erleichtert aufgeatmet, froh darüber, dass ich nicht bis zum Sankt Nimmerleinstag mit meiner Prinz-Charles-Tasse bei ihr campieren musste. Auch unsere Freundschaft hatte Grenzen, und die kannten wir beide genau. Ich nahm Kajos Angebot dankend an. Dabei versuchte ich, enthusiastisch zu klingen. Wenn ich des Nachts von Zombies heimgesucht würde, könnte ich immer noch auf Kosten meines Vermieters ins Hotel.

Das neue Jahr begann dann auch gleich mit drei Bestattungen in zwei Tagen. Ich ging wie üblich zu den Trauerfeiern und schlich mich dann davon. Selbst Winnie konnte mich nicht überzeugen, dem gesamten Procedere beizuwohnen. Nachdem ich bei der Polizei meine Aussage gemacht hatte, peinlich darauf bedacht, Matti so gut wie nur irgend möglich dastehen zu lassen, zog ich mit einer Flasche Cognac auf den Friedhof. Die bernsteinfarbene Flüssigkeit goss ich mit einem »Prost, Kostnitz!« auf das frische Grab, damit der Alte endlich seine Ruhe hatte. Schließlich hatte er mehrere Tage auf seinen edlen Tropfen verzichten müssen. Erika konnte bestimmt auch ein Schlückchen vertragen.

Dank seiner so genannten Rasterfahndung fand Winnie Dr. Thoma Mitte Januar tatsächlich wieder. Winnie hatte Zettel mit dem Steckbrief von Dr. Thoma an so ziemlich jeden Baum gepinnt, der in meinem Viertel stand. Dr. Thoma hatte sich vermutlich auf dem Phantomfoto wiedererkannt und daraus messerscharf geschlossen, dass das Essen fertig war. Winnie fand ihn eines Tages vor meinem Souterrainfenster, als er sich von den Handwerkern, die das Appartement wieder bewohnbar machen sollten, mit Fleischwurst füttern ließ. Er spendierte dem Dickmops im Streifenwagen eine Fahrt nach Stiepel. Guter Kater!

Wir beide würden über die Runden kommen, bis ich mein Leben wieder im Griff hatte. Vor allem, wenn Winnie Blaschke weiterhin regelmäßig mit vollen Aldi-Tüten seine Aufwartung machte, hätten wir zumindest kein Problem mit dem Fressnapf.

Ich hatte einen neuen Freund bei Tisch und einen treuen Brieffreund im Knast. Herr Matti übte fleißig das Schreiben und Lesen, wie mir seine stetig länger werdenden Briefe aus der U-Haft bewiesen. Zeit hatte Matti ja jetzt genug. Mit seinem Prozess konnte nicht vor Herbst gerechnet werden.

Seine Rechtschreibung mutete in der Tat finnisch an.

Kuollut mies ei palttoota kaipaa
(Altes finnisches Sprichwort)

Loppu
Ende

Danksagung

Wir bedanken uns von ganzem Herzen für unendliche Geduld,
Unterstützung und fruchtbare Kritik bei:

dem Team des Droste Verlags, Dr. Meike Fritz für ihr Lektorat,
Dr. Marcel A. Verhoff (Rechtsmedizin Universität Gießen),
André Sommer (Pathologie Universitätskliniken Bergmannsheil,
Bochum), Familie Christian Fritz (Bestattungen Fritz),
Dieter Lueg (Bestattungen Lueg), Michael Steinert,
Ingo Eulen (www.grafik-klub.de), den netten Damen aus dem
Copyshop, dem netten Postbeamten, der uns beim Versenden
der Manuskripte immer alles Gute wünscht, Josh Borns (PC-Man),
Thomas Brotze (Mac-Man), Lama Ole Nydahl, Hagen Masanneck,
Josef Surholt, Helge Jepsen für bunte Bilder und unseren
Schwestern Brigitte und Kirsten.

Ganz besonders danken wir allen Freunden und Verwandten,
die hier nicht namentlich erwähnt wurden, für ihre Unterstützung
in Worten und Taten.

Wir versichern, dass die hier dargestellte Geschichte frei erfunden
ist, niemals stattgefunden hat und hoffentlich niemals stattfinden
wird. Alle handelnden Personen und ihre Taten sind unseren
kranken Gehirnen entsprungen.

Alle, die uns zu fachspezifischen Fragen Auskunft erteilt haben,
haben ihr Bestes gegeben, damit wir Fehler vermeiden.
Sollten sich trotzdem Fehler finden, so gehen diese einzig
und allein auf unsere Kappe.

Wir hatten Spaß beim Schreiben.
Sie hatten hoffentlich Spaß beim Lesen.